弘扬爱国奋斗精神，建功立业新时代

西迁往事

燕连福　主编

世界图书出版公司

西安　北京　上海　广州

图书在版编目(CIP)数据

西迁往事/燕连福主编.—西安：世界图书出版西安有限公司,2019.4（2021.11重印）
ISBN 978-7-5192-4552-8

Ⅰ.①西… Ⅱ.①燕… Ⅲ.①陕西—地方史 Ⅳ.①K294.1

中国版本图书馆CIP数据核字（2018）第105127号

书　　名	西迁往事
	XIQIAN WANGSHI
主　　编	燕连福
责任编辑	冀彩霞
视觉设计	诗风文化
出版发行	世界图书出版西安有限公司
地　　址	西安市北大街85号
邮　　编	710003
电　　话	029-87214941 029-87233647（市场营销部）
	029-87234767（总编室）
网　　址	http://www.wpcxa.com
邮　　箱	xast@wpcxa.com
经　　销	新华书店
印　　刷	西安市建明工贸有限责任公司
开　　本	787mm×1092mm　1/16
印　　张	22
字　　数	330千字
版次印次	2019年4月第1版　2021年11月第2次印刷
国际书号	ISBN 978-7-5192-4552-8
定　　价	62.00元

版权所有　翻印必究
（如有印装错误，请与出版社联系）

编 委 会

主　　编　燕连福

编写组成员　（按姓氏笔画排序）

马亚军　王　哲　王含阳　田建军
田甜甜　刘雅楠　祁亚茹　孙泽海
杜晓燕　李　珂　李　娟　李晓利
杨　月　杨永浦　杨澜涛　宋永平
宋希斌　陈建兵　周文静　周雨柔
郑冬芳　姚思佳　耿嘉敏　莫苗苗
唐　敏　韩　锐　靳小勇　樊晓燕

做新时代的"西迁人"
（弘扬爱国奋斗精神，建功立业新时代）

近年来，习近平总书记对弘扬爱国奋斗精神做出一系列重要指示，特别是2017年12月对西安交通大学老教授的联名来信作做出重要指示，"希望西安交通大学师生传承好西迁精神，为西部发展、国家建设奉献智慧和力量。"在2018年新年贺词中，习近平总书记再次提到交大西迁老教授们。这些重要论断，为我们在新的历史征程中大力弘扬爱国奋斗精神、做新时代的"西迁人"指明了方向。

新中国成立后，党和国家绘制了西部建设发展的宏伟蓝图。1956年，以交通大学为代表的一批高校、工厂、科研院所坚决拥护和执行党中央关于西迁的决定，义无反顾地奔向大西北，积极投身到祖国最需要的地方来，成为西部大开发的先行者。在60余年的奋斗征程中，一代又一代"西迁人"用实际行动彰显出"爱国、报国、兴国"的情怀，诠释了"爱国就要奋斗，奋斗为了爱国"的真理，形成了"胸怀大局、无私奉献、弘扬传统、艰苦创业"的西迁精神，树立起一座不朽的精神丰碑。

站在新的历史起点上，我们必须按照习近平总书记关于弘扬爱国奋斗精神的重要指示，不忘初心、牢记使命，进一步传承好西迁精神，做新时代的奋斗者，为实现"两个一百年"奋斗目标、实现中华民族伟大复兴的中国梦贡献力量。

秉持知识分子的家国情怀，主动扛起建设科技强国的使命担当。习近平总书记高度赞扬以西安交通大学"西迁人"为代表的老一辈知识分子"党让我们去哪里，我们背上行囊就去哪里""始终与党和国家的发展同向同行"的家国情怀，并强调面对新的征程、新的使命，需要在知识分子中弘扬这种传统、激发这种情怀。这就要求我们必须将个人的理想和前途与国家民族的命运和未来紧密地联系在一起，主动担当，积极作为，为建设世界科技强国做出更大贡献。习近平总书记指出，爱国主义是中华民族精神的核心……爱国主义精神激励着一代又一代中华儿女为祖国发展繁荣而不懈奋斗。幸福都是奋斗出来的，社会主义是干出来的，新时代是奋斗者的时代。要把爱国之情、报国之志融入祖国改革发展的伟大事业之中、融入人民创造历史的伟大奋斗之中。这就要求我们必须把爱国之志转为报国之行，以时不我待、只争朝夕的精神不懈奋斗，努力创造出经得起实践和历史检验的新业绩。要坚持用习近平新时代中国特色社会主义思想武装师生头脑，高扬"爱国主义、集体主义、英雄主义、乐观主义"旗帜，汇聚发展共识，凝聚发展力量。

坚守无私奉献的高尚情操，自觉成为推动实现中国梦的中坚力量。习近平总书记指出，一代又一代知识分子为我国革命、建设、改革事业贡献智慧和力量，有的甚至献出宝贵生命，留下了可歌可泣的事迹。扎根西部60余年，"西迁人"始终以国家繁荣富强和增进人民福祉为己任，前赴后继、上下求索，甚至甘洒热血、慷慨赴死，集中体现了他们在爱国奋斗精神品格下的价值追求。这就要求我们必须始终坚持党和人民的利益高于一切，做到吃苦在前、享受在后，夙夜在公、勤勉工作。要把脚踏实地、埋头苦干、不畏艰难、无私奉献的优秀品质内化为广大师生自强不息、奋勇前行的强大精神动力，并使之成为广泛认同的精神价值与共同追求。要坚持扎根西部的定力，提高服务西部的能力，磨炼愿吃苦、能吃苦的毅力，立足本职，力求实实在在地为西部建设、为国家富强与民族振兴做出自己的贡献。

（本文摘自《人民日报》2018年8月13日15版）

目 录

CONTENTS

西迁扎根故事

彭　康：高屋建瓴创伟业 / 2

钟兆琳：砥砺西行赤子心 / 11

陈大燮：尽瘁报国终不悔 / 17

赵富鑫：献身物理为人梯 / 26

任梦林：呕心沥血辟杏园 / 32

严　晙：勤勉奉献铸师魂 / 40

殷大钧：矢志不渝心向党 / 44

陈季丹：丹心热血沃新花 / 49

张　鸿：治校治学皆楷模 / 53

周惠久：矢志材料铸强国 / 57

沈尚贤：举家西迁高风尚 / 63

黄席椿：西迁精神三代传 / 70

陆庆乐：春蚕吐丝绣华锦 / 77

顾崇衔：西迁奋进自当先 / 84

陈学俊：革命人永远年轻 / 89

朱　城：为有牺牲多壮志 / 96

蒋大宗：开辟医电为大宗 / 100

唐照千：以身报国气轩昂 / 107

西迁传承故事

程敬之：国内首台复合型相控阵超声诊断仪的研发者 / 114
杨延篪：一心为国图富强 / 119
汪应洛：碧血丹心荐轩辕 / 124
屈梁生：不屈人生自当远 / 129
谢友柏：为了国家的富强 愿意不顾一切去奋斗 / 135
林宗虎：理论与实践相结合的典范 / 139
朱楚珠：中国女性人口学的创始人 / 146
孟庆集：真才实学建四化 / 151
俞茂宏：双剪理论破解世界难题 / 158
姚　熹：我国铁电陶瓷领域的领航者 / 164

马知恩：讲坛"常青树" / 169
王锡凡：特立独行的长者 / 176
蒋正华：中国人口学的开拓者 / 181
李鹤林：为科研助力 做西迁新传人 / 186
孙九林：我国数据科学领域的奠基人 / 191
陶文铨：愿做西迁大树上的一片小叶 / 198
邱爱慈：院士中的女将军 / 204
卢秉恒：西迁精神在传承中生辉 / 210
蒋庄德：从"零的突破"到"高端领跑" / 217
徐宗本：秦岭水土哺育的大数据权威 / 223

西迁回忆故事

史维祥：回忆西迁事　永驻情怀梦 / 228

张肇民：漫谈西迁精神 / 237

陈　瀚：赤子之心永不悔 / 246

宋余九：厚积薄发　奉献西部 / 255

朱钰鹏：一入交大门　一生交大人 / 261

卢烈英：最好的年华献给最需要的地方 / 268

李怀祖：呕心沥血建学科　循循善诱育学生 / 273

潘　季：随校西迁　感觉人生有意义 / 283

何新楷：追忆西迁　感恩祖国 / 288

陈听宽：党员与新生代的楷模 / 295

胡奈赛：用行动传承西迁精神 / 302

邱大谋：西迁精神点亮西部发展之光 / 308

朱继洲：老骥伏枥　志在千里 / 313

鲍家元：一路见证交大计算机专业的发展 / 319

沈亚鹏：国家需要最重要 / 326

金志浩：传承西迁精神　迎接新时代 / 333

参考文献 / 338

西迁往事

西迁扎根故事

彭 康

高屋建瓴创伟业

人物小传

彭康（1901—1968），字子劼，江西省上栗县人。中国著名的马克思主义哲学家、教育家、革命家。

早年留学日本，就读于鹿儿岛第七高等专科学校和京都帝国大学哲学系。

1927年回国投身革命，1928年11月加入中国共产党。彭康是20世纪二三十年代沪上著名文学团体——创造社的发起人之一，先后翻译恩格斯的《费尔巴哈论》《费尔巴哈和德国古典哲学的终结》和普列汉诺夫的《马克思主义的根本问题》等经典哲学著作。

1952年起任交通大学校长、党委书记。

1956年率领交通大学师生内迁西安，并担任西安交通大学校长、党委书记，为交通大学西迁和西安交通大学的建设、发展做出了历史性贡献。

掌校交大　续写新篇章

从革命年代大风大浪中走过来的彭康，是一个面容清癯、缄默平易的人。

他给所有接触过他的人留下的印象都是稳重而沉静、朴素而优雅，有一种与生俱来的读书人的气质和学者的风度。由于学养深厚，视野开阔，站得高、看得远、说得透，又从来不肯讲一句大话、空话，人们总是把听他的讲话、报告和理论辅导视为一种享受。

作为学校党政一肩挑的负责人，又是行政级别很高的领导干部，彭康从不曾给人以疾言厉色、高高在上的感觉。师生们在教室或实验室里、操场或饭堂里，随时都能碰到他，与他并肩而行闲聊几句，谁也不会感到拘谨。他尤其喜欢接触年轻人，经常面带慈祥的笑容出现在各种场合，也总是在耐心听别人讲话。有时机缘凑巧碰见的话，你可以请他打一场乒乓球，或不妨一起下舞池跳支交谊舞。

1952年，中央组织文化教育考察团系统学习苏联、东欧社会主义国家的高等教育经验。考察团由一位著名民主人士担任团长，彭康任副团长和党支部书记，实际负责此项考察工作。从1952年7月到1953年4月，先后在7个国家学习考察。而正是在此期间，1952年11月15日，毛泽东主席签发任命书，委任彭康担任交通大学校长，随后他又被任命兼任校党委书记兼华东大区教育委员会主任。但是，彭康回国后到校任职已经是1953年7月了，这一年他53岁。

彭康主持交通大学（以下简称"交大"）校务后，坚持以辩证唯物主义和历史唯物主义指导学校工作，主张将苏联经验、解放区经验与老交大传统结合起来，在院系调整的基础上，走出一条新的办学路子，而不是简单地照搬苏联。这在当时的大学领导人中显得很特别。他讲道："我们要在不太长的历史时期里赶上和超过世界先进水平，就需要采取更有效的办法，培养出有较高的科学技术文化的人才来，实现全国人民的愿望和要求。"他十分尊重老教授，也注重培养年轻人。20世纪50年代，随着学校规模进一步扩大，一大批优秀毕业生进入师资队伍，20多岁的助教一度占到教师总数的70%以上。他说："他们必须尽快成长起来，形成新的骨干力量。"为此，彭康主持制订了师资培养规划，并专门成立教师科来加强师资建设和管理工作，成为全国高校机构设置中的一个创举。

高屋建瓴　科学规划迁校发展

对交大迁校这件事关国家工业建设布局和高等教育发展全局的大事，彭康全神贯注，抓得很实，也很紧。

在他的工作进程中，计划、队伍、步骤、方法等环环紧扣，步步到位，并切实加强宣传教育，在党内外形成统一意志，及时解决思想认识问题，克服迁校中的实际困难。有些细节问题，比如迁校后怎么办好食堂，彭康都想到了，并在党委常委会上提出具体要求。1955年5月以后的两年间，中央精神在学校得到了有力贯彻，迁校工作进展得十分顺利，新校址建设和师生搬迁等许多方面都走到了前头，尤其是迁校与教学、科研等学校日常工作的关系处理得很好。在紧张的迁校过程中，学科专业建设仍有很大进展，教学质量得到了切实保证，科学研究也全面开展起来。1955年全校有科研项目55个，1956年增加到78个，至1957年更是超过了100个，并与50多个工厂建立了科研协作关系——"向科学进军"有了一个良好的开端。学校在此阶段聘请的26名苏联、捷克专家工作得也很愉快，在专业建设方面帮了很多忙。

彭康一贯注重迁校步骤与学校整体发展的协调一致。在最早制订方案时，不少人曾主张高年级先行搬迁，认为这样搬起来比较顺手，但是，彭康提出低年级和新生先去。因为低年级以教学为主，西安校舍初步建成就可以满足这部分同学上课需要；专业课教师和高年级学生、研究生，则必须等实验室和校办工厂落成后再行搬迁。这样做，不但有利于专业课教学，也能够使已在上海校园中开展起来的科研工作得到保证。事实证明，他的建议是对的。

彭康对交大发展有长远思考，他希望抓住迁校这个机会，促进一所高水平理工大学的建设。然而，交大迁校并非一项单纯性工作，而是多重任务的

1956年彭康校长（左五）与苏联专家合影

集合，要求很高，矛盾集中，压力很大。

1955年，除了动员交大全校迁往西安，还要将造船系扩建为造船学院，将电信工程系迁往成都。到了1956年，还要负责筹建一所南洋工学院。同时，也正因为交大迁校后，原校址将出现上海造船学院、南洋工学院两所新校，而西安新校园工作、生活条件相对艰苦，部分已迁师生短期内不适应、不习惯的一面则渐渐凸显出来。一些师生，特别是少数年纪大、有影响的教师不免纠结于去与留之间，需要解决的思想认识问题也越来越多。

迁校中必须精心处理好的一件大事是知识分子工作，其中主要是老教师的工作。交大是培养师资起家的，曾创办中国最早的师范院校，经过长年积淀，拥有一支很强的教师队伍。中华人民共和国成立初期，交大学生不过2 000多人，而专任教授和副教授就有170人，另有兼任教授60人，力量之雄厚可以想见。后来由于院系调整，加上支援新建高校，一大批有经验的教师离开了交大，同时也调入了一些新的力量。1956年（造船学院分开后），全校教授60余人，副教授不到30人，虽然人数比以前少了很多，但在当时的工科院校中仍是数一数二的。其中，正教授的人数还稍多于清华，这对交大无疑是一笔最宝贵的资源。他们的态度和表现，对推进迁校、办好大学非常关键。老教师不愿去或去不了，迁校的成效就要大打折扣；但他们拖家带口，一部分人年纪也很大了，体弱多病，去西安又实在是不容易。为此，彭康和党委不惜花很大力气去做老教师的工作，一个个摸底，既鼓励大家在迁校中带头，也尽量照顾他们的困难，去不了的也不勉强，另外想办法安排好。

而对当时正在成长的未来将挑起大梁的青年教师而言，彭康的要求就要更高更严一些。他对大家说："我们要提倡建校，西北正在建校，我们去参加建校不是更好吗？特别是我们的青年讲师、助教应尽量参加建校工作，以后每个实验室都要抽人参加这个工作，从这里拆，到那里装，参加这个工作是有好处的。"

> 要重视做思想工作，务必保证把校迁好。

鲍家元和其他青年教师聆听彭康校长在青年教师座谈会上讲话

彭康历来考虑问题很细致，也很实际。比如，在一次研究迁校问题的会议上，他提出思想工作和物质基础要结合起来，在解决具体问题的基础上做好工作。他列举几点要求：

一是要做思想工作。党团工会、民主党派要做，行政上也要做，系和教研组也要做，几方面来做工作，务必保证把校迁好。要注意以关心和帮助的精神去做，不要扣"帽子"。

二是要解决实际问题。有些规定要宣传、推进，但是，有些还要研究。每个人的具体情况不同，像朱公瑾、殷大钧的情况就要具体研究（朱公瑾教授当时年事已高，殷大钧教授家累较重，但两人分别承担很重要的数学、物理基础课程教学）。要组成一个班子专门研究这类问题，校常委开会时就要研究。在解决这些问题时要合情合理，不能光讲大道理。

三是要区别对待。迁校，有的硬是不去怎么办？这要有一个方针和原则：对确实有困难的，可以考虑解决，但该去的还是一律要去，有困难帮他解决；应该照顾的主动照顾，但也要有分别，对老教授和青年助教不能一律对待，对老教授要多照顾；爱人要调，但不是都能同时去，这也要讲清楚，尽可能做到快些调来。总之，一方面做工作，另一方面要多宣传。

彭康十分重视和关爱老教授，对青年教师同样抱有很高的期望，百忙中抽出大量时间去听青年教师讲课，既能深入了解情况，也是为年轻人鼓劲加油。当时有一种说法：教室门口之所以张贴课表并写上授课人姓名，就是要方便彭康校长听课。

"交大西迁是对的！"彭康不管别人怎么讲，自己始终坚持这一点。

不负总理嘱托　团结师生迁好交大

在迁校最关键的 1957 年，交大这艘"航船"一度处于激流之中。在这年四五月间的迁校讨论过程中出现了很多尖锐的问题，而矛盾的焦点就集中在高教部和学校领导身上。在不希望迁校的一些人眼中，杨秀峰和彭康"一意孤行"，太执着于迁校。曾有人质问说："交大迁校现在既然是'骑虎难下'，虎是谁让骑上去的？"有人甚至提出追究责任。彭康素有雅量，有意见让大家放开讲，但是，他并非对此一笑置之或听听而已，而是始终坚持迁校大方向，尽力顶住否定迁校这股风，把大家引导到正确的思想上来。

在5月初的一次校委会上，曾经出现过多数人不赞成继续迁校的情况。主持会议的彭康秉持民主精神，也根据讨论意见如实做了总结。但是，他在随即召开的党员大会上却坚定地说："关于迁校对不对的问题，我个人认为对，又不对。迁去是对的，不对的是，对教师中的这些情况没有很好地考虑。因此，现在的任务就是抓紧做好思想政治工作。"

"迁去是对的！"彭康不管别人怎么讲，自己始终坚持这一点。他从来都认为，迁校是党和国家交给交大的一项重要任务。做好这件事，不但有利于国家和民族，也必然有利于学校和师生员工。他一再提醒大家说："迁校对，必须迁，这是从长远来看，并不是一两年就可以看出来的。"

1957年6月4日，国务院召开解决交大迁校问题的会议。周总理发表的讲话、社会各界和全国人民对迁校的大力支持，让彭康和校领导班子、全校师生都备感振奋，全力以赴地配合杨秀峰部长来校开展工作。

6月7日，彭康由京返校。他顾不得休息就立刻召开党委会、校委常委会，详细传达周总理讲话，郑重提出争取实现第一方针、保证实现第三方针，并决定在全校重新开展迁校问题大讨论，把思想认识最大限度地统一起来。

6月9日，彭康主持召开全体教职工党员大会。他在传达周总理讲话后强调说："我们在理解中央方针时，有三个方面必须要引起重视。一、要考虑到交大去的作用。二、交大迁不迁去，并不是一个学校自己的问题。如果光是一个学校，那倒也简单，交大迁不动就会影响到许多去参加西北建设的人。三、这件事还牵涉到党与高级知识分子的关系问题。"他再三提醒大家说："交大的问题不简单，我们不要光考虑交大在上海怎样、在西安怎样，不能老是在交大这个范围里考虑问题，要把眼光放得宽些、远些。"他要求全校迅速行动起来，全面理解周总理讲话精神，把党的要求化为实际行动。

6月12日，彭康又主持召开全校教职工党员、团员大会，并吸收积极分子参加。彭康着重阐述了总理报告中关于建设与开发西北的方针，提出要为交大前途而努力实现这一方针。鉴于当时仍存在一些争议，还有一些人坚持这样或那样不赞成迁校的理由，彭康和校党委有针对性地加强了教育和引导，一个系接一个系、一个教研室接一个教研室做工作，并与杨秀峰等一起，先

> 我们这所学校不单是交大的交大，而且是人民的交大。
> ——彭康

后找了许多教师谈心。此后,又经过杨秀峰等同志多日连续工作,一遍遍耐心地说服教育,学校中正面的声音越来越响亮,并逐渐占据了主导地位,使得错误思想倾向受到批评,模糊认识得以澄清。不但全体党员、团员,广大师生乃至老教师中,坚持迁校的意见也趋于一致,一个学校、两个部分的新迁校方案也有了扎实基础。大家普遍认识到这个方案既照顾到西安、上海两方面需要,又照顾到一些老教授不便离开上海的实际情况,因而,有利于迁校和学校今后的发展,是完全可行的。

以此为基础,6月25日,彭康再次主持召开全校党员大会,动员学校党内外为完善和实现新方案而付出新的努力。他在会上强调:"这个问题处理不好,就会犯原则性的错误。"现在虽然新方案提出,"估计大家能接受,但还是要做工作,这个方案一定要做到,再不能少了"。为此,不但全校党员的态度要坚决、工作要得力,广大共青团员也应该起到积极作用,并从中接受教育。为了引起全校思想上的高度重视,他继续重申:"交大这个问题牵涉到各个方面,牵涉到合理部署问题,我们要进一步认识到自己的责任,认识到我们这所学校不单是交大的交大,而且是人民的交大,要把党和人民利益看得高于一切。前一阶段讨论中那种只看到自己而无视国家需要的偏向,必须彻底扭转过来。"

1957年7月4日,在正式通过迁校新方案的校委扩大会议上,彭康欣慰地讲:"经过这么长时间的讨论,让我们更加清楚地看到,交大一个学校牵涉到各个方面,从政府到社会各界都给予关心,寄予希望。交大这样的学校在国内是不多的,她历史这样久,力量又这样雄厚,在每个历史时期都发挥了作用,培养了很多干部。今天的中国处在翻天覆地的社会大变革时期,她一定会有更好的发展。"他还满怀信心地表示说:"学校分设两地以后,在统一领导下,我们要下决心把西安、上海两个部分都办出高水平,以更好地发挥交大的作用。"他同时指出:"经过这一时期的讨论,使我们对如何解决内部矛盾有了一些经验,这对今后开展工作是非常有利的。"

1957年,彭康与学校领导集体共同经历了激流的考验。苏庄作为副校长、校党委常委、分党委书记,第一个带队来到西安,在大西北负责迁校和建校

他们为了祖国建设而扎根古城,忘我奋斗,让我们既感受到榜样的力量,也开始思考自己的责任。

工作。西安校园本是一派欣欣向荣的景象，却因为迁校讨论中一度出现的不正常气氛，许多工作受到了干扰。在复杂的情况面前，苏庄和分党委全体同志，以及在西安工作的多位教授挺身而出，勇于把一切难题扛在肩上，把问题一一处理好，拼尽全力去开展说服教育，耐心化解矛盾。平时不大动感情的一年级办公室主任徐桂芳教授，在数学课上为大家辨析是非，讲到激动之处不禁流了泪。通过许多天夜以继日的连续工作，校园中躁动不安的情绪得以稳定，一举扭转了混乱态势，再度迎来众志成城、边迁边建的良好局面。

在工作开展过程中，苏庄和身边同志想了很多办法，其中之一是将西安各大厂的工程师们请到学校来。这些工程师中有很多人来自北京、上海等大城市，也有不少是交大校友，大家为了祖国建设而扎根古城，忘我奋斗。他们的现身说法，让同学们既感受到榜样的力量，也开始思考自己的责任。

彭康当年任职交大时，蒋南翔主政清华。后来，蒋南翔担任了教育部部长，但是，他对彭康一直都很尊重。

1981年，蒋南翔来西安交大参加建校85周年暨迁校25周年纪念，他在讲话中十分怀念彭康同志。他回忆说："国务院决定迁校后，他（彭康）主动要求到西北来。十四年如一日，他为擘画和建设西安交通大学呕心沥血。他曾一再表示，要在西北扎下根来，愿尽毕生之力办好西安交通大学。可惜他在'文化大革命'中惨遭迫害而去世。现在，当我们漫步在西安交大整洁美丽的校园，看到西安交大巍峨的校舍和全校蓬勃发展的景象，就不禁要联想到彭康同志带领全校同志创业的艰巨。"

钟兆琳

砥砺西行赤子心

人物小传

钟兆琳（1901—1990），号琅书，浙江省德清县人。著名电机工程专家。

1923年毕业于南洋大学电机系，1926年获美国康奈尔大学电机工程硕士学位。1927年回交通大学任教，历任交通大学电机系主任、电工器材制造系主任、陕西省电机工程学会第一届理事长等职，第五、六届全国政协委员。

20世纪30年代，他指导研制出中国第一台交流发电机和电动机。在一生的教育事业中，他为祖国培养出了众多知名学者和实业家。

1990年病重之时，他留下遗言要捐赠2万元建立教育基金，西安交通大学特设"钟兆琳奖学金"以资纪念。

共和国的西部
像当年美国的西部一样需要开发

国务院在1954年做出交通大学内迁西安的决定时，钟先生非常赞成并积极支持。

周恩来总理提出，钟先生年龄较大，身体不好，夫人又卧病在床，可以留在上海。但他表示"上海经过许多年发展，西安无法和上海相比，正因为这样，我们要到西安办校扎根，献身于开发共和国的西部"，因为"共和国的西部像当年美国的西部一样需要开发。如果从交大本身讲，从个人生活条件讲，或许留在上海有某种好处；但从国家（发展）考虑，应当迁到西安。当初校务委员会开会表决时，我是举手赞成了的。大学教师是高级的知识分子，决不能失信于人，失信于西北人民"。

他踊跃报名，把瘫痪在床的夫人安顿在上海由小女侍奉，自己孤身一人第一批来到了西安。他带头西迁，鼓舞、激励着电机系及交通大学的许多师生，为交通大学的顺利西迁做出了贡献。

那时的西安条件简陋，下雨天道路泥泞不堪，生活极为不便。年近花甲又患多种慢性病的钟先生孤身一人，生活非常艰辛。但是，作为电机系主任的他，总是第一个到教室上课，事必躬亲，勤勤恳恳，脚踏实地，克服困难。他还经常给青年人做思想工作，为他们朗诵《毕业歌》的歌词并高唱一曲，借以激励大家奋发图强。在钟先生的努力下，西安交通大学电机系成为国内第一个基础雄厚、条件较好、规模较大、设备较完善的电机系。

1962年，钟兆琳先生在校刊上发表的《知识分子应怎样发挥作用》一文中这样写道："我是1957年拥护迁校并随学校一起来西安的。几年来，我从未想过要回上海，但却向领导提出到新疆、青海、甘肃等省（区）做短期演讲的要求，这是祖国西北建设的光明前途对我的吸引、推动。《我们要与时间赛跑》的歌曲中有两句话：把文化普及全国，把光明照到边疆。我想，我们知识分子，应有这种宏大的志愿。"

钟兆琳先生不仅自身践行着建设祖国的宏图大愿，而且也经常教育子女及后辈："国家兴亡，匹夫有责，以事业为重，当志在四方。"在耄耋之年，他依然满怀对祖国的热爱和依恋，勉励海外亲属和校友为祖国建设和统一大业做贡献，并将自己的期望录音托人带给海外校友。1982年夏天，美洲校友子女到西安交大学习汉语时，他亲自接待，并为他们讲解"饮水思源"的深远意义。

1985年，钟先生罹患癌症到上海医治，1990年4月4日在上海华东医院逝世。他在遗言里这样写道："本人自从1923年投身教育已有60余年，一生为中华民族的教育、科技与人才培养，以及工业化而努力……我愿将我工资积蓄的主要部分贡献出来，建立教育基金会，奖励后学，促进我国教育事业，以遂我毕生所愿……祝祖国繁荣昌盛。"

在他逝世后，其子女遵嘱将他积蓄的2万元工资赠予学校，西安交通大学以此设立了"钟兆琳奖学金"。为了纪念"电机之父"并教育后世学子，西安交通大学将钟老先生辛勤耕耘一生的电机制造实验室更名为"钟兆琳电机工程实验室"。在实验室旁边的小花园竖立钟兆琳先生的雕像，并以钟兆琳先生的号为小花园命名"琅书园"。

共产党员要做联系群众的主磁通

钟兆琳先生是第一位讲授电机学的中国教授，也是中国第一台交流发电机与电动机的研制者。他为中国的电机事业奉献60余年，培养了一大批电机学、信息学方面的人才，被誉为"中国电机之父"。

1924年，钟兆琳先生留学美国康奈尔大学。留学期间，他的数学考试几乎总是第一名，而一位比钟兆琳先生年级高的美国学生的数学考试却经常不及格，竟然请钟兆琳先生当小老师。留学期间，钟先生的学位论文也深得其导师的欣赏，导师经常以钟先生的才能和成绩勉励其他学生。硕士毕业后，导师推荐他到美国西屋电气制造公司担任工程师。

然而，正值钟先生在美国事业鹏举、生活优裕之时，交通大学电机科长张廷金向他发出邀请，希望他到交通大学电机科任教。面临人生抉择，激荡的爱国之心使钟先生毅然放下一切，立即回国。他的导师非常支持他的选择，并称赞他是一位天才型教育者。钟先生回国后担任交通大学电机科教授，讲授当时被认为是最先进、概念性最强、最难理解的电机学。

年轻时的钟先生英俊帅气，讲课沉稳而又不乏热情，学生无不被其风采所折服。他讲课的教材、讲义及实验指导书和补充教材等资料，都是他亲自用英文编著而成。他讲课循循善诱、形象生动、深入浅出、妙趣横生，对基础理论和晦涩难懂的概念，他会从不同的角度不厌其烦地反复讲解，直到学生能够将重点内容融会贯通、举一反三。

他经常把高度抽象、枯燥的课程讲解得形象有趣。比如，在讲解难以理解的主磁通与漏磁通时，他说："漏磁通只是自我匝连，它自私自利；我们共产党员要做主磁通，要联系群众，互相匝连，决不能只顾自己，不管他人。"这样，既能够激发学生的兴趣，也能使学生豁然开朗。钟先生坚持"好实践、恶空谈"的教学思想，既讲授理论知识，也介绍生产经验。凡是听过他讲课的学生，无不称赞他严格、系统、扎实的理论知识，认真负责的工作态度，以及引人入胜的启发式教学方法。

> 好实践、恶空谈。

把学生尊称为"先生"

钟先生非常爱护学生，他喜欢用"Mr."称呼学生，使学生有受尊重的感觉。提问时，他会注意学生的眼神，尽量选择那些急于表达的学生，而不至于令那些尚在疑惑中的学生感到尴尬。

钟先生也经常会进行小测验，下课前五分钟发卷子，只考一道题，并根据平时印象调整学生的分数。当时，只有他能这么做，其他老师却不行，因为钟先生在学生中威望很高，学生都信服他。钟先生为人随和幽默，学生们非常喜欢他，并视他为良师益友。有些顽皮的学生遇到不懂的问题时，有时不看书直接去请教，他却从不拒绝，总是认真耐心地讲解。

1929年3月，钟先生喜得贵子，《交大日刊》上立即登出消息："钟兆琳本月19日诞生一麟,啼声雄壮,肥硕异常儿。电四同学侦得,每当上课之时,辄闻讨索红蛋之声不绝于耳。据钟先生云,师母尚需休养数日,家内乏人主持,一星期后即备大批红蛋,广赠诸同学,且拟于弥月之期大张汤饼之筵。"由此可见,钟先生与同学们之间的情谊是非常深厚的。

"文化大革命"后期,学校组织了"721"电机试点班,招收工农兵学生。那时,钟先生所受的不白之冤尚未平反昭雪,被剥夺了讲课资格,可他依然念兹在兹,经常拄着拐杖走进学生宿舍,为学生传授知识,辅导功课。

钟兆琳(左三)与学生们讨论问题

1971年冬,一部分学生到离学校约10公里的灞桥热电厂实习。钟先生跟着同学们一起住进工厂里,只在周六回去取点生活必需品,周日就立刻赶回学校为学生辅导功课。

一个星期天,下了大雪,大家猜想钟老师肯定来不了了。没想到,大家正说着,门外一位老人身穿破大衣,满身泥雪,跌跌撞撞地扑进门内。看着钟老师上气不接下气、满身泥泞的样子,同学们鼻子酸了。他们难以想象,一位年过七旬的老人,如何在泥泞不堪的雪路上走了10公里到达工厂,纷

我若能为国家、为人民做点事,皆与老师的教育不可分。

——钱学森

纷含着热泪过去搀扶这位老"辅导教师"。

钟先生一生为国家培养的人才不计其数：褚应璜、丁舜年、张煦、张钟俊、罗沛霖、吴祖垲、屠善澄、汪耕、朱英浩、唐任远等都成了两院院士，田炳耕成为美国两院院士，王安成为美国王安电脑公司创始人，张良起和傅备簏两位将军也是出自他的门下。

而钟先生与钱学森先生、江泽民同志的师生情谊更是被人们传为佳话。

钱学森曾这样写道："在交大，非常感激两位把严密的科学理论与工程实际相结合起来的老师，一位是工程热力系教授陈石英，一位是电机工程系教授钟兆琳。""我若能为国家、为人民做点事，皆与老师的教育不可分。"

在钟先生百年诞辰时，年届九旬的钱学森还亲笔致函母校："我是一个交通大学学生，毕业于1934年，在那年夏日出校。钟兆琳是我的老师，我是钟老师的一个学生！在接到西安交通大学2001年8月23日信以后，才知道刚过了钟老师100周年诞日。我要向钟兆琳老师100周年诞辰表示十分敬意！"

江泽民同志于1945年入交通大学电机系。他非常钦佩钟先生的学识和人格，即使后来成为党和国家最高领导人，仍对自己的恩师情深意切。

1985年，钟兆琳先生罹患癌症到上海医治，当时尚在上海任职的江泽民同志得知消息，很快就安排钟先生住进华东医院接受手术治疗。

手术后，钟兆琳先生流泪了，对前来探望他的学生说："今天我还能活着，全靠了江泽民对我的关怀。"

钟兆琳先生住院期间，江泽民同志多次前去探望，并于1985年第一个教师节时致函："兆琳老师：今天是首届教师节，首先向您致以节日的祝贺，祝您早日康复！我即将去京开会，回来再来看您，尚望善自珍重，专此敬请教安！"

钟兆琳先生称江泽民同志为"我的特别能干的学生"，他在临终前的录音中特别讲道："请领导转达江总书记，感谢他多次对我的关怀。"1990年4月4日，在钟兆琳先生追悼会上，江泽民、丁关根、钱学森、陆定一等均为其敬献了花圈。

陈大燮

尽瘁报国终不悔

人物小传

陈大燮（1903—1978），字理卿，浙江省海盐县人。著名热力工程学家和机械工程专家。

曾任九三学社中央委员。交通大学毕业。1927年，在美国普渡大学攻读机械工程，获硕士学位。1928年回国后，一直从事热力工程的教学与研究工作，先后任教于浙江大学、中央大学、交通大学。1949年以后，任交大教务长。1958—1966年，任西安交通大学副校长，为西安交大的建设和发展做出了重要贡献。

横槊拒敌特　俯首为人民

1949年4月20日，人民解放军百万雄师横渡长江；23日，南京解放，上海解放已经指日可待。

国民党当局垂死挣扎，京沪杭卫戍司令汤恩伯发布了"十杀令""连坐法"，反动军警、特务到处抓人，上海陷入一片白色恐怖中。

为了保存革命力量迎接解放，交大党总支根据上级党委指示，预计到一次大逮捕迫在眉睫，及时做了周密部署：通知一些容易暴露的学生自治会领导人离校隐蔽，其他留校坚持工作的党员、积极分子也做了夜间紧急转移和隐蔽的准备。与此同时，又组建了学生护校队，每晚组织200余人整夜在校园内巡逻，并制订了应急方案，一旦军警进入学校就敲响警钟，把同学集中到体育馆，保护可能被捕又来不及隐蔽的进步学生。

果然不出所料，4月26日凌晨1时许，反动军警与特务来交大进行最后一次大逮捕。敌人用装甲车撞破了校园北门，直冲学校的警钟，破坏了学校报警系统。

这一夜，教授协会正式参加护校，陈大燮带头在体育馆护校总部值班。当时，总部惊闻装甲车声，情况紧急，陈大燮英勇地率领学生冲下一楼，想去打钟报警，召集全校师生抗拒逮捕，但是为时已晚！敌人已经堵住大门，逮捕了陈大燮和学生。陈大燮在这种危机的关头，仍对敌人晓以大义。

陈大燮在解放前以支持学生爱国运动而闻名。

他曾感慨地说："我虽然是个专业技术人员，但解放前的二十多年并没有专心做学问，只是在解放后，我才专心致志地从事教学和科研。"他教授热力工程，从基本理论讲到各种动力机械的技术关键。另外，还有内容充实的机工实验配合。

他还担任过中央大学和重庆大学的系主任，蒋介石一度兼任中央大学的校长，曾拉拢学者。当时，陈大燮就与之划清界限，坚定地留在交通大学工作。

20世纪60年代初,他郑重地递交了入党申请书,并对他的研究生(党员)说:"业务上,我指导你;政治上,你得帮助我。"

文武两全才　赓续教书人

有一位教授,在一个数十人的大班里第一次上课点名后,第二次就能叫出每个人的名字;有一位教务长,在彭康校长的领导下,紧抓教学改革,全面提高了学校的教学质量;有一位副校长,在繁杂的行政工作期间,仍然积极参与教学科研工作;有一位学者,是中国热力工程学界的先驱。这些都饱含着后人对陈大燮的称颂和敬意。

陈大燮为热力学第一、第二定律,蒸汽及内燃周程,蒸汽机原理等方面的研究与教学做出了卓越贡献。抗战时期,他在重庆设计了一种"立式管锅炉",获得了专利权。1947年,他还曾发表研究提高动力厂中蒸汽循环利用功率的论文。他毕生从事热力工程科学的教学与研究工作,对我国热力工程学的创建发挥了重要的推动作用。

20世纪40年代,交通大学在重庆建校,陈大燮在交大主讲以工程热力学为主要内容的热工学课程,这是交通大学机械系的主要技术基础课程。此时,他在热力工程学领域已有很深的造诣。

20世纪50年代,交通大学建立动力机械系后,热工学课程中"工程热力学"部分得到进一步增强,陈大燮仍担任主讲。50年代中后期,随着学习苏联教育,一批著名的苏联工程热力学教材传入,工程热力学的教学内容进一步丰富。在陈大燮的主持下,交通大学开展了关于工程热力学的科学研究。

陈大燮指出的工程热力学两大研究方向:工质热物性及动力机械循环效率的提高,至今仍然是我国工程热力学领域的主要研究内容。

作为一位教授、一位老师,他颇具名士风范,着装随意,手持铁拐杖。他讲课十分精彩,有很多学生来旁听,以致课堂上都没有座位了,门口和走廊上站满了学生。热工学里有个叫"熵"的概念,非常抽象,很难讲好。陈

作为一名教务长、一名副校长,他尽职尽责,深受师生称赞。

大燮竟然从十个方面来讲这个"熵",讲得非常透彻。他喜欢教学生一些小窍门,比如说,热力学的单位,学生最容易搞错,他告诉学生怎么搞清楚单位之间的关系,怎么快速变换。这样,记忆的速度快了,还不容易错。他主讲热力工程学课程,从二年级下学期开始,一直到四年级上学期,都由他一人担当。

他讲课挥洒自如,常空手到教室,在教室里前前后后踱来踱去,边走边讲,很少在黑板上写字,哪怕是公式推导和图形表示,他都是口述。所讲内容不完全是书中所有,如果不是细心地听、快速地记,就跟不上他讲的速度。由于笔记常有遗漏之处,课后同学们不免就要互相核对和补充,以求完整。他的课以英语讲授为主,学生在学到专业知识的同时,又能学好英语,受益匪浅。陈大燮对考试要求很高。据学生回忆,有一次考试,陈老师只出了一个试题,允许大家翻阅书本,也可以相互讨论,出完题后便离开了教室。结果大家花了四个小时,也没有人把试题做出来。

陈大燮记忆力超凡,深受学生们钦佩。每当第一堂课点名后,即便数十人的大班,再次上课时他均能直呼其名发问。他的学生韩荣鑫在回忆录中写道:"第一天上热工学课,陈先生就按名册将几十名同学逐一点名,按序起立应到、坐下。殊不料,以后上课时,陈先生都径直呼同学之名发问,无一差错,令人钦佩之至。"

作为一名教务长、一名副校长,他尽职尽责,深受师生称赞。陈大燮于1949年7月至1958年3月担任交通大学教务长。其间他完成了大规模的院系调整;接着是学习苏联的教育经验,进行教学改革,使原来交大的通才教育转向专才教育;同时引进苏联专家和教材,重新设置专业,组织编写大量的专业教材,安排和组织教学工作。陈大燮出色地完成了各项任务,是一位深受师生称赞的教务长。

他热爱教学工作,即使在任教务长和副校长后,在繁杂的行政工作之余,仍然积极参与教学和科研工作。陈大燮主张:"我们必须吸取苏联的先进经验,联系我国的实际情况,来建立与加强我们自己的学术研究。"他加强了教师的业务进修,使之对苏联教材的内容有一个彻底了解,为开设新课做好准备,

> 当我们有了知识后,不能把知识当"包袱",假如知识分子认为自己的知识完全是个人所有,不肯无条件地为人民服务,向人民讨价还价,就会变成一种包袱。
> ——陈大燮

并研究教学法,以期搞好教学。交大学习苏联教育卓有成效,与他的努力是分不开的。1953年,由于在学习苏联的过程中没有经验,全国高校中出现了贪大求多、消化不良的状况,学生普遍感到忙乱紧张、睡眠不足、体质下降。教育部发出通知,要求各校采取措施克服这种现象,交大也不例外。同年12月,彭康校长召开学校常务委员会决议改进措施,陈大燮紧接着就召开系主任联席会议贯彻。

他还在校刊上发表文章《师生合作为克服学习上的忙迫紧张而努力》。文中公布了教务处的调查结果:交大学生中的忙迫紧张现象相当严重,其结果是导致学生只学习不巩固、文娱体育出勤率极差、星期日照样赶功课、不能得到适当休息、健康水平下降等诸多问题。许多中等水平的学生,只能应付做习题,无充分时间复习理论及概念,对有些课程根本无法复习,形同放弃。这样,学习中根本谈不上独立思考。

如何解决学生的忙迫紧张现象呢?

陈大燮从教师的教学和学生的学习两个方面及各个环节做了详细的分析,如课业分量太重、课程门数太多等。学生的学习方法也有问题,如学生听课注意力不能集中,听课后不是首先消化教师所讲的内容,而是急于赶做习题,效率不高等。文章提出了相应的解决办法。陈大燮的具体指导意见和教务处所采取的相应措施,很快缓解了教学中的矛盾。1954年6月,在他的主持下,交大在一、二年级各门课程中,采用新的考试(即口试)制度,既减轻了学生的学习负担,又保证了教学质量,受到师生的广泛欢迎。

1954年,他在文章《把知识技能献给人民》中提出:"当我们有了知识后,不能把知识当'包袱',假如知识分子认为自己的知识完全是个人所有,不肯无条件地为人民服务,向人民讨价还价,就会变成一种包袱。"他在文章中联系自己说:"我个人的工作,一方面,要协助校长领导全校的教学改革工作;另一方面,要在自己担任的讲课范围之内,在系主任和教研室的领导下,进行充实教材、改进教学法、业务进修等具体的教学工作。""任务是双重的、繁重的,同样,也要求圆满地完成。"同时,他还检讨了自己的许多不足,胸襟之开阔,令人敬佩。

1955年，他和新生谈话时，满怀信心地提出："今后五年内将在本校培养（你们）成为具有高度政治水平、最现代化的技术水平和健全的体格，全面发展的高级工业建设干部。"关于"全面发展"，他说："绝不仅仅是知识的接受。"他殷切地希望学生主动去实现"全面发展"，包括政治修养的培养、业务知识的培养和体格健全的培养。当然，还应有时事政策的培养、科学研究的培养、组织能力的培养、集体生活的培养、热爱劳动的培养，以及文艺修养和文娱活动等。

在《1957年——不平凡的一年》一文中，陈大燮对这一年的教学工作提出了许多具体意见。首先，他强调在迁校的大背景下做好教务工作，必须保证教师力量的完整；保证学生质量，即招生质量和迁校后的学习质量；保证做好教学设备的搬迁工作；保证基本建设的完成。

关于教学工作，陈大燮认为，培养学生独立思考能力问题，"必须教师讲透，学生学透"，"除了教师的业务和经验、学生的学习态度和学习基础以外，还必须要有相当的时间给教师来讲授，切忌赶进度"。关于理论联系实际问题，"与此有关的主要是教学实习、课题设计、毕业设计、各级生产实习"，"要让同学自己动手动脑"。

关于培养目标和修订教学计划问题，以他制订的关于发电、机制、内燃机三个专业的教学计划草案为例，其具体内容是："基础课的比重增加一些；专业课削减一些，但理论程度上还是要求有所提高；上课总时数大大削减，使学生有充分的自修时间。"他还对青年教师的进修培养问题、学生学习方法问题均提出了中肯的意见。像这样，陈大燮几乎在每一年教学的关键时期，都会在校刊上发表文章，教务处的工作根据他的指导意见随之做出具体调整，使全校的教学工作平稳有序地运转。这在当时教学工作不断受到政治运动冲击的情况下，是何等难能可贵呀！

1958年3月，陈大燮被任命为交通大学副校长，负责领导交通大学西安部分的教学工作。1959年7月，教育部正式发文，交通大学上海部分和西安部分分别成立上海交通大学和西安交通大学，陈大燮为西安交通大学副校长。

交大师生无怨无悔，响应党的号召，开发大西北，到祖国最艰苦的地方去。

报国应尽瘁　西迁永不悔

1955年中央做出决定，将交通大学从上海迁往西安。当时，交通大学在近代中国最发达的繁华大都市上海创办、发展已有60个春秋，是享誉海内外的著名学府。举校西迁，史无前例，两地经济发展悬殊，文化环境不同，工作和生活条件差距很大，所面临的困难和挑战是难以想象的。对此，以陈大燮、钟兆琳、张鸿等20多位知名教授为代表的交大师生，无怨无悔，响应党的号召开发大西北，到祖国最艰苦的地方去。

1955年，陈大燮（左二）、张鸿、宗慎元、程迺晋等在研究教学工作

作为迁校带头人之一的陈大燮，积极撰写文章宣传西迁重要意义，也融入师生当中做动员工作。1957年，迁校问题出现争议时，他以长期发展的战略眼光协助校党委集思广益，提出了"一个交大分设两地，师生设备互相调剂"的建议，成为后来交大迁校新方案"一个交大，两个部分"的雏形，成功地解决了迁校问题，最终也形成了今天上海交大和西安交大两所名校。当时的陈大燮已身患糖尿病，按当时的医疗水平，在上海这样发达的大城市都难以

> 陈大燮身患糖尿病，他放弃了在上海治疗，舍弃了上海的优越生活，毅然交出上海的房产，义无反顾，偕夫人一起，赴西安参加建校工作。

治疗，更何况是西安！但是，他仍然舍弃了上海优越的生活，交出上海的房产，义无反顾，偕夫人赴西安参加建校工作。在迁校、建校那些难忘的日子里，在扎根西部艰苦奋斗的漫长岁月中，他顾大局，讲奉献，充分体现了交大人朴素实干的风貌。1957年，在西安部分新生入学典礼上，陈大燮说："我是交通大学包括上海部分和西安部分的教务长，但我首先要为西安部分的学生上好课。"一席话，坚定了大家献身大西北的决心。

不负燮师恩　桃李满天下

陈大燮为我国的高等教育事业，为交通大学的发展奉献了自己的一生。他平生最大的愿望就是培养青年，他最高兴的事就是看到青年学生脱颖而出。他的学生中有很多人已经成了热力工程方面的教授和技术专家。

他的学生杨翔翔以优异的成绩考入交通大学动力机械制造系，1957年毕业留校，从事热工学的教学与研究，后随校西迁。他以宽厚扎实的专业功底和富于创新的研究能力，得到时任西安交通大学副校长陈大燮的赏识，成为陈大燮的科研秘书和得力助手。在陈大燮的悉心指导下，杨翔翔在专业教学与研究方面迅速成长，陆续发表了多篇学术论文，参与编写两部专著，成为当时青年教师中的佼佼者。

我国著名工程力学与复合材料力学专家、同济大学教授、博士生导师嵇醒也是陈大燮的学生。1948年，他考入交通大学水利工程系，后转入机械工程系，陈大燮讲授的热工学等课程让他至今都难以忘怀。曾任西安交大副校长的刘志刚，于1965年进入西安交大攻读研究生，师从陈大燮。1978年，他回校任教，并担任学术带头人，成为继陈大燮之后在行政和学术上都有所建树的学者。

陈大燮讲授的工程热力学和传热学课程向来很有名气，即使在担任西安交大副校长后，他仍坚持上讲台，并一如既往地专注培养青年教师，帮助其成长。有个青年教师第一次开课为夜大学生上工程热力学，意外地看见年过

1956年，陈大燮教授（左二）指导青年教师备课

半百的陈先生也坐在学生中间聚精会神地听。他经常勉励青年同志既要严谨治学，又要敢于创新；要钻研教法，把课讲得像说书一样吸引学生。他带动大家积极开展科学研究，当时，由他主持的工程热物理性质及新型循环的研究，都是与生产实际密切相关的，对西安交大热工学科的科学研究起到了开拓性作用。

1978年，陈先生临终前把自己一生的积蓄3万元捐给学校作为奖学金。1982年，他的夫人去世时，女儿陈尔瑜又把陈先生留给陈师母的1万元生活费、医疗费也捐献给了学校。为了纪念陈大燮的功绩，西安交大以他的捐款为基金，设立"陈大燮奖学金"，专门用以奖励成绩优异的研究生，每年评发一次。至今获"陈大燮奖学金"的研究生已有近百人。

"燮"乃和谐之意，大燮乃大写和谐。陈大燮以他的高深学术、高尚人格，在几十年的从教岁月中，谱写了"为人师表"的和谐乐章。

赵富鑫

献身物理为人梯

人物小传

赵富鑫（1904—1999），江苏上海县（今上海市三林镇）人。

1924年毕业于交通部南洋大学（交通大学前身）电机科。

1925年春回母校物理系任教，历任交通大学物理系主任、普通物理教研室主任。

交通大学西迁后，历任西安交通大学物理教研室主任、数理力学系主任、基础部主任、图书馆馆长、校工会主席等，是九三学社中央委员。

曾任全国高等工科学校物理教材编审委员会委员、副主任、代主任，中国物理学会理事会理事，中国太阳能学会常务理事，陕西省物理学会副理事长。

1962年，他作为高等教育部工科物理教材编委会委员，参加制定了我国第一个工科物理统一教学大纲，组织并审定了我国最早的两套统编物理教材。翻译了美国西尔斯（Sears）教授著的《物理》教材第二册及美国电工丛书《电照学》和《电热》，合编了《太阳能电池及其应用》。

结缘电机　从业物理

1904年，赵富鑫出生在江苏上海县（今上海市三林镇）一个败落的大家庭里，他的七世祖是一位有钱的商人，祖父及父亲都是读书人。

1915年，赵富鑫从三林小学毕业，进入浦东中学。在此期间，聪明好学的赵富鑫学习进步很快，最终以优异的成绩毕业。1920年，赵富鑫投考交通部工业专门学校插班，以第一名的优异成绩被电机专科（即专业）录取。

在大学学习期间，赵富鑫学习勤奋，每年成绩都名列前茅。通过大学四年的努力学习，1924年赵富鑫从交通部南洋大学（交通大学前身）电机科毕业，1925年春回母校担任物理系助教。在当助教期间，他竭尽全力，边学边干，在物理教学的业务水平上有了较大的提高，克服了求学时以电工课程为主课，而在基础课方面造诣不深的问题，比较容易地改了行。由于当时交大物理课要求高，是国内少见的，不分哪个系，讲课及实验都是两年，讲课每周4节，实验隔周1次3节。阶段测验每学期就有3次，内容较多，要求也较严，报告要按一定的规格写。其他基础课，如数学、化学也有类似的安排，当时的学生深以为苦，但是，这种基础课的严格训练对学生产生了重要影响。学生不仅基础打好以后学专业课容易，而且今后工作需要改行时，由于基础扎实，也比较容易，这就是老交大传统。老交大传统已经深深地融入交大学子的血液中，并为历届毕业生所津津乐道。

赵富鑫把一生的精力都奉献给了交通大学，奉献给了物理学基础课程的创建和改革，奉献给了中国的高等教育事业。

带头响应　率团西迁

1955年，高教部为了进一步调整学校布局，支援内地教育，决定将在上海的交通大学迁至西安。当时，台湾当局反攻大陆的叫嚣甚烈，沿海形势较紧张。因此，当时这一决定是正确的，而且除交大外，浙大及同济也准备内迁。决定下达后，先在民主党派中传达。当时交大九三学社已发展到20多人，几乎全部系主任都是九三社员，当场全体表示拥护，并保证要把迁校工作做好。此后，在彭康、苏庄两位校长领导下，学校开始做迁校准备：首先，由彭康校长同总务长任梦林等至西安选择校址，开始基建工作；然后，利用寒假组织教工及学生代表成立西安参观团，了解情况。苏庄副校长任团长，校办主任邓旭初及赵富鑫任副团长。因苏庄有事，邓旭初与赵富鑫率团先出发，经徐州、洛阳，先到兰州，然后回到西安。在洛阳及兰州参观了当地的建设，一些工厂都是在苏联支援的156项内的。到西安时，苏庄也已到达，他们就在西安重点了解西安地区工厂建设的情况。

陕西省政府及西安市政府召开了各厅局联席会议，详细介绍当地情况，商谈建校工作。校舍正在建设，参观团就参观了工地，慰劳了工人。团员中有教师40余人、学生10人，都对准备情况很满意。后来他们由武汉转回上海，并在学校全体会议上汇报了参观情况，决定1956年让一、二年级学生及基础课教师先迁西安，接着就做教师西迁的动员工作。物理教师中大部分愿意迁，只留少数教师，如年老的周铭教授及任有恒等几位。

赵先生带头响应，随交大一、二年级学生，以及基础课、技术基础课教师第一批来到西安。他除从事物理基础课程教学研究外，还担任高教部物理课程编审委员。

1956年，交大电机系、机械系、动力系和运起系一、二年级的师生迁至西安，苏庄副校长主持校务，同时兼任分党委书记。为适应地方需要，学校又设立夜校部，由赵富鑫任班主任，同时负责物理教学工作。教研室主任由殷大钧担任，潘耀鲁为副主任。一学期后因夜校工作发展不大，无须单独设部，改由教务处管理，赵富鑫即改任图书馆馆长。当时，图书馆正在搬迁和整理中，房屋尚在建造，工作不多。

初来他乡，工作及生活条件又都有些问题，不少教师有意见，有的甚至提出要重新迁回上海。这样，就掀起了反迁校浪潮。上海的教师中，也有一部分不愿再迁。彭康校长于1957年春在上海召开校务委员会，苏庄与赵富鑫代表西安部分出席，另有教师代表殷大钧、邵济熙等4人。当时为了广泛听取意见，学校成立了在党委领导下的15人小组，吸收民主党派参加，主持迁校讨论。

1957年秋季开学后，迁校问题已解决，第二批迁西安的师生也陆续到达。这时，高教部决定把原电力部领导下的西安动力学院与交大合并，成为交大西安部分，学校规模进一步扩大。除原有各系外，还调进了纺织、水利、地质、采矿等系。无线电系原定全部调去成都成立成都电讯工程学院，后来也有一部分调来西安；高教部又决定组建工程物理系，并准备增设应用数学、工程力学、应用物理等专业。

献身科教　献身交大

1957年开学不久，全国掀起反右浪潮，赵富鑫被任命为教研室主任，并主持物理教研室的反右运动，批判反迁校的言行。在解决反迁校风波和以后的各项政治运动中，赵富鑫觉得自己对党的认识有了进一步的提高，认识到过去撤回入党申请书的错误，就重新提出申请，由罗晋生、陈楷两位任入党介绍人。1959年申请被校党委批准，并在数理力学系全体党员会上举行入党宣誓仪式。入党后，他以做一个合格党员来要求自己，力求不辜负"党员"这个称号。

在担任系领导的同时，他被推选为总支委员，分管教学及统战工作，并参加过几次校党代会。

那几年，赵富鑫除了把全部精力用在提高基础课程教学质量工作上外，每年还担任高年级的物理教学。比如，工程物理系和应用物理专业的普通物理课。这些课没有现成和固定的教材，只指定参考书，因而他必须自编讲稿，并且每年都会修改。同时，他非常重视听课，每周必定听二至四节课。这样，不但对任课教师的教学工作了解较深，而且不少地方还可起相互学习、取长补短。这对领导教学工作，无疑很有必要。

> 赵富鑫把自己和交通大学紧紧地联系在一起，与交通大学同命运、共甘苦。

除了学校的教学工作外,他的一个重要工作是担任高教部的物理课程教材编审委员。除此之外,他还参加了一些全国的会议:1960年,参加中国科学院召开的科研十二年规划讨论会;1964年,参加高教部召开的高等教育座谈会;1965年,参加高教部召开的高校外语教学讨论会。从上海迁到西安后,他一直负责工会工作,三次被选为工会主席。

来西安后,赵富鑫曾连续三届被选为西安市人民代表大会代表。其间,他努力为人民服务。例如,在迁校时,他如实地在市级人民代表大会上反映迁校工作中各阶段的情况并检讨自己的工作。

在九三学社的工作方面,他迁来西安后,交大有社员十余人,成立直属小组,他担任组长。在迁校工作中九三学社做了不少工作,社员有所增加,并由小组转为支社,他担任支社主委,在张鸿同志及其他社员的帮助下,做出了一些成绩,也获得校党委的称许。

"文革"后,赵富鑫致力于教学及学术研究,直到晚年仍然坚持工作,不懈奋斗。由他和物理系其他同志发起的太阳能利用及研究工作目前还在积极开展,先生经常予以关心并提出建议。改革开放前后,赵先生积极参与工科普通物理教材的恢复建设工作,先后主持了多版教材的审定工作,领导制定了"指导性"工科普通物理教学大纲。同时,翻译出版了美国西尔斯(Sears)

赵富鑫教授在编写教材

教授著的《大学物理》(第二册),以及美国电工丛书《电照学》和《电热》,为工科普通物理教材建设做出了重要贡献。

1985年,他和另一位同志主编的《太阳能电池及其应用》一书由国防工业出版社出版。在当时这是太阳能电池研究方面唯一的一部教材,为农村生活用电及小规模工业用电开辟了一条新途径。

赵富鑫把一生的精力都奉献给了交通大学,奉献给了物理学基础课程的创建和改革,奉献给了中国的高等教育事业。赵富鑫把自己和交通大学紧紧地联系在一起,与交通大学同命运,共甘苦。

交通大学培养造就了赵富鑫,赵富鑫也与交通大学相伴了一生。从一个十几岁的少年学子到大学物理课程的助教、讲师、副教授,直到"得天下英才而教育之"的著名教授;从物理实验室教案编写、交大理学院的创设,到1956年交大西迁的繁重工作,再到高教部大学物理教材编审会的委员、副主任、主任;从懵懂少年到耄耋老人,赵富鑫先生见证了交通大学的初创、发展、变革和成就,也为交大贡献了自己的学识、能量、心血和一生。

1981年,赵富鑫教授(前排左三)同部分校友合影留念

任梦林

呕心沥血辟杏园

人物小传

任梦林（1904—1991），山东省广饶县人。1939年参加革命，1940年加入中国共产党，后勤供给工作是任梦林革命经历的起点和主题。曾历任中共渤海三分区供给处处长、山东南进干部纵队三大队供给处主任、华东革命大学二部供给科科长、华东局党校校务处副处长、华东教育部总务处处长等职务。1952年调入交大，1955年4月最早到西安选定交大新校址。历任西安交通大学总务长、副校长。

江泽民同志是1947届交大电机系学生。在担任国家主席期间，他曾三度莅临西安交通大学视察工作，看望师生。

行走在苍松翠柏、梧桐成荫的校园里，他多次感叹："西安交大校园郁郁葱葱，是读书的好地方。"并对身边的学生代表说，"我很羡慕你们，当年在上海时，交大校园可没有这么好。"

许多师生惊讶不已，对照上海与西安的自然环境，江泽民同志的话不禁让青年师生满腹疑惑：西安交大校园是如何绿起来的呢？

凡是亲历过西迁的师生都知道，这完全归功于以彭康校长为核心的校党委领导集体和以任梦林为首的总务后勤的员工。每当说起美丽的校园，交大师生皆拱手称赞任梦林是"西安交大后勤工作的主要开创者和奠基人"，交大的校园建筑和校园绿化等都凝聚着他的心血。

革命的好管家　大学的好总务

提起任梦林，交大师生无人不知。他个子高，嗓门儿大，性子直，是一位南下的山东"老革命"。

如果有事要找他，最靠谱的地点就是后勤工人干活的一线。总务处人员回忆说："任梦林很少在办公室待，每天除上班时先到总务处办公室坐一会儿，询问各方面是否有问题，随后他就到总务处各部门的工作一线转，看有什么不对的地方。每周一上午的总务处例会雷打不动，会上各方面主要负责人要汇报上周任务的完成情况和本周的工作任务，还要提出面临的主要难题，总务长统筹解决。"

在校园里，师生们随时可以看到他高大的身影。谈到其作风，师生无不交口称赞：积极肯干，深入群众，要求严格，行事果断，有魄力，有很强的大局观和实践力。任梦林被西迁师生尊称为"交大的大管家"，他也是当时中国高校后勤系统少有的几位卓越领导人之一。

1952年11月，任梦林从华东革命大学调任交大不久，即被委任为学校总务长，总管校园基建、后勤服务等基础保障工作。

对于这项任命，很多不知情的教师可能都存有疑问：一位驰骋疆场的老革命、一位不了解高教情况的非交大人，如何能耐住心，做好知识分子们的服务性工作？特别是中华人民共和国建立初期，全国工业建设急需大量的工业专门人才，作为全国独一无二的工科大学，交大面临着史无前例的招生和建设任务。殊不知，这项工作对任梦林而言，无疑是最合适的了。原来，任梦林的革命经历基本都与后勤保障相关。

谈及任梦林的工作作风，师生无不交口称赞：积极肯干，深入群众，要求严格，行事果断有魄力，有很强的大局观和实践力。

才下眉头　却上心头

在他入职交通大学不久，就迎来了一次重大的考验。

为满足国家工业建设需要，华东教育部要求交大办万人规模大学。当时的交大，姑且不论招生和教学问题，仅基建一个方面就困难重重。

按照国家基建标准，10个学生1亩地，交大万人规模的校园要有1 000多亩土地。当时的交大校园名义上也只有600亩，若刨除被周边棚户区、小商小贩占去的部分，实际使用的土地仅有312亩，难度可想而知。

为此，根据学校党委和华东高教部商定的办法，任梦林带领总务处同志从校内扩容和校外动员棚户区拆迁两方面入手。比如，1954年拆建了新上院，在体育馆旁新建了一栋教学大楼。后来，甚至改造澡堂为实验室等。但是，棚户区的搬迁实施起来就困难了，不仅经费开支很大，关键问题是，这些棚户大多以寄居交大做小生意来维持生计，迁到上海郊外后生活来源就有问题。尽管如此，任梦林还是千方百计扩展校园的容量。

截至1955年，交大校园基建已基本饱和，最多可以容纳6 000人，比新中国成立初期的4 000人增加了近50%的容量。尽管如此，与国家的要求和期望还相距甚远，这让彭康校长和任梦林总务长愁眉不展，寝食难安。

1955年4月7日晚上，时任高等教育部部长的杨秀峰同志给彭康校长打来电话，通报了中央决定交通大学内迁西安的决定。

任梦林得知这个消息以后如释重负，精神焕发。4月9日，彭康校长将中央的决定向学校党委常委会和校务委员会通报以后，就派任梦林前往北京接受内迁西安的相关建设任务。

1955年4月中旬，任梦林与王则茂一起去北京高等教育部刘皑风副部长处当面接受任务。当听闻1956年秋交大必须在西安新校园正式开学时，他们兴奋的心情转瞬即逝，因为刘部长严肃地交代，这是国家的政治任务，必须完成。在校址未定、基建图纸不清的情况下，要在短短16个月的时间里建设一所万人规模的大学，即使是在今天的装备条件下也不是一件容易的事。

任梦林深知任务艰巨，因为除了10万多平方米的基建任务，还有学校近1 500名教工及家属的行李物品，6个系42个教研室、24个实验室的教学科研仪器设备，以及20余万册图书、档案资料等物资，都要毫发无损地搬到西安。

接到任务后，任梦林第一时间向彭校长进行了电话汇报。不久，彭校长就给任梦林专门发来电报，要求他直赴西安勘察校址，并叮嘱了几个具体问题。从北京到西安1 000多公里的行程，任梦林愁眉紧锁，坐立不宁，眼睛一直盯着窗外，手里香烟一根接着一根。

当时，西安的生活物资供应条件较差，就连实验设备上的一个简单零件都需要到上海等地采购。任梦林苦苦思索，努力谋划着如何抓紧时间组织好基本建设，如何让搬迁来的广大师生快速恢复正常的教学和科研秩序。他尽可能将未来迁校建校的困难想象得严重一些。

当到了西安后，所见的一切令他更加担忧：目之所及尽是平房，就连最繁华的东大街也没有几栋像样的楼房。从火车站出发，穿过解放路出了城，都是村民居住的平房小院，没有自来水，没有路灯。正如人们所说："电灯不明，马路不平，电话不灵。"

任梦林打起精神，强迫自己不去想这些困难。凭着高教部开具的介绍信，他和王则茂两人来到陕西省人民政府，省政府办公室的同志得知是来接洽交通大学内迁西安的事情，十分热情并专门安排工作人员来接待他们。

次日清早，工作人员就带领任梦林和王则茂来到西安市建设规划局。相互简单介绍以后，还没落座，建设规划局的领导就开始介绍起西安的未来规划，说道："城南是高等教育集中区，城西是电工城，城东是纺织城。"在介绍完规划的同时，划定了五块区域供任梦林和王则茂挑选。为了筛选一处中意的校址，任梦林提出希望到这五个区域去实地看看。

任梦林、王则茂两人跟随建设规划局的同志在西安南郊外勘察。当时的南郊还都是村庄和农田，由城西南转到城东南，印象中比较满意的有：现在友谊路西北工业大学校址、西安建筑科技大学校址和西安交通大学兴庆校区。

结合彭校长靠近市区、远离生活和工业集中区的思想，两人初步确定了兴庆宫南面的一片土地：位于兴庆宫和青龙寺遗址之间，距离东郊工业区还有一定距离，地势平坦，没有几座村庄，不存在拆迁问题。站在这片土地上可以南眺秦岭。

与西安市建设规划局探讨了有关征地等相关问题后，任梦林和王则茂又分别拜访了西安市的相关部门，还在离省政府和市政府不远的西安北大街通济坊物色了一栋七个开间的小楼，作为"交通大学西安建设办事处"。之后，

1955年5月，彭康校长率资深教授勘察交通大学新址（右起依次为朱物华教授、朱麟五教授、任梦林总务长、彭康校长、周志宏教授、钟兆琳教授、王则茂同志）

就通过电报向彭康校长汇报西安选址的基本情况。

1955年5月6日,彭康校长、朱物华副教务长和动力系主任朱麟五教授来到西安,实地查看任梦林和王则茂选定的新校址。1955年5月中旬,彭康校长从北京开会后转到西安,再次电请朱物华、程孝刚、周志宏、钟兆琳和朱麟五从上海赶到西安,共同勘定新校址。彭康校长和五大知名教授对在兴庆宫南的这块麦田里建校十分满意,特别是钟兆琳和朱麟五先生,望着开阔的麦田,情不自禁地跳了起来,高兴得像个孩子。

交通大学在西安的新址确定下来以后,紧接着就是编制建设计划任务书、招兵买马组建基建科、委托华东建筑设计院进行建筑设计等工作。与此同时,北大街通济坊17号——交通大学驻西安办事处也开始对外办公。

呕心沥血建校园　全心全意解师忧

1955年8月,基建的准备工作正式开始,可整个9月,西安都是阴雨连绵。直到10月26日,新校址的基建才正式破土动工,西安市实力强大的西安第三建筑公司所属的千余名建筑工人开进工地。在基建工地,当时每栋建筑都有编号,基建施工按工期要求倒排进度,同时开工的有教职工和学生宿舍、中心楼和学生食堂等,总面积近10万平方米。从此,基建科科长王则茂常驻西安,全面负责基建工作,任梦林则要沪、陕两地跑。

在西安工地,任梦林几乎每周都要召开基建工作会议,听取工作进展汇报,了解工作中的重点和难点问题。针对工程施工中的重点和难点,任梦林逐一过问,逐一落实解决。有时工程进度因故落了下来,任梦林都要求必须想办法抢回来,严格按工程进度进行,只能提前不能落后。

西安秋冬季节雨雪比较多,为保证工期,工地决定先抢进度:搭好房梁,铺好瓦片,然后再进行内部施工。这就需要大量的木材和木材加工厂,任梦林就联系西安市相关部门为交大开绿灯,专门赶制木材用料和成品门窗。

由于冬季施工困难,施工进度还是有些拖期。1956年上半年要赶工期,市建三公司人手又不够，任梦林经过多方打听，得知西北建筑公司的经理是他的一位战友，便立即前去拜访，请求支援。

西北建筑公司立即调集了千余名工人开进了交大基建工地。此时，两个公司的2 000多名建筑工人同时施工，建筑工地热火朝天，忙而不乱。1956年6月1日，31幢师生员工住宿楼按期竣工，8月份完成了学生食堂、行政楼和中心教学楼等一批教学办公楼的建设，基本保证了9月10日正式开学。

在师生宿舍和教学办公用房完工后，建筑队伍又转向了科研用房、实验室和实习工厂的建设。因此，许多老师在回忆起第一次在西安开学时都说："当时，学校还是个大建筑工地。"在1955年的建筑设计规划中，原有建设一个规模宏大的礼堂的方案，因国家经济困难，压缩楼堂馆所的建设，礼堂的建设计划就被搁置了。

1956年9月10日，第一届新生开学典礼在西安市人民大厦召开，但以后万余名师生的集中活动总需要有个地方。任梦林就与彭康校长商议，请南

以竹篾将毛竹捆绑在一起做构架，上面用竹席夹油纸铺盖屋顶，竹架木板固定成凳子，可容纳几千人，这就是西安交大建校初期的大礼堂，后来被师生亲切地称为"草棚大礼堂"

方的能工巧匠用竹子搭建一个大礼堂。大礼堂用料很讲究，以竹篾将毛竹捆绑在一起做构架，上面用竹席夹油纸铺盖屋顶，后来被师生亲切地称为"草棚大礼堂"。礼堂里面有舞台、放映室，有能坐七八人的竹架木板固定凳，可容几千人，1957年的开学典礼就在这里举行。从此以后，学校各种大会、演出都在草棚大礼堂里举行，彭康也常常在这里给师生做报告，许多师生至今仍记忆犹新。

任梦林经常说："大学就要有大树。"建校之初，任梦林总务长对校园绿化已有系统规划。新校园一边建设，他就一边安排人员从上海、苏州、杭州、南京等地购买了雪松、龙柏、银杏、樱花和梧桐等树苗，从杭州引进了天鹅绒草皮，从山东选购了牡丹与芍药，从秦岭山中采集了杜鹃，从四川采集了梅花、冬青及其他的树种，南京市还专门赠送了法国梧桐。

五湖四海的植被与花卉齐聚西安交大校园，春天里百花争艳，秋天里落英缤纷，成为学校一道独特的风景。

学校的师生多是南方人，生活和饮食习惯与当地有很大的不同。然而，西安当时的服务设施还很不完善。为了能够使师生安心教与学，他与彭康校长商议，把上海较为完善的服务体系搬到西安来。

因此，在师生迁校的同时，任梦林就请上海市动员鞋匠铺、理发店、服装店、洗染店、食杂商店及煤球厂等搬到西安。同时，与省、市领导对接，陆续在交大家属区设立了蔬菜副食部、粮站、邮局、银行、新华书店等，还设立了一整套综合性的商业供应点，为师生打造了一个温馨惬意的"小上海"。

严 晙

勤勉奉献铸师魂

人物小传

严晙（1906—1991），中国著名的电力拖动专家，交通大学电力工程系及工业自动化专业创始人之一。

严晙从教60年，为国家培养出大批电机及工业自动化专业人才，曾任全国工业自动化教材编审委员会主任、陕西省电机工程学会理事长等职，在教育界及电气工程领域享有崇高的学术声望。

严晙教授曾在清华大学执教10年。1942年，交通大学在重庆建立总校时，转入交通大学任副教授。1945年抗战胜利后，随交通大学迁回上海原址并任教授。

1952年，任交通大学电力工程系主任。1958年，全家迁到西安，此后一直在西安交通大学任教和进行科研工作。

理想信念在胸间

严先生高度自觉，非常努力地学习政治、时事和马列主义、毛泽东著作，而且从1949年上海一解放就是如此。每听政治大报告，或者以后的政治学习报告（如中国革命史、哲学等）时，先生总是一边记笔记，一边在文件或学习材料边上写上自己的体会或加以评注。

政治学习讨论时，严先生给了青年教师很大的教育与启示。

严先生的学生万百五回忆说："我想这也是先生政治上进步快、思想认识上提高快的一个最根本原因。1957年，先生光荣地加入了中国共产党，这对像先生这样热爱祖国、坚持真理、献身教育事业的一位老教授来说，是一个必然的发展结果和飞跃。"

1956年，交通大学内迁西安。严先生积极响应，举家西迁。此后，一直在西安交通大学任教并进行科研工作。

辛苦耕耘为交大

严先生全家随交通大学一起内迁西安后，为交通大学的电力工程系做出了极大的贡献。严先生作为系主任，工作非常勤奋负责，每天要花掉相当多的时间和精力在系办公室处理行政事务。当时正值教学改革初期，为贯彻教育方针及相关政策，行政工作繁忙而琐碎，但是，严先生任劳任怨，严格贯彻各项方针政策。这对青年教师来说，是一个很好的"身教"的过程。当时的青年教师既要建立新专业又要开新课，教学工作和备课任务很重，但是，严先生的谦虚勤勉，让青年教师们有了一个很好的学习榜样。

严先生在工作中坚持原则，遇到问题不回避。他超强的行政管理能力、

上海的夏天十分炎热，严畯却总把自己闷在屋里备课看资料，为工业在企业电气化专业建设勤奋地耕耘着。

平易近人的态度，以及对下属的关心体贴等，在系里得到教师们的交口称赞。在学习苏联进行教育改革中，搬用全套苏联教材的做法，一度造成师生忙乱紧张，导致教学中出现了一些问题。遇到学生们对老教授有什么意见时，常常由严先生亲自去解决。严先生总是一方面坚持原则，用个别交谈等适当方式做好思想工作；另一方面则要把学生意见转达给老师，帮助他们做出分析和改进。

在工企专业建设初期——1953年末，学校请来了一位苏联专家。几年中，专家讲授了几门专业和专业化课程。后来这些课程由其他教师分担。严先生承担了电力拖动课程，严先生的学生万百五作为青年教师，也承担了自动调整理论课程。万百五回忆道："当时为了使教师们能够迅速全面地掌握本专业知识，教研室领导规定，每个教师都要去听课并学习每门课程。所以在我讲课时，严先生和其他老师们坐在教室的后排，听讲和学习这门课。他这样虚心学习的精神，实在令我们青年教师感动和敬佩。而且严先生和其他老教师经常对我讲课的内容、方法和技巧提出建议和评论，给予我极大的教育，当然我和其他教师也去听严先生讲授电力拖动课。严先生一如在1947年我做学生时讲授直流电机课程一样，备课、讲课都非常认真，有条不紊，都写有详细讲稿，而且对课程内容、进度都经过非常仔细的推敲和研究。先生在教学上一丝不苟，对学生既有耐心又严格要求，深受学生爱戴，从解放前我做学生时就是如此。"每有教师或同事称赞先生的课讲授得好，教学效果好，教学质量高，严先生总是谦逊地说，原来讲授的直流电机课与新课关系密切，比较容易准备，等等。

> 作为电力工程系主任，严畯白天有大量行政工作亟待处理，学习备课的任务只得延至夜晚。有同事回忆说："在我的记忆中，他从未在夜里12点以前就寝过。"

先生桃李遍天下

当时组织领导下厂学习，是教育改革、学习苏联的重要一环。1954年初夏，第一届公企专修科的两个小班学生分别在济南机床厂和太原钢铁厂两处实习。

严先生的学生万百五回忆道："前者由沈尚贤先生和我负责，后者由两位青年教师负责。严先生从上海来济南检查实习工作，又因太原方面的电召，需要在太钢帮助指导和解决问题，我陪同严先生经石家庄转车去太原。解放初，师生下厂都带着自己的铺盖卷儿，严先生也不例外。转车时要从一个站台跨越铁路到另一个站台，我请严先生在下车站台等我。待我先将一个铺盖卷儿扛到对面车站台，转身一看，只见严先生已经肩扛铺盖卷儿，正吃力地慢慢越过铁路。我赶忙奔过去把行李接了过来。此情此景历历在目，令我至今难忘。"

到太原后，严先生又是召集学生开会，又是同教师商讨研究如何改进，还同厂教育科接洽，足足忙了几天。晚上打开铺盖在硬木床板上休息，严先生也毫无怨言。此外，严先生去闵行上海汽轮机厂检查实习之后又不畏严寒、千里迢迢到哈尔滨安排学生实习。严先生的学生万百五回忆说："由先生主动提出，我曾陪先生一起到电力系其他专业教研室参加会议，这时先生按照党委和学校领导的意见，努力深入基层了解情况，听取意见。先生因此而更受全系师生的爱戴。"

严先生在教育界及电气工程领域享有崇高的学术声望，而他与沈尚贤教授等一起举办建设的工企自动化专业，更是为国家培养出了大批工业自动化专业人才。

"60年代以来电机系第一位分配到西藏去工作的就是工企专业毕业生"，"工企1959、1960、1961届毕业生约有大半在乌鲁木齐工作"，他们曾经或是依旧在为祖国的发展，特别是西部的建设做着重要贡献。这些芬芳的硕果，也是对严先生数十年如一日献身教育事业最好的告慰！

殷大钧

矢志不渝心向党

人物小传

殷大钧（1907—1992），浙江省嘉兴市人。中共党员，九三学社成员，著名物理教育家。

1928年考入清华大学。1928年秋参加清华大学党的外围组织"朝曦社"，1930年加入中国共产党。曾担任北平市文化党团书记、山西抗日民族革命大学第四分校教务主任、山西抗日决死队第三纵队随营学校及第十一军政干部学校政治主任，兼民族革命中学教务主任等多种职务。1945年9月，被派赴美国加利福尼亚大学物理系攻读硕士学位，1948年回国。

1948年4月至1956年，在交通大学任教授，同时兼任上海文治中学校长。

1956年，随交通大学举家西迁。

1955年秋至1957年秋，任交通大学物理教研室主任。1956年，参加编著我国第一套工科物理教材《物理学》（共三册），为我国物理教材的编制做出了开创性的贡献。1958年，荣获中国物理学会颁发的C.P.S金色奖章一枚。

63年前，交通大学响应国家号召从黄浦江畔主体内迁西安。"胸怀大局、无私奉献、弘扬传统、艰苦创业"，这16个字凝聚了交大西迁63年来的所有的苦难和辉煌。

回忆西迁过往，弘扬西迁精神，我们不得不提起交大西迁的带头人之一——殷大钧。

意气风发　保家卫国

殷大钧九岁到上海读书，在父亲和书本的影响下，他深知旧社会的黑暗与腐朽、帝国主义的残忍和暴虐。受"五四运动"影响，产生了对共产主义理想的向往。1928年，在清华大学读书时，他便加入了党的外围组织"朝曦社"，并结识了胡乔木、唐明照、张立森、王九公等一批进步学生。

1930年冬，他经张立森同志介绍入党。1931年到1932年夏，他被北平市（今北京市）委调到市内担任文化党团书记，同时，还领导社联、左联等组织的工作，在当时就已经成为颇具影响力的人物了。

听殷大钧讲述自己在清华大学的读书生涯，从言语里能感受到岁月留下的平静，但后来我们才得知：他在读大学时父亲已过世许久，家里在经济上无法为其提供帮助。这促使他想找一份工作补贴家用，但是又苦于大学未毕业，工作难寻，只得靠奖学金和亲戚帮助才最终完成学业。

由于经济和学业的压力，加之蒋介石在北平的反共势力愈来愈嚣张，殷大钧无奈之下向党组织申请暂停其相关的组织活动。

1933年，殷大钧从清华大学毕业后到浙江大学担任助教，两年后调到河南焦作工学院担任讲师。1937年，焦作工学院迁到西安，他也跟着学校奔赴西安，恰逢张立森夫妇从杭州赶到西安。经过与张立森夫妇的交谈，殷大钧得知家乡绍兴沦陷并深感抗战局势的紧急，便决定为经历百年战火的祖国贡献自己的力量，决然参军入伍。

后来，他经八路军西安办事处介绍到晋东南八路军总部工作。工作了一

1941年，殷大钧入交通大学重庆校区执教，从此与交通大学结下了不解之缘，为中国的物理事业发展付出了自己毕生的心血。

段时间后，又被派到山西抗日敢死队的三纵队工作。在山西抗战前线的这段岁月中，他担任过多种职务并见到了朱德总司令。当时，他和杨献珍同志一起与朱德总司令交谈了整整一个通宵。应殷大钧要求，朱总司令还答应到他们学校演讲。朱总司令的平易近人给他留下了终生难忘的印象，也让他深受鼓舞，并感受到党对他的信任和支持。

1939年夏，他离开山西，在三纵队的保护下重返西安，后辗转到达重庆，并于1941年入交通大学渝校执教，从此与交通大学结下了不解之缘，为中国的物理事业发展付出了自己毕生的心血。

1945年秋，殷大钧被交通大学重庆本部派往美国进行深造，在加利福尼亚州大学物理系攻读硕士学位。1948年春，他顺利完成学业返回交通大学执教。这时，交通大学也已从重庆迁回上海。

不忘初心　落子无悔

1952年8月，全国范围内的高校实施院系调整，交大亦在其中。当时，交大师资队伍较强，但教学任务也是极其繁重。殷大钧一直工作在教学第一线，一丝不苟地完成教学工作，在自己的岗位上艰苦奋斗，追求务实创新。

1955年春天，中央决定把交通大学迁往古都西安。彭康校长得到消息后，立即在校务委员会上传达了中央的这一决定，并告知全校师生。殷大钧当即表示赞成。他认为在当时的局势下，迁校是完全正确的决定。为了促进西迁的顺利进行，殷大钧不仅动员校内物理教师到西安工作，还动员校外自己认识的资深物理老师一起到西安工作。

作为物理教研组副主任的殷大钧是第一批去西安的。他的老母亲年逾八旬，身体不太好，就连他自己也有肠胃病。可他首先考虑的是学校工作的需要，即使家人暂时不去西安，自己也要去。在殷大钧的影响下，全家愉快启程。

1957年，因国内外形势趋缓，交大迁校陷入争论，形成"骑虎难下"

的局面。殷大钧与陈大燮等几名教授亲赴北京面见周总理，集思广益，为顺利解决迁校问题做出了贡献。殷先生却为此被错划为"右派"20年，其间备受不公。但是，为保证教学质量，他仍坚守教学一线，讲授声学、光学和近代物理等多门课程。

殷大钧教授的助教黄正东回忆说："那时，殷先生的处境十分艰难，自己戴着'右派帽子'的同时，还要面对在清华的独生女毕业留校不久病故的伤心事，生活条件又极差，终因常年忧郁染上肺结核。至今我仍能清晰地记得，他的写字台上摆放着爱女的骨灰盒，可他仍昼夜伏案备课，坚持工作。这是多么崇高的境界啊！"

1982年，交大重建物理系，年届八旬的殷大钧积极建言献策，为解决师资设备问题挺身而出，同物理系领导拜访西安光机所，促成所校合作，邀请光机所薛鸣球、侯洵等教授到物理系开"光学专题讲座"。同时，借光机所进行硕士学位申请和论文答辩。其中，迁校后物理学方面的第一届研究生，即由殷大钧与吴百诗教授联合培养。

殷大钧亲授经典光学和量子光学，学时两学期，教材采用M.玻恩、E.沃耳夫的《光学原理》和R. London 的 The Quantum Theory of Light。殷先生极为注重研究生的理论基础教育。为开设研究生课程，20世纪80年代末，他还请同事赴浙江大学光学仪器系找他认识的教授取经，咨询如何进行玻恩的《光学原理》教材的讲授。

1956年，殷大钧教授随交大西迁来到西安，直到1987年退休，一直坚守在西安交大物理学教育事业的阵地上，为老交大物理学优良传统的奠定和西安交大物理学科的现代化发展做出了突出贡献。

1985年12月25日，殷大钧教授第二次申请入党，希望完成自己终生奋斗的目标和心愿。他说："在我的一生中，没有做过对不起党的事情。党组织对我的爱护和期望，让我感到温暖，受到鼓舞，解除了我多年来的各种顾虑。"

1986年1月，西安交通大学党委通过了殷大钧教授的入党申请。1992年10月12日，这位为中国高等物理学教育贡献自己整个生命的教授因病去世。

殷大钧认为交大西迁是正确的。他不仅动员校内物理教师来西安工作，还动员校外自己认识的资深物理老师一起到西安工作。

殷大钧（左）在宣读自己的入党申请书

殷大钧教授的一生可谓是坎坷多艰。但是，他逆流而上，一身正气，始终保持精勤治学的教学态度和笃行不倦的敬业精神。

他呕心沥血重建交大物理系，他无怨无悔奉献社会的精神，以及对党和人民从未动摇过的忠诚，永远值得我们后辈敬佩和学习！

陈季丹

丹心热血沃新花

人物小传

陈季丹（1907—1984），安徽省肥东县人。电气化绝缘专家和教育家。

1928年，毕业于交通大学电机系。1934年，获英国曼彻斯特大学电机工程硕士学位。曾任武汉大学教授和电机系主任、交通大学教授。

中华人民共和国成立后，历任（上海）交通大学和西安交通大学教授、电机系绝缘教研室和研究室主任、第三届全国人大代表、九三学社社员。

1960年，出席全国文教群英会。1962年，创设电气绝缘专业，较早开始研究电介质理论。与刘子玉合编《电介质物理学》，译有《无线电原理》。

1981年，陈季丹被聘为西安交通大学首批博士研究生指导教师。

刻苦钻研业务

陈季丹出生于世代耕读之家,排行老四。幼年在家乡读私塾,后随父(江苏扬州盐务统领)在扬州读小学,1920年考取当时教学质量颇高的扬州中学四年制班,1924年入上海南洋大学(交通大学前身),1928年毕业于交通大学电机系。1930年赴英国留学,在曼彻斯特大学从事液体介质在高频阶段中损耗测量的研究。1934年,获得硕士学位后回国,曾任湖南大学、武汉大学教授。1945年,始任交通大学电机系教授。

1953年,根据我国社会主义工业化和教育事业发展的需要,陈先生毅然放下原来熟悉的无线电专业,创建了我国第一个电器绝缘与电缆技术专业,首开"电介质理论"新课,并任专业教研室主任。陈先生所教的课程理论性较强,为了帮助学生理解,他常常想方设法到各处借仪器,争取在课堂上进行直观性的示范实验。每次课外答疑,他都会与辅导教师一起参加,每当课外答疑与听专家课或会议时间冲突时,他定要补足答疑时间。在实验前,他会亲自检查准备工作做得怎样,为了准备新实验,晚上经常忙到十一二点以后才睡觉。每次生产实习,他都会做深入的检查,还会亲自带领同学们参与实习。在考试前夕,他也亲自为同学安排温课计划并进行辅导。

1955年,中央决定交大西迁。他积极响应党的号召支援大西北建设。对待迁校,不但自己坚决去,更积极动员说服其他同志,一次次到同事家中访问,了解他们在迁校中遇到的困难。1958年,他带头将全家及全教研室人员与设备一起迁来西安。这时的他在工作上更加勤奋负责,刻苦钻研业务,不断探索新路子,对新开的电介质物理课程,从教学内容到教学方法,进行了很大改进。

迁校后,在培养青年教师方面,他许下"要把自己的全部知识传授给青年"的诺言。陈季丹真心关心青年教师,尽心尽力培养青年教师。

马乃祥指出:"一位好的导师对学生的培养不只是一门课程的知识的传授,

而是为学生掌握整个专业知识打基础；不仅仅考虑当前的教学科研能力，而且关心学生今后发展的潜力。陈先生从让我在教研室参与课程设计到主动把我推到讲台，承担教课任务，都体现了他对年轻人的培养与爱护。"教学方面，陈季丹严谨细致，认真负责。马乃祥说："陈先生在有讲课任务的前一天下午或晚上，尽量不安排其他工作，这些时间都用于课前准备。另外，陈先生在黑板上写字、画图有专门手法——他是用食指压着粉笔头书写的，所以，字迹非常清晰，线条的方向控制很到位，表示电容器的两根水平线平行度极好，画图时也不用工具，随手而成。但是，这样的握笔方法是非常费手劲的，字迹的出现要靠臂力支撑食指来用力，不像一般三指握笔可借用腕力。"

1959年，绝缘党支部陈季丹教授（右二）在实验室工作

进入暮年的陈季丹先生常以"老骥明知夕阳短，不用扬鞭自奋蹄"勉励自己为祖国多做贡献。

20世纪60年代初期，他领导成立了绝缘材料研究室，依靠自己的力量，为国家培养出最早的绝缘材料方面的研究生。马乃祥回忆建立绝缘材料实验室的一些情况时说道："1962年暑期过后，陈先生约我谈话，告诉我国家要求我们成立一个专门研究绝缘材料的实验室，希望我参加筹建，我当然一口答应了。但他说要白手起家，先配一名实验员。随后，学校领导正式宣布了国家的这一决定。"之后,"他急国家之所急,奋发图强,带领全室同志大搞科研,猛攻尖端,设计试制成我国第一台33万伏超高压套管和第一根33万伏超高压电容式充油电缆。由于成绩突出,他1960年代表教研室先后出席陕西省和全国文教群英会。"

倾心传道授业

党的十一届三中全会以后,知识分子迎来了自己的春天。"文革"中陈季丹先生的冤案得到彻底的纠正,他又回到了原来的教研室。虽然"文革"的磨难使得一向健康的陈季丹患上了慢性支气管哮喘、肺气肿、肺心病、心脏病和高血压,不能从事热爱的教学工作,但他依然致力于学术研究,投身于科研、学术活动,先后参加了全国电介质物理年会、学术交流会等。

1982年,在上海同济大学筹办的一个中外专家学者共同研讨学术会上,规定用英语并限定30分钟发言时间,陈季丹不顾年老体弱,认真对待,用英文誊写了发言稿,还在家里用录音机反复练习。在这次会议上,陈季丹用流利的英语清晰扼要地介绍了过去的科研成果,获得国内外专家的一致好评。

进入暮年,陈先生常以"老骥明知夕阳短,不用扬鞭自奋蹄"勉励自己为祖国多做贡献。陈季丹同志晚年虽体弱多病,但依然承担了教授硕士、博士研究生的任务。

同时,他在教学、科研之余,翻译《无线电原理》等著作,主编有《电解质物理学》等书。几十年的教学生涯,他为国家培养了大批的专业技术人才,有很多学生已成为电气绝缘专家。

1985年5月8日,陈季丹教授因脑溢血、肺心病医治无效在西安逝世,终年77岁。

陈季丹同志治丧委员会撰文道:"陈季丹同志是我国从事研究电介质理论最早的学者,在绝缘和电介质学术领域有较深造诣,为国家培养了大批技术干部。"他教书育人,付出了毕生的心血,给人们留下了深刻的印象。

张 鸿

治校治学皆楷模

人物小传

张鸿（1909—1968），江西新建人。先后在武汉大学、日本东北帝国大学求学。

1941年，进入交通大学后，长期参与并主管教学工作。

1956年7月，随交通大学西迁，负责基础教学工作。

1959年，西安交通大学定名后，担任副校长。

从九龙坡到兴庆宫

张鸿与交通大学的结缘，始于20世纪40年代抗日战火纷飞的岁月。

淞沪会战结束之后，交通大学在上海的办学境况日益艰难，遂于1940年秋在重庆创办分校。第二年，张鸿受聘于交通大学重庆分校。

截至1945年抗战临近结束之际，重庆分校教员由最初的10余人发展到280余人，而学生规模也从最初的80余人发展到1700余人。随着战事走向结束，张鸿随交大渝校师生一起回到上海。此后，他积极主持教学工作，与数学系其他成员一起为学生争取合法的民主权利，争取教师人员应有的待遇。1949年之后，张鸿先后担任交通大学校务委员会委员、华东军政委员会教育部副秘书主任等职，主要负责华东地区的教学工作。这一时期的历练，使他日后在交通大学西迁中，乃至为主持西安交通大学的工作打下了基础。

1955年4月，为配合"一五"计划实施，党中央决定调整国内高等教育战略布局，将交通大学内迁至西安。同年5月，校务委员会通过迁校决定，张鸿于次年7月携病妻弱女，克服重重困难，首批离开上海奔赴西安。须知此时无论是从迁校的时间紧迫程度，还是西安与上海的自然物质条件差异来说，举家搬迁都绝非易事。

中华人民共和国成立后，他在华东教育局等行政领导机关的履历，以及其参与过中华人民共和国成立初的院系调整的经历，使他能够从宏观上理解中央的决策，深明此次迁校的重大战略意义，因而，他积极响应国家号召，以大局为重，毅然放弃上海熟悉而又舒适的生活，带头西迁。在他的带动和感召下，迁校队伍中很多存在畏难情绪的老师也逐渐打开心结，随同一并西迁。

到达西安之后，张鸿副教务长主要负责基础课程的管理与教学工作。1959年7月，交通大学上海部分和西安部分分别独立建校后，始任西安交通大学副校长。这一时期，他的主要任务是协助彭康校长贯彻落实党的各项方针政策。同时，还要具体负责抓教学，工作任务十分繁重。但是，他兢兢业业，无怨无悔，坚持深入课堂一线，参与并推进各项教学研究，一心扑在工作上。

> 1955年7月，张鸿携病妻弱女，克服重重困难，随首批西迁教职员工及家属一起，离开上海奔赴西安。

据学生回忆，常常看到下班半小时后，他才拎着饭盒去食堂。张鸿勤奋踏实的工作作风和无私奉献的精神给广大师生留下了深刻的印象。这一点，在西迁的教工和学生中有口皆碑。

课程建设与教学改革的先行者

作为一名基础学科的教师，张鸿在工科数学课程的教学和教材建设方面积累了丰富的经验，并致力于工科数学课程的改革与建设。他身体力行，践行交大重视基础教育的教学传统，尤其善于总结和改进教学方法。

20世纪30年代，交通大学曾被誉为东方的麻省理工学院。他与裘维裕、周铭、徐名材、胡敦复、朱公谨、武崇林、唐庆诒等一并组成了交大基础理论课的教学和基本技能训练的名师团队。他们对基础学科的重视在全国范围内人尽皆知，交通大学也因此被普遍认为是一所集"门槛之高、考试之难、功课之重、要求之严"为一身的高校。

西迁过程中，张鸿并未因为迁校事务繁忙而放松对学生培养的关注。他长期担任交大教授和教学管理者。20世纪60年代，张鸿在担任交通大学副校长期间提炼总结的"门槛高、基础厚、要求严"的老交大优良传统，成为学校教学工作的基准，并得到了时任高等教育部部长的杨秀峰、国防科委主任聂荣臻等人的充分肯定。老交大传统的凝结概括，此后在广大交大人和兄弟院校，乃至社会各界引发了广泛的认同。随着时间的推进，80年代后，学校广大教师在此基础上，又继续发展了"重实践、求创新"的新内容，成为"起点高、基础厚、要求严、重实践"12个字。因此，张鸿校长的治学精神和规范，在新的时期继续传承并发挥着作用。

在教育管理层面，张鸿也形成了自己独有的管理方法。为了解教学运行情况，他经常深入课堂听其他教师讲课，以便第一时间发现问题并解决问题。在他负责教学期间，学校各系办公室里都放有每个班级的教学本，记录学生对教师的意见、评价等，这也是学校获取课堂教学信息的主要途径。这一举措为改进教学提供了第一手的参考资料和依据。在张鸿担任副教务长和主管教学工作的副校长期间，他所力推的每一项改革措施都遵循了"务虚、务实、

> 老交大优良传统：起点高、基础厚、要求严、重实践、求创新。

虚实并举"三个程序。他主张在改革中贯彻少而精原则，继承老交大传统，注重加强学生"三基"（基本理论、基础知识、基本训练）训练。与此同时，发挥教师在教学环节中的主导作用，调动学生参与的积极性。张鸿这一套行之有效的策略，帮助他识人、容人、用人和团结人，也调动了一大批教职工的积极性，是当时推行的许多决策能够有效贯彻和实施的基础。

关注青年教师成长

除了对教学改革之外，张鸿对教师队伍的建设亦十分重视。这体现在他对青年教师的精心培育上。在张鸿看来，老交大传统"要求严"不仅适用于学生，也同样适用于教师。

对此，蒋大宗教授曾有回忆：张鸿对青年教师要求十分严格，一位青年教师常常需要试讲很多次，直到教研室全体人员认可，才能上讲台。张鸿常说："我们的教师队伍要依靠'科班出身'的青年人。"数学教研室的每位青年教师试讲，他都要去听，之后认真进行讲评，坦诚地提出意见，鼓励他们发扬优点，真诚地帮助他们改进不足。正是在张鸿的关心、帮助和严格要求下，一批青年教师得以迅速成长。马知恩教授回忆说："我当时已开讲大课，但仍被安排在试讲之列。至今我还记得，在我试讲之后，张鸿先生上台对我哪个地方讲得好、哪个手势好、哪个姿势好，都讲得很细致，哪个地方有毛病、哪个地方还得改进，评价得很仔细。"此外，张鸿也十分关心青年教师的生活和思想状况。他作风正派，平易近人，深得青年教师信赖。谁有什么困难，有什么苦恼的事情，都愿意去找他谈。他也没有什么架子，十分乐于帮忙。他对老教师更是关怀备至，情脉相通。已故的一级教授朱公谨先生生前多次谈起张鸿的人品、学问和作风，都十分赞赏。

> 张鸿兢兢业业，无怨无悔，坚持深入课堂一线，参与并推进各项教学研究和改革，一心扑在工作上。据学生回忆，常常看到下班半小时后，他才拎着饭盒去食堂。

周惠久

矢志材料铸强国

人物小传

周惠久(1909—1999),辽宁省沈阳市人。我国金属材料、力学性能及热处理专家。

1931年,毕业于唐山交通大学,获学士学位。1936年,获美国伊利诺伊大学硕士学位;1938年,获密歇根大学硕士学位。1953年,加入九三学社。1980年,当选为中国科学院院士。

他曾任西安交通大学教授、金属及强度研究所名誉所长,率先开设并改革充实金属力学性能课程,起草并组织协调全国科技规划中机械制造材料强度中心问题的研究工作,筹建并领导金属材料及强度研究室,为我国材料强度科学的建立做出了重要贡献。

他主持开展多次冲击抗力等课题的研究;开展了低碳马氏体强化及其总和机械性能的研究,突破了对低碳钢选材用材的传统观念,并总结多年的研究资料,形成"发挥金属材料强度潜力——强度塑性、韧性的合理配合"的理论成果,逐步推广应用,取得了巨大的经济和社会效益。

心怀家国筑专业

老一代知识分子的家国情怀总是真挚而坦荡，对祖国交托给自己的每一项任务，都会为此鞠躬尽瘁。

1958年9月6日，周惠久先生一家伴随着一声长鸣的汽笛，从上海来到了西安。先生的儿子周立强回忆起随校西迁的情境时说道："虽然父亲从未表示过自己对西迁的态度，但是，在他看来，无论是当时，还是以后，随校西迁对父亲来说，都是一件理所应当的事情，要到祖国最需要的地方去干事业。"对此，周立强给出了他认为符合父亲内心认知的解释："教书的人明事理。"

随校西迁之后，周惠久先生为西安交通大学的材料专业奉献了自己的辛劳和心血，并且开创了当时金相专业的授课模式。

金相教研室是当时西安交大最大的专业教研室之一。周惠久先生在担任机械系主任的同时，在金相教研室负责教学和科研工作，为1955年和1956年入校的学生讲授金属力学性能课程。那时，周先生已经是国内金属学界的知名学者，是铸造、质量评价和检验方面的权威专家。

据周先生的学生回忆，当时有些兄弟院校都未能开办金属力学性能这门课程，少数开办的也多是讲解实验技术、实验设备等辅助知识，并没有涉及真正的核心知识。而周先生的这门课程则是从机械零件的服役条件出发，着重分析零件失效的方式和类型，点明决定零件失效的主导性能指标，然后全面地讲解这些性能指标的力学基础、变化规律和它与金属材料成分和组织结构的关系，再讲解这些指标的测试技术和工程应用。

与同类课程相比，周先生的课程处理办法是有独到见解和卓越创新的。通过这样的讲解，学生在学习金属学、热处理、金属材料和各种检测技术课程时，能够认识到如何去进一步运用在这些课程中学到的知识，从而来改进材料的力学性能。周惠久先生的创新见解，为国内金相专业的教学模式定下了基调。此后，国内大部分学校机械类的金相专业都按照周先生的模式开课和编写教材。

周先生对专业课程的编排有着独到的见解。他深入浅出、旁征博引的授课方式受到了广大学子的欢迎。

他的学生回忆，当年先生上课时，除了五六十名修这门课的学生外，还有校内有关教研室的教师、西安地区学校和研究单位的人员，以及外地进修人员来旁听。120个人的大教室不仅座无虚席，还有很多人自带板凳在阶梯教室的台阶和窗台上就座。

周先生将他丰富、生动的工程实例和大量的国内外资料文献缩写成讲稿。上课讲授时，由浅入深地引入正题。每一次讲课都对听课人员有极大的启发，激发他们对课程产生浓厚的兴趣。

周先生在课堂上讲过的一些内容后来被编进《金属机械性能》一书，由中国工业出版社在1961年出版。此书对中国机械制造行业材料强度研究产生了极大的影响，对以后各院校机械系材料专业教学和教材编写也起了重要的指引和带头作用。同时，该结论也成为之后西安交通大学相关专业师生在周

周惠久（左）、黄明志在科研室探讨问题

随校西迁之后，周惠久先生为西安交通大学的材料专业奉献了自己的辛劳和心血，并且开创了当时金相专业的授课模式。

先生的指导下大规模进行材料强度研究的总设想、总思路。

在科研方面，周先生针对当时中国引进的苏联机械产品及苏联机械设计规范冲击韧性偏高，使用强度偏低，因而机械粗大笨重，且使用寿命不长的状况，提出了小能量多次冲击抗力理论。

周先生与黄明志先生一起带领研究生、本科生进行了大量理论研究，并进行了广泛的生产实践考验，取得了重大成果。高教部因此批准西安交大在周先生研究工作的基础上成立金属材料强度研究室。自此，多次冲击理论、低碳马氏体理论和工艺，以及强化理论和工艺，直接造就了西安交通大学材料强度研究三足鼎立的局面。

1963年，周惠久、王笑天和黄明志三位先生联名发表了题为《发挥金属材料强度潜力的途径》的论文。此文章成了西安交通大学此后近20年开展材料强度研究的总方针和总纲领。

在周先生的带领下，西安交通大学的材料强度研究不断取得丰硕的成果。1965年，在北京举办的全国高校科研成果展览会上，西安交大材料专业的研究成果被誉为"五朵金花"之一，与北京大学、清华大学的成果齐名。当时，《光明日报》的头版头条将周先生的理论成果称之为"材料强度新理论"，从舆论层面肯定了周先生的研究价值。

> 材料强度研究是周惠久先生在西安交通大学这块沃土上培养出的一棵繁茂的大树，是交大西迁之后取得的重要成就。

> 不学无术最不足取。

胸有乾坤行教育

周先生从事教育事业半个多世纪，可谓"桃李满天下"。他尊重人才，爱护青年，循循善诱，求才若渴。对青年，他始终热情帮助而又严格要求。周惠久先生从事教育事业几十年来，为国家培养了众多金属材料方面的人才。

他的教育思想有两个特点：一是理论联系实际，二是提倡独立思考。周惠久先生长期深入生产第一线，积累了丰富的实践工作经验。他总是以身作则，劝勉学生到工厂去，向生产学习，向工人学习。周惠久先生对英、美和苏联的两大学术体系有深入的研究，能够汲取两者之所长，摒弃两者之所短。

在教学工作中,他教育学生不要迷信书本,要从实际出发。他多次亲自指导生产实习,使研究与解决实际问题相结合。周先生的学术思想博大精深,他坚持理论联系实际、提倡独立思考的教育思想,也是深谙教育之规律。

针对大学中出现的"厌学风"和"读书无用论",他以焦急的心情在校刊上发表文章,指出"不学无术最不足取",勉励同学们珍惜青春年华,学好知识和本领,做有真才实学的人,为祖国、社会、人类做出应有的贡献。

今日的西安交通大学,为了传承和发扬周惠久先生的学术思想,聚焦材料研究学术前沿,研讨材料物理化学热点问题,加强合作,互学互鉴,推动材料学科的深度交叉融合,设立了周惠久材料高峰论坛。

材料强度研究是周惠久先生在西安交通大学这块沃土上培养出的一棵繁茂的大树,是交大西迁之后取得的重要成就,材料研究成果花开遍地,培养出成百上千有成就的材料强度科学技术人才。

有周先生的成就指引,再加上国家的支持,"后周惠久"时代的材料学院和材料强度研究所一定会更加适应新时代新形势,对新时期的材料研究会有更加宏伟的设想和计划,让材料强度研究在西安交通大学长成参天大树,为把国家建设成社会主义现代化强国贡献力量。

鞠躬尽瘁为国家

周惠久先生是我国著名的金属材料学、力学性能及热处理学家、教育学家。在他的一生中,"国家"永远是排在第一位的,"胸怀大局"是周惠久先生一直秉持的人生信念。

1938年,周惠久先生正在美国思考是继续攻读博士学位,还是在工厂从事冶金方面的实际工作时,国内传来消息,日军已侵占祖国大片领土,国家已到生死存亡的关头。当时,许多中国留学生得知这一消息,再也无心留在国外,纷纷决定回国。于是,周惠久先生毅然下决心提前回国,为国家富强

> 老一代知识分子的家国情怀总是真挚而坦荡,对祖国交托给自己的每一项任务都会为此鞠躬尽瘁。

而时刻准备奋斗。

1958年，响应党和政府支援大西北建设的号召，周惠久全家迁到西安。

在西安工作期间，已过不惑之年的周惠久先生带领团队，从生产实践的普遍现象中入手，深入研究如何发挥金属材料的强度潜力。研究伊始，一无设备，二无资金。然而，周惠久先生却抱着"不能等设备齐全了再搞研究"的信念，带着助手和学生，土法上马，自制了一台简陋的"多次冲击试验机"，进行强度、冲击、韧度皆不相同的几种钢材的多次冲击断裂实验。这台试验机除了主芯外，零部件全是东拼西凑而成，甚至连自行车的链条都用上了。没有计数器，就用火柴棍代替，冲打一百次，摆一根火柴。

就是在这样艰苦的研究条件下，周惠久先生总结发现了"小能量多次冲击"理论，为合理选择材料和制定热处理工艺指明了方向。此发现对中国材料强度学科的建立起了推动作用，也极大地推动了中国工业的发展进程。

周先生无论是在科研工作上，还是教书育人上，都不忘弘扬交大传统。老先生一生治学严谨，严格要求，精勤育人，追求卓越，为中国材料科学培养出了一批批有用之才，留下了宝贵的理论积淀和精神财富。

周先生一生始终不忘心中使命，不负家国期望，胸中从无个人得失，毫不计较个人利益。他在乎的是千千万万材料学子的未来和中国机械事业的发展前途。

周先生的一生，是胸怀国家建设、立足机械工业发展的一生；周先生的一生，是无私奉献、培养材料行业人才的一生；周先生的一生，也是鞠躬尽瘁、为国家科学技术发展贡献自己的一生。

> 在周惠久先生的一生中，国家永远是排在第一位的。"胸怀大局"是周惠久先生一直秉持的人生信念。

沈尚贤
举家西迁高风尚

人物小传

沈尚贤（1909—1993），字登书，浙江省嘉兴市人。

从事自动控制与电子技术方面的教学与研究，学养深厚，经验丰富，治学严谨，在学术界有很高的威望，是我国自动控制与电子工程领域的奠基者。

沈尚贤先后执教于清华大学、西南联大、浙江大学和西安交通大学，是我国杰出的教育家。

眷眷情深志高远

1931年，沈尚贤于浙江大学电机系毕业后，即赴德国柏林得力风根公司、德国邮电部无线电台、西门子公司研究学习。同时，到柏林高等工业学校选课进修。

当时，恰逢"九一八事变"爆发，日军强占我东北，蹂躏我同胞。年轻的沈先生心系祖国，痛恨日寇的野蛮行径，决心抵制，拒乘票价较廉的日本轮船出国，而改乘德轮。他在意大利的热那亚港登陆，再转赴柏林。

沈先生在柏林西北郊工厂林立的西门子城实习时，渴望振兴中华，发展民族工业，曾说道："德国有西门子，我们将来也要办中国的东门子！"这成为他一生的抱负。

1934年春，沈先生回国后到中德合办的欧亚航空公司上海修造厂无线电部任工程师，从事通信设备维修工作；后又应顾毓琇教授之召，赴北平任清华大学无线电研究所教员。抗日战争爆发后，清华大学无线电研究所先后辗转汉口、重庆、昆明等地，沈先生一直随校，从事电子管的研制。

当时，浙江大学亦因日寇进犯，内迁到广西宜山。1939年，沈先生经电机系主任王国忠教授函邀，转至浙江大学任教授。为丰富实践知识，沈先生于1944年秋，由浙江大学借调到昆明无线电器材厂任工程师兼公务课长一年。

博学笃行重教育

抗战胜利后，沈先生随浙江大学回到杭州。1946年，他转到交通大学任教授，承担过多门课程的教学任务，曾兼任教务处注册组主任和电讯实验室主任，为实验室的扩充做了大量工作。新中国成立前夕，沈先生就坚决要留在国内迎接新时代,并参与护校及保护实验室的工作。新中国成立后,他积极学习,除了正常的授课外,还参与了第一代中国雷达兵训练班的教学和教材编译工作。

1951年起,由于国家被封锁,医院的X光管用坏无法补充。那时的上海医药局要求交通大学组织自行研制X光管的工作。此工作由沈先生和物理系周同庆教授领导,在电讯实验室成立了X光管研制的班子。沈先生在用电真空方面的经验起了决定性的指导作用,从真空泵开始到吹玻璃工艺,再到研制感应加热炉,从头到尾摸索前进,最后试制成了第一支X光管。在1952年院系调整时,由于小组中相当一部分物理系教师被调到复旦大学,沈先生的这个贡献在交通大学鲜为人知。

1952年,沈先生和严晙等老师在学习苏联的号召下,在交通大学筹办了工业企业电气化专业,成立工企教研室,沈先生担任主任。然后,他与苏联专家舒金共同培养研究生,为在国内自行开展研究生教育迈出了第一步。在学习并消化苏联教学计划的同时,拟定适合我们的教学计划和教学大纲,带领青年教师备课,开设了许多新课。沈先生对工企专业的创办是功不可没的。

1956年,出于对新学科方向的关心,沈先生曾参与起草我国《1956—1967年科学技术发展远景规划纲要》(十二年科技发展远景规划),具体参与了自动化规划的制订。后来他被借调入中国科学院组织的新技术代表团,赴苏联、捷克考察;回国后,参与中国科学院自动化研究所及中国自动化学会的筹建工作,是筹建的副主任之一。在请苏联专家来华讲学之时,和科学院、清华大学一同组织了培训各校教师和培养各工业部门技术领导干部的自动化训练班,并亲自执教工业电子学一课。后来,沈先生在西安创建了中国电子学会陕西分会自动化专业委员会。它是现在陕西省自动化学会的前身,成为自动控制学科中的先行者。

沈先生爱才,每逢青年教师试讲,他必参加,事后再个别辅以帮助,由此培养了许多真正受学生欢迎的教学名师。沈先生炼才的方法,用其两个学生——万百五、李应谭的话说就是"把任务压上来"。万百五教授当年刚刚毕业留校当青年教师的时候,先生找他谈话说:"苏联教学计划里有自动调整理论这门课,希望你可以担起来。"年轻的万百五跑去俄文书店,把所有相

已是80岁高龄的沈尚贤坚持和大家一起挤面包车,饿了就在教工食堂吃便饭,晚上就住在学校的招待所。"我们是来解决问题的,不能给人家添麻烦。"先生这样告诫大家。

关书籍都买回来了。几个月后，他和同学一起翻译出了教材。李应谭也曾有过被先生"赶鸭子上架"翻译文献的经历，五年之后拿到先生寄来的已出版的译文集时，他才深深体会到先生的一片苦心。

沈尚贤先生动员妹夫放弃待遇优厚的上海工厂的工作，随交通大学西迁并担任新无线电系的教师，这一举动一时被传为佳话。

1980年12月，沈尚贤在给学生们上课

沈先生素来简朴。先生所居住的交大一村15舍，面积比较小，一个小房间既当卧室又当书房。校领导多次劝他搬迁，但先生坚决不搬。

先生是省政协副主席，又是九三学社陕西省副主委，经常外出调研。九三学社交大委员会前主委陈瀚回忆道："已是80岁高龄的沈先生还坚持和大家一起挤面包车，饿了就在教工食堂吃便饭，晚上就住在学校的招待所。""我们是来解决问题的，不能给人家添麻烦。"先生这样告诫大家。先生最后一次带大家出去调研时，所住招待所条件很差，到了半夜暖气突然停放，第二天他就咳嗽了，后来导致气管炎复发。住在医院的先生还念念不忘调研结果，多次询问陈瀚调查报告是否写完。"不久后，沈老就离开了我们。"陈瀚沉痛地说。沈先生就是这样，完完全全将自己的一切奉献给了国家，为祖国的教育事业鞠躬尽瘁，直至生命最后一息。

沈尚贤教授（右三）指导学生查阅资料

鞠躬尽瘁勇担当

1955年迁校决定刚一开始酝酿，沈先生就旗帜鲜明地拥护并身体力行，对后来电力系大部分中青年教师顺利迁到西安起到了很大的作用。

有两件事让人印象深刻。一是沈先生在他妹妹的家庭会议中，动员妹夫也放弃待遇优厚的上海工厂工作，随交通大学西迁并担任新无线电系的教师，这是很不容易的，一时被传为佳话。二是在西迁问题展开辩论出现逆势时，交通大学有数十名教师在北京参加不同专业的培训，校方来电要求沈先生在京组织这些教师开展讨论。在这次座谈会上，沈先生力陈迁校的意义和得失，最后得到一致赞成，对迁校的最后顺利完成做出了重要贡献。

1958年，沈先生全家随校西迁西安，任西安交通大学教授，曾兼科研部主任、工业电子学教研室主任、校务委员会和学术委员会委员等职。

1958年，国家在教育上鼓励创立新的专业。此时，沈先生大力提出建立新的工业电子学专业，分为动力电子学和控制电子学两个专业，抽调了工企专业一个班的学生开出了新的专业课，并参与了直流输电大功率整流器和电子单元组合控制系统的研究。他们以研究课题带动教学，同时翻译当时不易收集到的资料出版文集，搞得很热火。后来教委在整顿巩固的方针下，学校决定停办了这个专业。可是，这个班的学生和一些教师却把这些方向也融入自控专业和电气专业的教学和科研中去，这说明了沈先生有敢为风气之先的创新精神。

> 沈尚贤先生完完全全将自己的一切奉献给了国家，为祖国的教育事业鞠躬尽瘁，直至生命最后一息。

沈尚贤教授（右）和蒋大宗教授一起研究教学工作

在漫长的教学生涯中，沈先生主要从事自动控制与电子技术方面的教学和研究。他治学严谨，经验丰富，在学术界享有很高的声誉。20世纪60年代中期，他曾出版译著和教科书多本，发表学术论文多篇，奠定了电子技术教育基础。改革开放以后，他以更大的热情主编出版了《模拟电子学》《电子技术导论》等多本教材，主持了多部电教教材评比。他先后担任教育部高等学校工科电工教材编审委员会主任委员、中国电子学会电路和系统专业委会副理事长、中国电子学会教育委员会顾问、中国电工技术学会电力电子学委员会副理事长、中国电机工程学会荣誉会员和国家教委工科电工课程指导委员会顾问、工科高校电子技术基础课程教学指导小组组长及电教教材编审组组长。

1963年，我国正式建立研究生制度，沈先生指导两名研究生完成论文工作。1981年，经国务院学位委员会批准，沈先生担任博士研究生指导教师。在他指导的研究生中，有多人已获得硕士和博士学位。

1956年，沈先生在上海参加九三学社，来西安后历任九三学社西安交通大学支社主任、西安分社副主委，九三学社陕西省委员会第一、二届副主委。在活动中，他主动解放思想，带头发言，起到民主党派应起的作用。后来，沈先生任陕西省政协第三届常务委员，第四、五、六届副主席。

沈先生晚年关心陕西省教育事业，以他在陕西政协的身份支持民办教育，并担任过培华女子大学和电力职工大学的校董等职。沈先生光明磊落，待人以诚，有意见当面讲，不做背后动作；作风民主，平易近人，善于听取别人的意见；办事认真负责，不搞花架子，走过场；重视实践，亲自下实验室，不是仅谈理论，对新事物和新技术的进展十分关心，不墨守成规。今天，我们国家的经济和工业也有了长足的发展，已成为世界的制造工厂，但是，还缺少像西门子、飞利浦、GE、Intel、MS这样拥有雄厚自主知识产权的企业。似乎沈先生的"东门子"夙愿尚未完成，这有待我们西迁精神新传人继续接力奋斗！

2009年，为纪念沈尚贤教授诞辰100周年，江泽民同志特地为恩师题词："举家西迁高风尚，电子领域乃前贤"。沈尚贤教授把毕生的精力都贡献给了祖国，他是一位典型的爱国知识分子，更是我们后人学习的榜样！

黄席椿

西迁精神三代传

人物小传

黄席椿（1912—1986），原籍江西省九江市，生于北京，逝于西安。三岁丧父，后随母亲移居上海，在上海完成小学、中学学业。1932年，考入清华大学电机系，毕业后留校任教。1938年留学德国，先后在德国柏林工业大学和德累斯顿工业大学进修学习，1940年获特许工程师学位。1941年学成归国，担任国民政府交通部交通技术人员训练所教授、四川同济大学教授兼电机系主任。1946年随同济大学迁返上海，在上海大同大学和浙江大学兼任教授。1952年院系调整后，到交通大学任教授兼副教务长，同年加入九三学社。1956年加入中国共产党，随交通大学迁校至西安，主持创办无线电工程系。

曾先后担任中国电子学会常务理事、电波传播学会副主任委员、通信理论专业委员会副主任委员，陕西省电子学会副理事长，西安交通大学无线电工程系主任、信息与控制工程系名誉主任、校务委员会委员等重要职务。著有《滤波器综合法设计原理》《电磁能与电磁力》及《论波速》等，是国务院学位委员会第一批授权的电磁场与微波技术专业的博士研究生导师。

学成归来　攻坚克难

1941年4月，黄席椿从德累斯顿工业大学毕业后，毅然决定舍弃国外优越的生活条件，回国到同济大学任教，为国内教育事业贡献自己的力量。当时的同济大学设址于四川宜宾附近的李庄，生活与教学条件都相当艰苦，教员匮乏，教材紧缺……

但是，这些并没有动摇黄席椿报效祖国的决心和信念。没有教员，他就毛遂自荐亲自任教；没有教材，他就自己整理编写。他几乎承担了学校关于弱电方面的所有课程，并从此开始了他为之奉献毕生精力的高等教育事业。

在此期间，他深切感受到国内无线电技术，尤其是微波技术方面的教育水平非常落后。为了缩短与国外相关研究的差距，他编译了《微波引论》及

1961年，黄席椿（左一）随中国高教代表团访问苏联莫斯科工业大学

电磁场方面的相关教材和参考书，并开设了电磁波理论课程，是我国最早从事有关电磁波理论、天线及电波传播教学与研究工作的专家之一。

1952年，由于当时院系调整，黄席椿担任交通大学电机系电信组教授兼副教务长。

1955年，党中央、国务院做出关于交通大学内迁的决定后，他坚决拥护并随校迁居到生活比较艰苦的西北地区。在彭康校长的领导下，他主持重新创办了西安交通大学无线电工程系，并担任系主任。

自1958年随校西迁至1986年因病去世，黄席椿始终奋斗在西安交通大学的科研和教育第一线。

除了在教学和行政上担负繁重的任务外，他对社会工作也十分热心，曾担任中国电子学会常务理事、电波传播学会副主任委员、通信理论专业委员会副主任委员、陕西省电子学会副理事长等职。他是国务院学位委员会第一批授权的电磁场与微波技术专业博士研究生导师。

> 黄席椿不仅是一位造诣很深的电磁场理论、天线和微波技术领域专家，也是一位治学严谨、颇受同行尊敬和学生爱戴的教育家。

著书立说　广受好评

黄席椿是我国最早在高等学校讲授电磁波课程的学者之一。

鉴于"波速问题"在电波传播和雷达等技术领域中愈显重要，同时，大部分科技工作者对"波速"的理解较为肤浅，黄席椿遂在整理、分析、消化萨默菲尔德（A. Somerfeld）和布里莱昂（L. Brilliouin）及其他学者关于"波速"的论著基础上，编著《论波速》一书。该书立论严谨，见解独到，叙述深入浅出，受同行赞誉颇深。

1956年伊始，国内无线电技术专业如雨后春笋般兴起并发展。与此同时，受教育部委托，黄席椿担任高等工业学校电子课程教材编审委员会委员，主持制订无线电技术专业的教学计划。

无线电技术专业教学计划是教育部直接组织制订的工科电子类专业的典型教学计划。时至今日，仍是无线电技术专业设置及其教学计划的范本。

为做好教学改革工作，他亲自担任"无线电基础"课程的讲授，并与清华大学常迥教授合作编译《无线电技术基础资料汇编》（第一集）。

1963年，他曾组织翻译杜里哈诺夫（М.П.Дoлуханов）的《无线电波传播》一书。后期又根据自身多年的教学经验及学科发展形势，与汪文秉一同撰写《电磁场与电磁波课程的体系和内容改革一些意见》的文件。这些，均为该领域的后期发展积累了翔实的研读参考和学习资料。

20世纪六七十年代，黄席椿因工作需要，转而从事"经典网络综合"的教学与研究工作，并与高顺泉一同着手编写了《滤波器综合法设计原理》一书。此书是一本以网络综合法设计滤波器的专著，理论严密性与工程实践性兼备，正式出版时，时值举国欢庆科学的春天再次来到之际，因而受到有关高校教师和工程技术人员的广泛欢迎和赞赏。

坚守科研教学

20世纪60年代，"对流层的电磁波散射传播理论及实际应用"得到国内外学者的重视。

为了使我国的电磁波理论及应用研究尽早赶上世界先进水平，黄席椿在西安交通大学亲自组织研究工作，并超额完成了上海地区超短波散射传播衰落特性的研究工作。他所指导的研究生吴德炎完成论文《对流层远距离传播的衰落特性》，一定程度上就是该项研究工作成果的集中展现。

20世纪70年代初，西安交通大学开展了无载脉冲探地雷达的相关研究。黄席椿根据研究工作的需要提出，必须以其基础理论"瞬态电磁场特性研究"为先行。课题组以"脉冲波的辐射、散射及接收"为项目课题，申请国家自然科学基金，获得了相关部门的大力支持，由此开创了我国瞬态电磁场的研究工作。

20世纪80年代，随着国内对空间目标特性的研究日益重视，黄席椿转而研究电磁散射问题，曾发表《应用绕射理论计算有限尺寸金属平板上裂缝

> 黄席椿将毕生精力贡献给了祖国的工程教育事业，丰富和发展了电波及天线方面的理论及实际应用，在学术和精神上为后人留下了宝贵的财富。

的辐射场》一文；曾指导研究生进行目标近场散射问题的研究，完成了飞鱼导弹模型后向散射近场的理论计算及测试的相关研究课题，从而打开了研究电磁散射的新世界大门。迄今为止，该领域仍是西安交通大学电磁场与微波技术博士点的主要研究方向之一。

黄席椿不仅是一位造诣很深的电磁场理论、天线和微波技术领域专家，也是一位治学严谨、颇受同行尊敬和学生爱戴的教育家。

从1959年开始，他致力于培养无线电电子学方面的研究生。受到他精心培育的研究生达数十名，其中博士研究生四名。

黄席椿对教育教学事业严肃认真，对青年教师和学生循循善诱，悉心指导。他要求身边的中青年教师课前要做充分的教案准备，授课语言要规范，板书要清晰工整、布局合理，并且尽可能脱稿讲课，保证教学内容的连贯性。

从教期间，他一直以这样的标准严格要求自己。凡是聆听过黄席椿授课，或接受过他指导的中青年教师和学生，对他高尚的师德、长者的风范都有极为深刻的印象。

1982年，黄席椿消化道系统严重出血，入住西京医院接受治疗。即使在住院期间，他学习的脚步也不曾停歇，时常列出书单，嘱咐家人将书本带至病房。他甚至恳切请求医生、护士允许他坐在沙发上接受输液、输血，将针头扎在左手，以便他腾出右手写讲义。即使在接受痛苦的胃镜检查后，仍手不释卷，孜孜以求。

1984年暑假，教育部"电磁场理论"编审小组和大连理工学院共同举办教师讲习班，特别邀请黄席椿前去开设相关讲座。尽管此时的黄席椿因长期病痛折磨，身体早已大不如前，但是，一想到学生们那求知若渴的眼神，黄席椿便毅然决然坚持带病前往，将自身所学倾囊相授。

"电磁辐射、惠更斯原理与几何光学"讲座顺利举办，反响热烈，效果突出。讲习班学员们听后纷纷表示："黄先生的课听着十分过瘾""学到了许多书本上学不到的东西"……

殊不知，此次授课的教材是黄席椿强忍病痛在医院病榻上所写。这种鞠躬尽瘁为学子、呕心沥血著佳作的无私奉献精神，值得我们所有人去学习。

黄席椿在病床上写讲义，带病给学生们开讲座。他"不服老，要学习到老，钻研到老"的精神激励着无数后来者。

1985年12月23日，获主治医生许可，黄席椿从病房回到熟悉的教研室，参加由西安交通大学信息与控制工程系举办的"黄席椿七十四寿辰暨从事高等教育事业五十周年"庆祝会。在会上，他即席讲话，表达了"不服老，要学习到老，钻研到老"的信心和决心。

谁知，就在半个月之后，他就被病魔夺去生命，与世长辞。如今，黄席椿安眠于西安烈士陵园。

黄席椿将毕生精力全部贡献给了祖国的工程教育事业，丰富和发展了电波及天线方面的理论及实际应用，在学术和精神上为后人留下了宝贵的财富。

西迁精神三代传

黄席椿的弟弟黄席棠（1913—1972），出生于北平（今北京），是著名物理学家，在电磁学方面颇有造诣。他于1936年毕业于交通大学物理系，后赴德国哥廷根大学攻读博士，师从物理学诺贝尔奖得主尼尔斯·玻尔，研究

黄席椿全家福（右二为黄席椿，左一为黄上恒）

> 作为一个西迁的二代人，我觉得有责任，有义务把西迁精神这把火炬在我们交大的校园里永远传递下去。
> ——黄上恒

地球物理和理论物理，1941年获数理博士，后回国执教。

1943年，正值交大重庆本部办学举步维艰之际，黄先生重回母校执教，主讲四大力学，同时担任电信研究所教授。黄席棠先生思想进步，关爱学生，曾经为因民主运动"获罪"的交大学子挺身担保，帮助其完成学业。

他学识渊博，师生称赞其"四大力学，了然于胸"。他授课富有激情，幽默风趣，"讲到某一现象如芭蕾舞时，就比画着在台上转了一圈"。黄席棠先生前后执教交通大学十年，为交通大学物理学优良教学传统的形成做出了巨大贡献。

黄席椿的兄长黄席群先生（1909—2009），先后就读于金陵大学和燕京大学。1949年后，在兰州大学、西北师范大学任外语系副教授、教授。在新闻史学、外语教学方面造诣颇深，也是为大西北做出贡献的世纪老人。

黄席椿的儿子黄上恒，自幼随父西迁，后来也在西安交通大学从事物理学教学和研究工作，是航天航空学院教授。他被评为"西迁工程贡献者"，被学生称为"弹性力学的皇上"。

黄上恒教授追忆自己的父亲时曾说："父亲对学问要求严谨、对生活要求简单、宽厚待人、对学生负责这种精神，无时无刻不在影响着我。在我的教学过程中，不知不觉就把这些传统传承下去……作为一个西迁的二代人，我觉得有责任，有义务把西迁精神这把火炬在我们交大的校园里永远传递下去。"

如今，这位七旬老人退休后仍担任西安交通大学教学质量督导专家，继续为青年教师的培养贡献自己的力量。历史由先辈创造，未来则需要青年一代担当。如今，黄席椿的孙子黄浩翔也成了西安交通大学的一员，主要负责交通大学校友活动。

陆庆乐

春蚕吐丝绣华锦

人物小传

陆庆乐（1914—1998），出生于江苏省青浦县（现属上海市）。

1934年，陆庆乐考入北京大学数学系，抗日战争爆发后随校南迁。1938年，陆庆乐在昆明毕业，此后曾在多所私立中学做临时教员，在小学代课。

1945年，陆庆乐在交通大学任讲师。1953年，晋升为副教授。1956年，随交通大学西迁，历任交通大学数学教研室副主任、主任。

1978年十一届三中全会后，陆庆乐积极参加数学系的重建并担任系副主任，1980年晋升教授，1987年退休，1998年病逝。

陆庆乐是西安交通大学工科数学课程建设的先驱之一，也是西安交通大学在全国工科数学界重要地位的奠基者之一。

扎根西北　储才兴学

1955年，出于应对国际形势和支援西北教育建设的战略考虑，国务院决定交通大学从上海迁往西安。

在西迁的过程中，以陆庆乐为代表的老一辈数学家响应党的号召，从繁华的大都市上海来到偏远的大西北西安，在这片黄土地上开启了"自强首在储才，储才必先兴学"的艰难教育创业。西迁之后，虽然条件艰苦，但是，陆庆乐努力克服生活、科研、教学上的重重困难，秉承扎实朴素、默默奉献的育人态度。一方面，他切实把好数学专业的教学关，始终站在教学改革的前沿，与时俱进，坚持不懈；另一方面，他非常重视先进教学思想的传承性和创新性，使西安交通大学数学课程建设和教学改革的理念与经验不断深化和发展，得到国内大多数同行的认可，获得了较高的声誉，并在推动我国工科数学教学改革中发挥了重要的作用。在陆庆乐的艰苦努力下，老交大数学人在教学与科研并进上做出了开拓性尝试。

交通大学应用数学专业创建于1957年，是全国最早开设的专业之一。

现在，数学与统计学科在长期的发展过程中形成了"以科学问题为导向，应用问题驱动，强化学科交叉，突出应用特色"的发展道路。

循循善诱　教学相长

陆庆乐十分热爱学生。《数学学习》杂志没有行政拨款，没有外界资助，自20世纪80年代初以来，他和其他同人接办这个刊物，大家都是尽义务，没有任何报酬。

为了大学生能够有一份好的数学读物,他不顾年老体弱,亲自撰写并审稿,带头吃十分简单的工作餐(常是包子加开水)。

他又考虑到边远山区、农村或小县城的自学青年求学的困难,在80岁高龄时,还抱病为自学考试青年写了一本《高等数学习题详解》(高等教育出版社出版),通过解题指导学生如何读书,如何分析问题和解决问题。

他的敬业爱生精神,受到了大家的高度评价和尊敬。

陆庆乐领导了两次工科院校高等数学课程教学质量评估试点工作。

作为领导班子成员,他虽已届耄耋之年,仍会亲自起草文件,到课堂上听讲,经常一个上午连听四节课。

陕西工学院位于汉中河东店,他也坚持要去。午夜返程时,火车上连座位也没有,他站了整整12个小时。

陆庆乐对我国整个工科数学教育事业的贡献是巨大的。他写的几种教材多次再版。他主持定稿的五门课程教学基本要求,十年来一直是全国工科院校数学教师执教的依据。他主持过的多次全国工科数学教学经验交流会,都给全国工科院校的教学改革以很大的推动。

他十分关怀青年教师业务上和思想意识上的提高,带头给青年教师讲教学经验,经常与大家一起座谈,分享教学中的心得体会。

学生们也都喜欢听陆庆乐讲课。他讲高等数学,通俗易懂,形象生动;讲微积分,注意引导学生的思维。他说现实生活中到处都存在着微分和积分,微分 δ 和积分 Σ 渗透在现实生活的方方面面。

陆庆乐的板书水平很高,从开始讲课到结束,板书从黑板的左上方写起到右下方为止,四块黑板上的汉字和公式就是一幅完美的艺术作品。

40年后,校友们还时常赞扬陆庆乐的讲课水平,怀念他的讲课风格。

这种对于板书的要求,在青年教师讲课大赛中也有明确的标准。可以肯定,参加过青年教师讲课大赛的老师是有体会的。

> 陆庆乐不仅学术造诣深,而且工作认真负责,兢兢业业。

呕心沥血　科研典范

1980年，原国家教育委员会在黑龙江省镜泊湖召开了全国评估工作会议。随后，下发了关于开展课程、专业和学校办学水平评估试点工作的文件。

文件明确规定，要对工科数学、大学物理和力学（理论力学、材料力学）三门课程进行评估试点。考虑到陆庆乐是国家教委数学课程指导委员会主任委员，加之西安交通大学在全国的地位和影响，以及陕西地区集中了十五所工科高等学校的实际情况，国家教委确定陕西省教育委员会承担工科数学课程评估试点。

陆庆乐担任工科数学课程评估专家组组长。专家组成员有西安交通大学马知恩、寿纪麟、龚冬宝三位教授，有西北工业大学孙家勇、赵镇西、聂铁军、李云珠四位教授，还有西安冶金建筑学院（现西安建筑科技大学）潘鼎坤教授等。李云珠教授担任专家组秘书。

为了做好工科数学课程评估试点工作，陆庆乐多次召开专家组会议，研究分析工科数学课程的特点和陕西地区工科高校的实际状况，包括教师、学生、办学条件等。

陆庆乐不仅学术造诣深，而且工作认真负责，兢兢业业。凡是涉及每一个学校、学生和教师的环节，他都要认真听取各方意见，和大家一起讨论，最后形成大家都能接受的方案。这样形成的评估方案，接地气，好落实，能够调动各方的积极性。

关于指标体系的制定，陆庆乐指出，评估指标体系要有指向性，要体现各校特色，参加评估的高校办学条件各有差异，既不能按照西安交通大学的标准要求，也不能降格以求。

而且，他还强调指标体系要鼓励创新，鼓励特色。一方面，分值设置上不封顶，不能压制高水平大学的发展；另一方面，指标体系下要保底，不能降低基本质量要求。课程测试是评估的一个重要环节，每次参加考试的学生都超过一万人。陆庆乐对命题、印题、考试、阅卷等都亲自把关。一万余人

陆庆乐给教师们讲课

的统一测试，没有出现任何纰漏。

虽然评估对任课教师压力很大，但是，陆庆乐认为这可以促进教师队伍的建设。他也十分重视教师队伍的成长，尤其是青年教师队伍的进步。他带领专家随堂听课，课后组织专家评议，肯定成绩，找出需要改进的地方。这样，有效地促进了教师队伍的成长。

针对教师队伍的实际情况，陆庆乐建议举行青年教师讲课大赛。每所高校的青年教师都积极参加，讲课大赛非常成功，在国内产生了很大的影响。原国家教委还专门介绍了陕西省举行青年教师讲课大赛的做法。

交通大学当年参加青年教师讲课大赛获得过特等奖和一等奖的有徐文雄、武忠祥、魏战线等。

讲课大赛开了陕西省青年教师讲课大赛的先河，对教师队伍建设产生了深远的影响。

可以毫不夸张地说，在陆庆乐认真、细致的统筹下，工科数学评估工作增进了各校之间的团结，有效地提高了本科教学质量，受到了原国家教委的表扬和奖励。

陆庆乐一生严于律己，宽以待人，工作勤奋，朴实无华。他长期坚守在教学第一线，退休了也未停止工作。

工科数学评估已经过去35年了。当年参加评估的专家们有时还聚在一起，怀念当年的评估岁月，怀念陆庆乐在事业上的崇高境界、杰出贡献和严谨的治学态度，以及对同事坦诚相待的高尚品格。

陆庆乐本着"踏踏实实做事，老老实实做人"的信念书写着自己光辉的一生。

贡献卓越　勤奋踏实

陆庆乐长期从事基础数学的教学、研究、教材建设与师资培养。

从1984年起，他担任原国家教育委员会数学课程指导委员会主任委员，其间开创了全国高等数学课程质量评估工作，制定了全国工科数学课程教学基本要求，完成了全国工科数学统编教材的配套建设等工作。

陆庆乐一直以来都严于律己，宽以待人，工作勤奋，朴实无华。

他长期坚守在教学第一线，退休了也未停止工作。去世前还在夜以继日地修改教材和审订书稿，为工科数学的改革提供建议。

他毕生都在孜孜不倦地从事基础数学的教学、研究工作，重视教学法的研究，重视教材建设和教师队伍的培养。他的教学获得师生的一致好评。

他勤奋著作，先后主编过四部数学教材。其中，机械类本科自学考试教材已成为陕西省工科自学考试主要教材，曾获国家教委优秀教材一等奖。《复变函数》一书获国家级优秀教材奖。

他从1962年起担任全国高等数学教材编审委员会委员，1984年起任国家教委工科数学课程教学指导委员会主任委员。

在他的领导下，课委会开创了高等数学课程教学质量评估工作，制定了全国工科数学课程教学基本要求，完成了全国工科数学统编教材的配套建设，建立了高等数学课程试题库。

他先后担任陕西省数学会常务理事、工科数学教学委员会名誉主任、《数学学习》杂志主编和名誉主编。陆庆乐一生为工科数学教学和改革做出了巨大贡献，他的成就受到国家教委的表彰，也受到全国工科数学界的赞誉。

陆庆乐本着"踏踏实实做事，老老实实做人"的信念，书写着自己光辉的一生。

20世纪80年代初，陕西省数学会恢复活动，陆庆乐当选为理事。他和西北工业大学孙家勇教授一同分在高等数学专业组参加学术活动。虽然孙家勇比陆庆乐年轻许多，但是，在理事会上，资深望重的陆庆乐积极支持孙家勇担任数学会高等数学专业组的负责人，而自居其侧，让人深为感动。

十余年来，陕西省工科数学教育界做了大量工作，得到国内同行的一致赞许，这是与孙家勇、陆庆乐两位教授的长期亲密无间、团结合作分不开的。陆庆乐曾编写了多种工科高等数学统编教材，影响很大。

他平日读书，一点一滴地积累资料。他工作时就像勤劳的蜜蜂，从不停止采蜜酿蜜，从不自满。所以，他编著的书籍得到读者的普遍欢迎绝不是偶然的。

师德永存　不朽功勋

陆庆乐平易近人，喜欢和年轻人接触谈心。在他重病期间，仍时刻关怀青年教师教学工作。1997年教师节，他的癌症已经到了晚期，但是，当他听说教学委员会要在教师节开庆祝会时格外激动，在女儿的搀扶下，欣然参加了一生中最后一次教师节庆祝会。大家希望在1998年教师节能为陆庆乐庆祝执教60周年，然而，不幸的是他却悄然离去了。这让大家感到万分悲痛。陆庆乐一生热爱教育，热爱学生，热爱工作，热爱祖国。他不仅为数学事业的发展做出了突出贡献，将自己的青春和热情奉献给了教育事业，而且激励年轻一代继续勇攀高峰，为人师表，为我们国家的教育事业和数学事业培养了一大批青年才俊。作为交通大学西迁的扎根人物，陆庆乐勇做时代开路者，积极响应祖国号召，不畏艰难险阻，是我们新一代学子学习的榜样。他的精神将不断激励我们做一个更合格、更优秀的交大人。陆庆乐离开我们已经有20多个年头了。但是，他可亲可敬的形象经常浮现在后人的脑海中。他终其一生所铸就的辉煌成就将被世人永远铭记；他那伟大高尚的品格，将永远激励着我们青年一代为教师这一神圣职业奋斗不息！

"是以泰山不让土壤，故能成其大；河海不择细流，故能就其深。"陆庆乐之为学待人，正如斯夫！

顾崇衔

西迁奋进自当先

人物小传

顾崇衔（1915—2002），江苏省松江县（今上海市松江区）人。1939年，中央大学机械系学士。曾任西安交通大学校务委员、机械工程研究所名誉所长。"机械制造系统工程"国家重点实验室学术带头人，兼任全国高校教学指导委员会领导组及机械专业教学指导委员会顾问、中国机械动力学学会模态分析学会和金属切削研究会顾问。在国外担任英国国际期刊《机床与制造》专家审稿委员。主编《机械制造工艺学》，曾荣获"陕西科技精英"称号及"有突出贡献专家"的特殊津贴。1980年以来，共培养出博士19名、硕士22名、博士后3名，在国内外学报、期刊、学术会议论文集中发表论文80余篇。

顾全大局　奠定学科基础

顾崇衔教授当年举家西迁。为了西迁，他放弃了在上海的房子；为了西迁，他的夫人——上海著名的妇科医生杨玉瑛追随他到了西安，甘愿在东郊某厂做了一名厂医。

顾崇衔教授到达西安后，大西北轰轰烈烈的建设热潮激发了他对教学科研的热情。

他在国内首倡机床动力学的研究，不顾60多岁的高龄，深入20多个地市的几十家企业，从生产实例中选编《机械制造工艺学》。

几十年来，他培养了许多英才。顾崇衔眼光敏锐，学术思想独到，为学校争取了首批机械工程博士点及机械制造系统工程国家重点实验室，争取了"863"计划的先进制造技术网点单位，为学科发展奠定了基础。

创始于1913年的机械学科是交大的传统优势学科。

迁往西安后，虽然地处内陆的不利环境，但是机械学科发展一直保持并发扬着这种强劲的势头，顾崇衔教授这样一批老交大人功不可没。

20世纪80年代，顾崇衔教授便带领一大批青年教师迅速开拓机床动力学、先进制造技术等研究领域，快速达到国际前沿水平，并由此延伸出生物制造、电子制造、快速模具制造、快速成型网络化等学科增长点。

顾崇衔教授一贯坚持教学与科研并重，且为此倾注了大量心血，68岁才退下本科生讲台。他主编的高校通用教材《机械制造工艺学》如今还被高校广泛采用，曾获国家优秀教材一等奖。1981年，他获得国家首批博士生指导教师资格（西安交大共有18位），后来，他又培养了卢秉恒、丁玉成等40多位硕士、博士研究生。他先后选送8名青年教师去英、美、德的5所大学做访问学者，后来，这些青年教师都成了机械学科领域的领军人物。

> 为了西迁，他放弃了在上海的房子；为了西迁，他的夫人放弃了上海某医院著名妇科医生的身份，追随他到西安，甘愿在东郊某厂做了一名厂医。

学术严谨　爱惜人才

顾崇衔教授学术严谨，普施恩惠，爱护人才，深得学生和青年教师的尊崇与爱戴。

据学生卢秉恒院士回忆，他在攻读硕士、博士学位期间，顾崇衔就对他耳提面命，严格要求。顾崇衔经常积极鼓励和支持学生提交高水平的学术论文，参加国际前沿学术会议。卢秉恒评价自己的导师是一位"创新、勤行、严谨、远瞩的领军之帅"。

顾崇衔教授风度翩翩，诙谐幽默，平易近人。学生结婚邀请，他总是欣然前往，作诗祝福，期望学生婚后仍然努力工作；外课题组的研究生无钱复印论文，他也慷慨解囊相助。

顾崇衔爱才惜才之举令人动容：一个学生博士毕业出国进修后急于安定家庭，去了一所小学校任职。顾崇衔知道后，非常惋惜学生去那样和自己学识不符的地方，并要自己的其他学生向这位博士生转达他的意思。后来，这位博士生以自己的学术能力应聘到清华大学，顾崇衔才得以了却心愿。

据顾崇衔的研究生林志航回忆，为了帮助自己确定研究方向，1963年，顾崇衔带着他到无锡、洛阳等地调研。

在洛阳轴承厂调研时，顾崇衔了解到该厂存在双端面磨床磨削的轴承滚子垂直度超差的问题。他认为，这是个既有实际背景，又有共性的理论问题，就将其确定为林志航的论文课题。

随后，林志航又在洛阳轴承厂和厂里的技术人员一起进行了一年半的试验研究，终于找到了产生垂直度超差的原因，并加以改进，提高了轴承滚子的加工精度，得到了轴承厂有关方面的肯定。回到学校，林志航认为自己已经把生产问题都解决了，写一下论文就可以毕业了。但是，顾崇衔认为，研究生论文不能局限于解决某个生产实际问题，必须提高到共性的理论高度。为此，顾崇衔一遍一遍地修改着林志航的论文，时间长达半年多。在顾崇衔的悉心指导下，林志航终于掌握了撰写研究生论文的方法。

严谨治学　青年领路人

顾崇衔先生一生坚持严谨的治学态度。几十年如一日，事无大小，都以同样严肃而认真的态度对待学术工作。同时，他也不断教育青年教师，作为一名教师，必须要有敬业精神，必须认认真真，一丝不苟。顾崇衔先生严谨的治学态度在编写《机械制造工艺学》教材的过程中得到了充分体现。为了编写这套教材，他带领参加编写的教师在上海调研了一个多月。以其中典型零件加工工艺一章为例，他对每一个典型零件在不同工厂的加工过程的每一道工序（包括所用加工参数、装备）都进行实地考察、分析、比较，选择其中最合理的工艺过程作为典型零件的典型工艺写入教材。

1984年，顾崇衔（左二）教授会见外宾

顾崇衔用他一生的实践指引着青年一代本本分分做人，认认真真做事，踏踏实实做学问。

顾崇衔亲自动手编写了这本教材中的《机械加工精度》这一章节。在这一章中体现了顾崇衔的研究思路，记录了大量顾崇衔多年的研究成果，从而使这本教材区别于其他的机械制造工艺学教材，形成了自己的特色。

1978年，学校的各项工作开始逐步走向正轨。有一天，顾崇衔先生对学生林志航说，可以将其在洛阳轴承厂所做的双端面磨床精度分析的研究写成一篇英文文章投到国际杂志发表。

当时，中国和国际学者的交流尚未开始。写英文论文投到国际杂志对林志航来说，简直是不可思议和完全不可能的事。一方面，由于政治环境的局限，林志航在中学、大学全是学俄文，到读研究生才从ABC学起；另一方面，林志航要写的论文内容是十多年前所做的研究工作。但是，顾崇衔勉励林志航一定能行。在顾崇衔的鼓励下，林志航经过艰苦的努力，经过无数次的修改，这篇论文写成了，并最终在国际杂志发表。就在一遍又一遍的修改中，林志航学会了规范的学术表达，提高了英文水平，也掌握了撰写英文论文的方法。

顾崇衔用他一生的实践指引着青年一代本本分分做人，认认真真做事，踏踏实实做学问。

陈学俊
革命人永远年轻

人物小传

陈学俊（1919—2017），安徽省滁县人。1939年，国立中央大学（今南京大学前身）机械工程系毕业后，历任中央工业实验所助理工程师、副工程师、工务课课长。

1944—1945年，任美国燃烧公司访问工程师。

1945—1947年，在美国普渡大学研究院学习，获机械工程硕士学位。

1947—1950年，任中央工业实验所热工实验室主任、上海华东纺织管理局机电总工程师室专门委员。

1950—1957年，历任交通大学机械系、动力机械系教授，教研室主任，系副主任。

1957年后，历任西安交通大学动力机械系主任、副校长、动力工程多相流国家重点实验室主任、工程热物理研究所所长。

1980年，担任中国科学院学部委员。1996年，当选第三世界科学院院士。

1988—1998年，任陕西省人大常委会副主任。

"工程救国"志初立

陈学俊出生在大变革的时代,那年,"五四运动"拉开了我国新民主主义革命的序幕。

或许是机缘巧合,使得他和千千万万的中国人民一同见证了国家与民族的深重苦难;又或许是命中注定,使得他的命运与祖国的命运紧紧连在一起。正是这样的经历,才使得他发出"工程救国"的呐喊。

1935年,陈学俊考入国立中央大学(今南京大学前身)机械系。1937年7月7日,日本帝国主义者制造卢沟桥事变,发动了全面侵华战争。全国抗战爆发。刚读完大学二年级的陈学俊随学校迁移到重庆,从此与父母中断音讯达八年之久。

战时的重庆中央大学,上百名学生挤住在一个大统舱里,吃的是素菜、黄米饭,教室则设在一个临时搭成的竹棚里。面对日本飞机的狂轰滥炸,大学生们常常是上午趁着大雾进教室,下午钻进防空洞。

这样兵荒马乱的环境,使陈学俊深刻体会到国家落后是受人欺负的主要原因,他暗暗立下"工程救国"的决心,努力学习,以期将来有报效国家的机会。

1944年8月,日本帝国主义更加疯狂地轰炸重庆。当时,陈学俊受中央工业实验所派遣,辞别了即将分娩的夫人袁旦庆,赴美国实习考察。他在美国最大的锅炉制造公司——燃烧工程公司工作了一年,参加了从锅炉设计、制造到安装、运行的工作,也参与了当时世界上最大容量的10万千瓦第二台电站锅炉的安装和调试。

后来,他又到普渡大学研究生院进修,于1946年7月通过答辩,获得了该校机械工程硕士学位。

在美国的陈学俊,一方面收获了深厚的知识,为他成为中国热能动力工程专家奠定了学识基础;另一方面,美国对华人学生的区别对待,使他更加深刻地体会到,只有祖国强大,中国人民才有出头之日。所以,在完成了要

陈学俊在美国读完相关课程后,谢绝了美国高薪挽留的好意,只想早日回国,为祖国建设服务。

读的相关课程后，他谢绝了教授高薪挽留的好意，只想早日回国，为祖国建设服务。

1947年4月，他安全到达上海，回到了亲爱的祖国。

西迁锤炼露峥嵘

中华人民共和国成立前夕，上海形势大变，陈家意欲迁往台湾躲避战火，以图战事过后再回上海。面对父母亲的规劝，陈学俊毅然选择和妻儿留在上海，跟着共产党走。中华人民共和国成立后，陈学俊意识到国家建设需要高层次人才。因此，他下定决心终生从事高等教育工作，努力培养电力和动力建设骨干。1950年，陈学俊被正式聘为交通大学的专职教授，实现了1935年考大学时的愿望。

1952年，陈学俊在交大建立了全国最早的锅炉专业，开始培养锅炉专业人才。为了让学生用上中文教材，他于1950年出版了《蒸汽动力学》，1952年出版了《实用汽轮机学》，1954年出版了《锅炉学》……

到1956年，锅炉专业第一届四年制毕业生的水平已基本达到了苏联五年制锅炉专业的水平。

1955年，中央为了适应国民经济发展的需要，合理高校布局，支援西北建设，同时，也考虑到东南沿海国防前线的紧张局势，决定将交通大学迁往西安。当时西北地区高校很少，教育比较落后，而西安和西北地区是国家建设的重点，需要著名高等学校支援。

陈学俊和夫人袁旦庆坚决支持交大全迁西安的决定。在工会代表大会上，他讲了迁校的正确性和重要意义。在交大校委会上，他坚决赞同交大全迁的方案，并代表交大九三学社组织表态拥护交大西迁。

陈学俊在口述史中说："当时，动力机械系总支书记是李敬轩，系主任是朱麟五，我是系副主任，我们三个人坚决主张动力机械系全迁西安。彭康校长非常高兴，亲自召集我们三人汇报情况，并指示我们让赞同迁校的教师

陈学俊认为，既然要去西安扎根西北的黄土地，就不要再对上海的房子有所牵挂。钱是身外之物，不值得去计较。

站出来说话……朱麟五教授、陈大燮教授、钟兆琳教授也都拥护迁校,因公出差在外地的沈尚贤、蒋大宗等十多位教授和副教授也联名致电赞成交大全迁西安。"

正是在这种热情中,动力机械系是交大唯一全迁西安的系。陈学俊也带领妻子将上海的两间住房交给了上海市房管部门,于1957年乘坐载着交大第一批基础技术课与专业课教师的专列从上海来到了西安。

他在口述史中说:"至今仍有人说起此事(指放弃在上海的房子),认为我们太吃亏了,保留到现在,那两间在牯岭路(国际饭店后面)的房子不是很值钱吗?但当时我们认为,既然去西安扎根西北的黄土地,就不要再为房子有所牵挂。钱是身外之物,不值得去计较了。"

当时,西安和西北地区的条件远比现在艰苦。西安市城外一片荒地,校园附近没有街道,没有房子,没有公共交通,只有麦田或荒草野地。

交大校园里也到处都是荒草,还有一处打靶场和一个豆腐房,甚至连1957年秋季的开学典礼都是在草棚大礼堂进行的。不仅生活环境比较艰苦,生活条件也比现在艰难得多。主食吃的是杂粮,每月一户发大米30斤,蔬菜、水果很少,也很贵,鱼虾更是见不到。

即使是在这样的条件下,交大师生也仍然对建立新校满怀热情,带着"向现代科学进军"的豪情壮志,开展教学与科研,继承和发扬了交通大学"爱国爱校、追求真理、勤奋踏实、艰苦朴素"的优良传统和作风,甚至连交大对面的兴庆公园的人工湖,也是交大师生参加劳动挖出来的。或许正是这种艰苦朴素的精神、这种踏实肯干的精神,才使得交大西迁顺利完成。

为了独立自主地发展我国的电力工业,从20世纪50年代中期开始,陈学俊就根据我国能源资源特点,结合教学与研究生培养工作,在国内率先开展汽固两相流与汽液两相流研究,为我国电站锅炉设计提供了理论依据。

1964年,陈学俊对两相混合物在弯管中流动的问题进行研究,通过多次试验和理论分析,他首先提出当轻(汽)相流速很大时,将迫使重(水)相移到弯机内壁一侧流动,即会发生"液膜倒置"现象,这是两相流动的重要机理。五年后,国外研究者才提出了液膜倒置问题。

或许是因为经历过战火纷飞的岁月,陈学俊从小便养成了坚强乐观的个性。"文革"期间,由于所谓的"反动学术权威"和"海外关系"等问题,使他和他的爱人长期受到隔离审查,教学和科研工作被迫中断。

即使是在这样特殊的年代,陈学俊也没有放弃"工程救国"的理想。因此,在粉碎"四人帮",拨乱反正,错案得以彻底平反后,他便立刻投入教学与科研之中,他要把失去的时间都补回来。

暮年再出发　桃李遍天下

1979年,陈学俊担任了工程热物理研究所所长,1980年被任命为副校长,率领西安交大代表团到瑞士洛桑高等工业大学签订了与西方国家的第一个姊妹学校合作协议。不久以后,他又代表学校与美国康奈尔大学、明尼苏达大学签订了同样的协议书。他深感我们国家不仅在政治上,而且在教育上、学术上站起来了。

20世纪80年代以来,陈学俊主持指导研究生对汽液两相流动与传热特性进行了系统的创造性研究,提出了国际上第一个卧式螺旋管高压汽液两相流型图;同时,对汽泡在螺旋管内的运动规律进行了研究,提出了"液膜影响区"的新概念;在国内首次用激光测速仪测量了螺旋管内环状流中液相的局部速度分布;对于水平管中高温汽液两相流动与传热特性,提出了上下壁温飞升点的新概念及其计算模型;在摩擦阻力方面,提出了新的计算公式。

他还指导研究生首先对垂直管内亚临界压力及超临界压力下的汽液两相流下降流动与传热特性进行了研究,发现并定义了强混弥散状流动的一种新流型;提出在亚临界、近临界压力区垂直下降管沸腾传热恶化特性优于上升管的新结论。

陈学俊和他的研究生所取得的一系列理论研究成果,有的填补了国内空白,有的已达国际先进水平。这些成果具有相当大的应用价值,对我国化工、石油、节能、国防工业及各种工程换热设备的技术进步发挥着重要的作用。

陈学俊所取得的这些成就,一方面来自自己和学生的共同努力,另一方

> 世界上最美的地方不是伦敦、巴黎,而是我们中华人民共和国,那儿有宏伟壮丽的万里长城、奇峰险浪的长江三峡、风景秀丽的黄山、山水甲天下的桂林……
> ——陈学俊

面来自一颗赤诚的爱国之心。

1983年6月,陈学俊作为教育部第一个大学发展项目中国审议委员会副主任兼工程组组长,去法国和英国进行了交流访问。在此期间,他曾在我国驻法、驻英大使馆中,应邀对巴黎、伦敦地区学习工程的中国大学生、研究生和访问学者讲话。"巴黎繁花似锦,伦敦绿草如茵,实验室有先进的仪器,学习环境非常好!"但他接着说,"我要提醒大家的是,世界上最美的地方不是伦敦、巴黎,而是我们中华人民共和国,那儿有宏伟壮丽的万里长城、奇峰险浪的长江三峡、风景秀丽的黄山、山水甲天下的桂林……世界上最好的工作地方不是外国,而是我们伟大的祖国,那里有960万平方公里的广阔天地,有10亿勤劳勇敢的人民,有宏伟的四化建设规划,有领导全国各族人民前进的伟大的党。希望大家努力学习,为建设社会主义,建设四化贡献自

陈学俊(第二排左三)与第一届锅炉专业研究生合影

己最大的力量，这就是我们大家所应该有的共同理想。"正是带着这份始终如一的信念，陈学俊全身心地投入中国高等教育人才的培养之中。

1990年起，西安交通大学创建了国内唯一的动力工程多相流国家重点实验室，是国际多相流研究中心之一，陈学俊担任主任，既进行高水平的科学研究工作，又培养高层次德才兼备的人才。他曾在口述史中说："对于年轻教师和研究生的培养，我要求他们不怕艰苦、勤奋学习，应把自己最大的精力投入教学和科学研究工作中去。"他还告诫学生说："科学事业上没有平坦的大路可走，碰到这样或那样的困难是不可避免的，要不畏艰难险阻，敢于坚持工作，刻苦钻研，经久不息，才能取得成功和胜利。"正是由于陈学俊的严格要求和谆谆教诲，先生桃李满天下，佼佼者有林宗虎院士、陶文铨院士、郭烈锦院士和陈听宽教授等。陈学俊不仅因自身的学术成就享誉国内，在国际上也颇受尊重，多次参与国际学术会议，彰显了中国能源与动力学科的发展水平。

此外，在国内，他也是积极参政议政，具有高度的主人翁意识。从1991年到1997年，他先后出席了全国政协第七届四、五次会议，第八届一、二、三、四、五、八、九次会议，提出建议和参与提案有36项之多，内容丰富，影响深远。在1993年召开的政协八届一次会议上，他在庄严的人民大会堂做了"深化科技体制改革，加速科技成果向现实生产力转化"的发言。1996年，他主持了有江泽民同志、李瑞环同志和其他一些国家领导人出席的九三学社小组会议。

陈学俊一生所获殊荣众多，最让他记忆深刻的是1996年4月8日，交大建校100周年，他被授予"杰出教授"光荣称号。这是对他近50年来教学与科研成就的肯定。陈学俊一生所做的贡献并不能用获奖的多少来衡量，因为中国目前能源与动力学科的发展水平是建立在他们这一辈人所取得的成果之上的，他们是贡献者，更是开创者。正如他于1941年发表在《贵阳日报》上所创作的《工程师与音乐》一歌："争名利，无意义，学工程，有志气，为人民，谋福利，为社会，求进取……我们大家一致把心齐，爱团体，我们永远为中国工程事业奋斗到底！"陈学俊用一生践行了自己的诺言，实现了自己的理想。

> 世界上最好的工作地方不是外国，而是我们伟大的祖国，那里有960万平方公里的广阔天地，有10亿勤劳勇敢的人民，有宏伟的四化建设规划，有领导全国各族人民前进的伟大的党。
>
> ——陈学俊

朱 城

为有牺牲多壮志

人物小传

朱城（1920—1959），力学教育家，我国工程力学专业的重要奠基者之一。

1944年，毕业于交通大学机械工程系；1947年，赴麻省理工学院求学，师从国际著名的振动学权威邓哈托，获振动学博士学位。

1951年学成回归，出任交通大学新成立的材料力学教研室主任。

1956年随校西迁。踊跃西迁的力学专家朱城创办了工程力学专业，著成堪与国际大师铁木辛柯相媲美的中国版《材料力学》，被誉为中国的"铁氏材力"，为国内首批工程力学专业的创办做出了重要贡献。

他是建国初期罕见的留洋高才生，才学卓著却壮志未酬；他创办工程力学专业，并使工程力学专业在西安交通大学扎下了深厚的根基；他是交通大学西迁后以身殉职的第一人，年轻的生命永远献给了挚爱的事业。他，就是朱城教授。

1944年从交通大学机械工程专业毕业后，朱城前往海外留学深造。在美国麻省理工学院攻读研究生期间，朱城成绩优异，取得振动学博士学位。1948年4月，交通大学曾收到一封函件，内容是美国麻省理工学院Den Hartog教授致函国民政府教育部，盛赞朱城和另两位中国留学生在该校"高等力学"考试的35人中勇夺三甲。

1951年学成回国后，面对国内多所知名高校的竞相聘请（大都许以各种头衔），朱城目标明确，意志坚定地选择回到母校交通大学任教。交通大学素以"门槛高"著称，为表达对朱城学术水平的敬重，学校特定其为"三级"副教授。当时，国内一级教授极少，二级、三级教授也不多，1956年国家评定的首批一级教授仅有56人。对于朱先生的才华，著名机械工程专家陈大燮教务长（后任副校长、中科院陕西分院院长）也不吝赞扬之词，在一次对青年教师的讲话中就曾说过："青年教师要有'青出于蓝而胜于蓝'的志向，朱城原是我的学生，而现在的学术水平就超过了我。"

工程力学是钱学森1955年回国后大力倡导创建的一个新学科，国家高教部选择了若干所有条件的高校筹办工程力学专业。交通大学迁到西安后的一个重要任务就是创建工程力学专业，这副担子就落在了朱城的肩上。工程力学作为新创办的专业，虽然当时的苏联有类似于我们的工程力学专业，如莫斯科动力学院就有"机器强度和动力学专业"，但朱先生认为其过于狭窄，我们不能完全模仿。他很了解西方国家的教育情况，说他们多无工程力学专业，但在一些工程类学科中开设有深广的力学课程，因而这些工程类大学毕业生可以攻读力学领域的硕士、博士学位。面对无经验可循、无直路可走的

除了吃饭睡觉，朱城将所有精力都投入新专业——工程力学的创办与发展上，使工程力学在西安交大深深扎根。

困境，朱城及交大的前辈们没有轻言放弃，坚持埋头摸索，砥砺前行。为此，朱城先生查阅了大量国外的相关资料，还广泛征询了国内力学界、工程界人士的意见，为制订工程力学专业教学计划付出了大量心血。除了吃饭睡觉，他将所有精力都投入新专业的创办与发展上。授课之余，他不仅要与时间赛跑，编写讲义教材《材料力学》，还要抽出时间去北京大学等院校讲课，当时邀请校外学者、教授讲学的尚不多，而北大每年都要邀请朱先生。当年应用力学课程，朱城采用季文美新译的麻省理工学院著名教授邓哈托所著的新书，可见当年西安交大对学科建设的重视程度，亦可看出作为奠基人的朱城对此学科的重视程度。同时他还编著一本颇具特色的《材料力学》，该书内容深广，论述严密，很适宜于教师参考，尤其能帮助青年教师进修。该书出版后曾被一些兄弟院校誉为中国的"铁氏材力"（铁木辛柯著《材料力学》，为世界科技名著）。

迁校之初朱先生已患肝炎，身体不好，但他仍废寝忘食地工作。1957年，西安交大工程力学专业迎来了第一届新生，朱先生任材料力学教研室主任。当时，培养计划已经明确，学生能够正常进入学习，但是五年的整体教学计划、课程设置等细节问题依然存在，尚未彻底解决。朱城不能放松，也无法放松。他继续坚持不懈地逐步解决这些问题，甚至将黑板搬到家里，便于他周密考虑，反复考虑。朱先生为制订工程力学专业教学计划倾注了常人无法想象的心血。功夫不负有心人。朱城领衔创建的工程力学，学科发展方向明确，根基打得很牢，在短短的几年时间里就成为西安交大的一张王牌，而且越办越好，在国内外形成了较大的影响。

张镇生教授曾是工程力学专业的一名助教，他深情回顾了先生在西安交通大学校园中的两年奋斗历程："朱先生待人十分谦和，没有架子，年轻助教都愿意接近他，而我又是同他接触较多者。他也很乐意同我交谈，解答有关问题。1959年春天的某日下午，朱先生的夫人送信给我，说朱先生身体不适，

> 迁校之初，朱城先生已患肝炎，身体不好，但他仍废寝忘食地工作，除筹建工程力学专业、编写材料力学教材及振动学讲义外，还要去北京大学讲学。

让我替他通知调换次日的滑轮专业弹性力学上课的时间。一两天后，朱先生病重急送第四军医大学附属医院，但终因抢救无效英年早逝，年仅39岁。"

朱城先生是交大西迁后以身殉职的第一人，他的英年早逝是交大无可挽回的重大损失，是交大发展史、新中国学术史上令人哀痛至极的一件事情。虽然在西安交大校园只有两年时间，但他的贡献是巨大的。他是胸怀大局、无私奉献、弘扬传统、艰苦创业的交大西迁人中的典型代表。在这片厚重的黄土地上，他拓荒开垦，辛勤耕耘，抒写着交大的辉煌岁月，丰富着交大的文化底蕴。如果说大树西迁铸就了历史的丰碑，这座丰碑已经和脚下的黄土地浑然一体，敦实厚重；如果说大树西迁代表了一种精神，这种精神经过漫长岁月的洗礼，更加光彩照人，熠熠生辉。

蒋大宗

开辟医电为大宗

人物小传

蒋大宗（1922—2014），汉族，江苏省镇江市人。1944年，毕业于西南联合大学机电系，于国家危难之际，义无反顾投笔从戎，成为一名保卫国家的军人。

1946年进入交通大学电机系任教，从教60余年。由于其在生物医学工程等领域的杰出贡献，被授予美国电气和电子工程师协会终身会士、中国电子学会学士等称号。

蒋大宗先生是中国生物医学工程的创始人之一，也是西安交通大学生物医学工程专业的奠基人。

结缘交大　辛勤护校

蒋大宗和交通大学结缘可以追溯到 1940 年。那时，他高中毕业考取的是交通大学的电机系，但蒋大宗不愿意留在已被日军占领的上海，决心告别母亲到西南联大求学。日本无条件投降后，蒋大宗从昆明请假回上海探望分别五年多的母亲，他的母亲舍不得蒋大宗离开，所以，蒋大宗当时选择留在了上海。

蒋大宗于 1946 年 2 月应聘进入交通大学。从进入交通大学开始，蒋大宗就把一颗赤子之心奉献给了交通大学。在 1949 年 5 月，上海解放前一二十天，国民党军队要接管交通大学，当时限令交通大学教职工和学生三天内离校。为了防止交通大学的实验室受到国民党军队的破坏，在交通大学地下党的领导下，交通大学的教职工与学生紧锣密鼓地秘密转移实验设备与器材。蒋大宗参与了转移实验设备和器材的工作。

当时，搬运设备和器材用了 36 个小时，共用了十一二辆卡车来搬运。为了避开国民党特务的耳目，仪器设备登记、造册、装车都秘密进行。实验设备运完之后，蒋大宗与其他教师以及同学们又偷偷去仓库清点和整理。三天后，国民党军队进驻交通大学。此时，所有的实验室都已经转移完毕了。在护校行动中，蒋大宗虽然已经成家了，但他毅然选择舍小家而顾大局，为当时的护校行动做出了很大的贡献。

在 1949 年的护校行动中，蒋大宗顾全大局，为护校行动做出了重大贡献。

1959年,蒋大宗教授给青年教师讲课

走向大西北　迁校先行者

1956年6月，交通大学的第一批教职员工踏上了西去的列车，来到了古城西安。迁往大西北的过程中，交通大学的后勤工作做得非常周到和细致，这也是交通大学迁校工作得以顺利完成的重要保证。

西迁前，后勤工作小组到每个职工家中，把搬迁的家具和行李登记、造册、包装、捆绑。为了保证教职工迁往西安后生活上方便，后勤工作小组甚至把水缸、煤炉也捆扎好运到西安。一到已安排好的房间，西迁的教师们发现家具已经整齐地摆好，马上就可以休息，而且后勤工作小组还给每家分了西瓜，这一切使迁校的职工感到很温暖。

在迁校的过程中，蒋大宗身体力行，态度坚决。由于他的妻子当时在上海广慈医院工作，所以，1957年蒋大宗先只身一人来到西安。1958年，蒋大宗的妻子毅然放弃了上海广慈医院主治医师和上海第二医学院讲师的职位，告别了年迈的父母和众多兄弟，带着孩子们来西安与蒋大宗团聚，并从此扎根在这块土地上，直至2010年8月去世。

改革开放以后，西安交通大学曾涌现过一股"孔雀东南飞"的热潮，蒋大宗虽然已年过六旬，上海交通大学仍有意请他回去，但是，最后蒋大宗还是选择留在了西安。

虽然后来人们对交通大学西迁有不同的看法，但是，蒋大宗对西迁是非常赞同且义无反顾的。他在纪念西迁四十周年和五十周年的时候，先后写文章回忆了这段历史，并特别强调了西迁精神，对当年的后勤保障工作赞不绝口。2008年，在交大一村改建之前，他还专门给校党委书记、校长写信，希望能保留一栋当年的家属宿舍，为后人留下一个纪念的场所。蒋大宗和老一辈交大人在历史的抉择面前，义无反顾地选择了建设大西北这条道路，诠释了老

> 改革开放后，上海交大请蒋大宗回上海任教，但他最终选择了留在西安。

一代知识分子爱国、爱校的情怀。

呕心沥血建专业　辛勤耕耘结硕果

蒋大宗从交通大学到西安交通大学，先后在电力系、电机系、无线电系、信息和控制工程系工作，为工业企业电气化、工业电子学、计算机、生物医学工程等专业的建设付出了毕生的心血。这些专业的人才培养方案、课程教学计划、实验课程设置等，都浸透着他的智慧和深层次思考。

在1977年底的全国科学技术规划大会上，蒋大宗与中国医学科学院院长、著名心胸外科专家黄家驷院士相识，并在他的领导下，共同提出建立生物医学工程学科。他被国家科委聘为该学科规划组成员，成了我国生物医学工程学科主要创始人之一。

1978年，他与程敬之、蔡元龙两位教授共同创建了西安交通大学生物医学电子工程专业教研室，并担任生物医学工程专业教研室主任。1979年，他又积极推动医学院校与工科院校发挥各自优势，联合培养生物医学工程专业研究生人才的办学模式，开始招收研究生。1981年，正式开始招收生物医学电子工程专业本科生，使西安交通大学成为我国最早开办生物医学工程专业的高校之一。

1980年11月，经中国科协批准，中国生物医学工程学会正式成立，已近花甲之年的蒋大宗以电机工程专家的身份连任学会一至三届理事会的副理事长。之后，他一直耕耘在我国生物医学工程这块土地上，活跃在国内外学术交流的讲台上，为我国生物医学工程学科的发展贡献了后半生的心血，与生物医学工程学科结下了不解之缘。

1985年，蒋大宗在西安交通大学建立了生物医学工程研究所，担任第一任所长。他在计算机辅助医学诊断、功能性神经电刺激、生理信息的提取和信号处理技术、X线数字直接成像和双能量成像等方面做出了杰出的贡献。

2007年，蒋大宗当选为美国电气和电子工程师协会（IEEE）终身会士；2010年，被授予中国生物医学工程学会终身贡献奖。

投身育人　淡泊名利

蒋大宗把自己的一辈子献身于教书育人。他曾经这样说道："选择教师这个职业，就意味着选择了责任、付出和辛苦，你的一言一行都会在学生心灵深处留下印痕。这是一个人年轻时想象不到的。做教师同时也是很幸福的。当你白发苍苍的时候，每当校庆到来时，学生成群结队来看望你，谈起你当年课里课外对他的影响，那时候，你会觉得你是世界上最光荣的人、最幸福的人。"

蒋大宗对学生既严格要求，又和蔼可亲，他和他的许多学生情同父子。20世纪70年代中期，蒋大宗刚开始上讲台时，有一位同学得了急性肝炎。班里的同学都唯恐避之不及，但蒋大宗不仅没有避而远之，反而亲自去病房为住院的这个学生补课，体现了他爱生如子的情怀。

蒋大宗与他教过的许多学生一直保持着联系。就连已经毕业多年的学生得了病，他也会想尽办法，动用各种关系帮助联系治疗。

医电专业是一个交叉学科，在蒋大宗指导的硕士、博士生中，有学自动控制、计算机出身的，也有学医出身的，甚至还有学体育出身的，基础参差不齐。蒋大宗注意因材施教，为他们量身定制了适合自己的培养计划，将他们一个个都培养成合格的生物医学工程人才。

他一直耕耘在我国生物医学工程这块土地上，活跃在国内外学术交流的讲台上，为我国生物医学工程学科的发展贡献了后半生的心血。

蒋大宗一生淡泊名利，对荣誉看得很轻，从不争名争利。在西安交通大学网站上，有学生称他为"不是院士的院士"，这是学生对他充分的肯定。

2011年，为纪念蒋大宗九十诞辰和从教六十五周年，生命学院首先建立了纪念网页，向大家征集老照片和回忆文稿。这些老照片和文稿最后汇集成册，就有了2013年西安交通大学出版社正式出版的《师者风范》一书。

2012年10月，当这本书基本完稿时，书名曾定为"大师风范"。在征求蒋大宗的意见时，蒋大宗说："我觉得书名用'大师风范'似乎太过了一点儿，我看了觉得不太舒服。"后来改为"师者风范"，他才欣然接受。

2003年，由蒋大宗的学生和社会热心人士发起并建立了"蒋大宗基金"，用于奖励在生物医学工程专业学习成绩优异并有创新精神的在校研究生。这个基金建立至今已经有12年了，已有近百名学子接受过这一奖学金，激发了一代年轻人探索和开发"中国人用得起的医疗仪器"的热情。

唐照千
以身报国气轩昂

人物小传

唐照千(1932—1984),江苏省无锡市人。

固体力学家,振动工程和实验力学专家,交通大学工程力学的创始人和奠基人之一。

在交通大学前后从教30余年,开创了国内振动测试技术、时序分析研究与力学应用新领域,引领了国内断裂动力学研究,为交通大学应用力学学科的发展壮大,为我国应用力学的基础研究及应用做出了重大贡献。

曾任国务院学位委员会学科评议组成员,中国力学学会理事、固体力学委员会振动组副组长,中国仪器仪表委员会理事、试验机委员会委员,陕西力学学会理事,陕西生物医学工程学会理事。

实际行动彰显爱国大情怀

唐照千家族素有名望，父兄均系杰出的实业家和著名的爱国人士。父亲唐君远曾任全国政协委员、上海市政协副主席。长兄唐翔千曾任香港工商总会副会长。

唐家世承的爱国敬业、勇于任事、求精务实、造福社会、实业报国的优良家风，深深镌刻在唐照千心中，影响了他的一生。唐照千幼年起即以父兄为榜样，志存高远，有志于成为一名国家的栋梁之才。

青少年时期，唐照千学习刻苦，勤奋上进，是上海圣芳济中学的高才生。

1950年，他以高分考入交通大学动力机械系汽车专业。1953年7月，以优异成绩毕业留校，在机械零件教研室任教。

1956年，24岁的唐照千成为首批西迁教师中的一员，随交通大学主体部分由上海迁往西安，在交通大学（西安）应用力学教研室任助教。当时，他的母亲50多岁，在苏州有一套很不错的宅院，但是，接到迁校令之后，他义无反顾地带着小家迁往西安。

十年动乱严重破坏了他的正常生活和治学要求，但他只要一息尚存就自强不已，愿为祖国和人民多做一些工作。

唐照千虽在"文革"中受到不公正对待，但他的爱国之心未变，报国之情如故，视科学事业高于一切，完全把个人得失置之度外。

1973年5月获释出狱，校领导征求他意见时，他表示："过去的事不谈了，只要求有一个工作条件，快些开展工作。"他不顾体质虚弱，只休息了一星期，就一头扎进了他自己建立并工作了多年的实验室，埋头读书，修理仪器，做自己的实验，偶尔在他人的伴随下外出参加一些学术活动。

唐照千教授是一位热爱祖国的优秀科学工作者。他在国外完全能够得到

> 有人劝他回上海和家人团聚，他却说："科学研究和家庭生活二者不可兼得，哪里有条件工作就在哪里！现在回去，上海亲友很多，应酬也多，不能集中精力做事。"

比国内更加优越的研究条件和生活条件，但是他始终有一颗赤子之心，热爱党，热爱社会主义祖国，忠诚于人民教育事业。

在美国进修期间，他时时处处牢记"我是中国学者"的责任。别人问他是否留下，他会毫不迟疑地说："我是国家派出来的，当然要回去。国家派我出来学习，回去为国家做事，这很自然。祖国再穷总是我的母亲，我不会只为个人安逸、舒适而留居国外。"

1982年9月，唐照千结束访美回到西安。有同志关切地询问："你是继续定居下来呢，还是打算调回上海和家人团聚？"唐照千毫不迟疑地说："科学研究和家庭生活二者不可兼得，哪里有条件工作就在哪里！现在回去，上海亲友很多，应酬也多，不能集中精力做事。"

他谢绝了上海有关单位的优厚待遇，再次选择只身一人留在西安。1983年，唐照千作为西安交大赴香港理工学院访问团成员，在香港与久别的亲人团聚。父亲、哥哥都希望他留下来或继续出国深造。而他的回答却是："在祖国有我的事业，我们这一代在祖国长大，对祖国是有感情的，总希望把自己的国家建设好。我们有能力走自己的道路，完全可以赶上世界先进水平！"

理论研究和工程应用紧密结合

唐照千热爱祖国的科学技术事业，对力学怀有无限的敬畏和执着之情。尽管天不假年，他的学术生涯并不很长，但是，在其所研究的领域都取得了堪称一流的成果。

从1953年留校开始，30年来他对力学科研殚精竭虑，孜孜不倦，一以贯之。科研成为他生活的基本需要，一有时间就待在实验室，琢磨各种力学问题。思考力学、研究力学、实践力学，是他人生的乐趣。

作为新中国成长起来的力学界后起之秀，唐照千素以才思敏捷、思维缜

> 他在"文革"中被关押，释放后只要求有工作条件，快些开展工作。

密、治学严谨、擅长理论与实践闻名。他的力学理论知识渊博，振动与光学实验技术精湛，解决实际问题能力极强。

其研究横跨板壳理论、断裂力学、振动力学、实验力学、流体力学、时间序列分析应用和测试仪器仪表研制等多个领域，并取得了公认的突出科研业绩，为我国力学学科的发展做出了重要贡献，在国内外享有学术声誉。

1959年，唐先生亲手研制了频谱分析仪，填补了国内的空白，该技术一直被沿用到20世纪70年代。1962年，他又主持了国家科委在交通大学建立的振动测试基地，研制了机械式、电动式和压电晶体式振动台。

20世纪70年代，唐先生转向断裂力学研究，成功研制出一种新的裂纹扩展测试技术——涡流检测法，提出了裂纹快速扩展的瞬态振动特性与响应计算模型，能很好地说明和计算"止裂"的基本规律，解决了国际上尚未完全解决的问题，由此奠定了唐先生在国内外断裂力学领域的地位。此间，唐先生还创造性地把时间序列分析法应用于振动模态分析，编制了有效的多功能时间序列建模程序，推动了时间序列分析方法在工程振动分析中的应用。

80年代初，唐照千赴美访问，短短两年中取得六项科研成果，包括薄膜拉伸失稳研究（解决了美国一家造纸厂的质量问题）、印刷质量检查分析仪（为提高造纸质量而研制）、印刷机滚筒接触应力分析研究（提高印刷质量）和研制薄膜湿度扩展记录仪等，显示了他一贯践行理论与实际紧密结合、善于解决实际问题的卓越才能。

钱令希院士回忆道："他善于应用各方面的知识去解决一些重大问题，而不是仅仅停留在理论探讨或细枝末节上。这一特色贯穿于他一生的工作中。他曾一再表示，研究工作不能光为了出几篇论文，更重要的在于真正解决一些生产中的关键问题。直到他弥留之际，还一直在念叨着与贝季瑶教授合作，从事磨床的机械结构动力学研究。唐先生在力学上功底深厚，精于理论分析，动手能力超强，是我国力学界不可多得的优秀人才。"

有人劝他留在国外，他却毫不迟疑地说："我是国家派出来的，当然要回去。国家派我出来学习，回去为国家做事，这很自然。祖国再穷总是我的母亲，我不会只为个人安逸、舒适而留居国外。"

精心施教　匠心育人

在潜心科学研究的同时，唐照千十分重视教学工作，精心培育力学人才，是一位深受学子爱戴的优秀教师。他授课取精用弘，深入浅出，紧密结合科研实践，学生受益良多。唐照千早在28岁就开始指导研究生，分别就壳体转盘振动和壳体冲击问题展开深入研究。

1978年恢复研究生招生后，他更是殚精竭虑，不惜倾注全部心血扶掖新人，招收了多名硕士研究生。悉心培养的博士生陈宜亨在结构材料、功能材料的断裂损伤等领域成绩卓异，成为西安交大教授和博士生导师，曾任建筑工程与力学学院院长、机械结构强度与振动国家重点实验室主任，并当选第九届与第十届全国人大代表。陈宜亨的学术成就与唐先生的指导、学风和学术影响密切相关。

1982年9月，唐照千回国时已届天命之年。他孤身一人在西安拼命工作，与时间赛跑，带领团队拼搏在学术制高点上。他参加了国家科委"六五"规划并承担重点科研项目，着手筹备由西安交大主办的1986年振动国际学术会议，并抓紧创办《应用力学学报》，筹建工程力学研究所。

可惜由于多年辛苦，积劳成疾，他不得不与肆虐的晚期肺癌展开拼死的抗争。在住院手术期间，他忍受剧烈病痛，仍坚持指导学科建设，进行科学研究，面授博士生，修改书稿，抓紧一切时间工作。用同事的话说："仍然雄心勃勃要办好几件有影响的事。"

应用力学教研室的一位老师回忆当时的情境说："他的肺部手术之后，身体稍有好转，又以全部的精力投入工作。他是《振动与冲击手册》的主编，坚持亲自拟提纲，承担了最难写的两部分。他爱人讲，为了画一张图，他花了整整两个小时，累得满头大汗。即使在眼睛失明之后，他还坚持通过口述，由妻子代笔完成书稿和论文，并坚定地表示：'我答应的事情一定要尽快完成！'"

1987年4月，西安交大在唐翔千先生捐赠100万港币基础上设立了"唐照千奖学金"，奖励力学和9个相关专业德才兼备、成果突出、贡献重要的研究生和本科生，促进力学教育及其他青年力学人才成长，鼓励广大青年学生继承发扬唐照千爱国爱校、追求真理、科学报国的高尚情操，严谨治学、重视实践、求实创新的优良学风，勤奋钻研、献身科学的拼搏精神。作为获奖者们的典型代表，已有王铁军、卢天健、席光、陈常青、黄佐华等获得国家杰出青年基金；陈常青、龚云帆、张哲峰获得国家百篇优秀博士论文奖，并有六人获该项提名奖；李录贤、田晓耕、魏进家、吴成军、张家忠、江峰等入选教育部新世纪人才；张哲峰、师红辉入选中科院"百人计划"；马利锋、李群、钱征华、张哲峰等分别入选德国洪堡学者或日本学术振兴会（JSPS）学者。作为唐照千精神风范的传人，他们已经成长为中国科学技术发展的栋梁之才。

　　近百年来，从老一代科学家到新一代科学家，他们的归国和成功，他们的向往和奋斗，他们的罹难和奉献，都透射出中国科学家的爱国情怀。

　　"爱国"一词看上去有些抽象，但唐照千老先生用自己的亲身经历书写了"爱国"二字。在他心里，爱国既是一种人生使命、一种责任担当，也是一种精神支柱。我们要以唐照千教授为榜样，学习他心有大我、至诚报国的爱国情怀，学习他淡泊名利、甘于奉献的高尚情操，把爱国之情、报国之志融入祖国改革发展的伟大事业之中、融入人民创造历史的伟大奋斗之中，从自己做起，为实现"两个一百年"奋斗目标，为实现中华民族伟大复兴的"中国梦"贡献智慧和力量。

> 唐照千老先生用自己的亲身经历书写了"爱国"二字。在他心里，爱国既是一种人生使命、一种责任担当，也是一种精神支柱。

西迁往事

西迁传承故事

程敬之

国内首台复合型相控阵超声诊断仪的研发者

人物小传

程敬之（1926— ），江苏省丰县人。1953年毕业于山东工学院电机系。

1954—1956年在哈尔滨工业大学师资进修班研究生班学习。1956年，在清华大学进修。1957年，调入交通大学（西安）任教。1983年，加入中国共产党。

历任西安交通大学教授、生物医学电子工程研究室主任。西安交通大学生物医学工程重点学科创始人之一，全国高校先进科技工作者，西安交通大学"伯乐奖"获得者。曾获国家科技进步奖多项、省部级科技进步奖14项，拥有专利7项，发表论文200多篇。

2002年，研制出"检波器数字相位测试仪""相控阵超声诊断仪""伪随机码血流计"等重要仪器。新型"相控阵超声诊断仪"1986年获国家教委科技进步奖一等奖。

身先士卒　攻坚克难

复合型相控阵超声诊断仪是一项涉及多门学科、极具技术难度的科研项目。1976年，世界第一台相控阵超声诊断仪由美国Varvan公司率先研制成功。1978年，日立、东芝等公司也相继研制出同类型仪器。

1978年底，受国内科学技术的春风熏染，西安交通大学率先在国内创立了生物医学工程专业。其后仅用三年，西安交通大学生物医学电子工程教研室领导的课题组，就试制成功了国内第一台相控阵扫描超声人体内脏器官断层显示装置——XKZ-1型相控阵超声诊断仪。经过一年的努力和完善，1983年，四台复合式相控阵超声诊断仪（XKZ-21）样机调制成功。

经陕西省科委主持，由清华大学、复旦大学和中国医学科学院等专家教授组成的鉴定委员会，以及北京解放军总医院、上海市第六人民医院的临床试用认定："该仪器主要技术指标完全达到了预期的指标值，能实时显示内瓣膜、房间隔、室间隔等心脏活动情况""为国内第一台复合型相控阵超声诊断仪"。"该机达到了国外进口机器的水平"。该成果在陕西省经济和信息化委员会举办的新产品展销会上被评为一等奖，并获1987年国家教委科学进步奖一等奖。主持和领导该仪器研制任务的正是我国生物医学工程学科的创始人之一——程敬之。

程敬之，20世纪70年代末转到生物医学工程专业。1978年，他提出在国内实现医用相控阵技术的设计方案。1979年，受国家科委和陕西省科委委托，他带队主攻"相控阵超声诊断仪器"项目。

他把雷达技术、空阵天线扫描原理和超声波反射特性应用于人体内脏器官断层图像的显示，开创性地完成了相控阵诊断仪的研究任务，实现了我国人体胸腔脏器疾病诊断手段的重要突破。令人自豪的是，该研究完全立足我国自有条件，所用电子元件均为国内生产，实属独立自制仪器。这说明我国已开始形成独特的相控技术。

程敬之教授"安一张折叠床在实验室里，饭盒放在暖气片上，中饭随便吃一餐，晚上工作到深夜"。

在此期间，为了保质保量地完成研制任务，程敬之废寝忘食，彻夜不眠，"安一张折叠床在实验室里，饭盒放在暖气片上，中饭随便吃一餐，晚上工作到深夜"。为了带动课题组同志，激发科研热情，他与大家签订了合约书，共同制定奖罚政策，他本人也不例外。科研组全体成员精诚团结、攻坚克难，科研任务圆满高效完成。该项科研成果后来获批由交通无线电工厂和国营二六二厂（今西安核仪器厂）进行了小批量生产，其造价仅相当于国外进口机器的十分之一，为国家节约了大量资金。

从事医学工程教学研究的30年间，程敬之为西安交通大学生物医学工程学科的发展做出了重要贡献，曾先后主持完成了国际上第一台伪随机码超声多普勒血流仪和国内第一台超声血流成像仪、第一台多功能声门图仪的研制任务。

务实求真　屡获殊荣

20世纪五六十年代，程敬之在西安交通大学主要从事教学科研工作，先后研制成功数字检波器相位测试仪、谐波测试仪和阻尼测试仪。三种测量仪器的研发，为工厂节约了大量财力和物力，并且三次获得陕西省重大科研成果一等奖。在此基础上，又研制出用于煤炭勘探的煤炭检波器测试系统，获得煤炭部科技进步三等奖。70年代后期，程敬之与陕西省标准计量局合作研制出的数字磁通测试仪，获得省三等奖。

1978年，在陕西省科委、西安市科委的支持下，西安交通大学与陕西师范大学、西安电子应用研究所和西安医科大学附属二院共同协作，进行相控阵超声诊断仪的相关研究。

程敬之作为总设计师和项目负责人，经过三年的努力，于1980年研制出国内第一台相控阵超声诊断仪，并应用于临床。1982年，日本文部省学术振兴会邀请他去日本东京大学、大阪大学和日立公司、东芝公司等单位进行学术交流。其后分别在1984、1986和1990年研制出FXZ-21型（第二代）、

XCZ-30（第三代）、CX-970（第四代、"七五"攻关项目）相控阵超声诊断仪，并进行了技术转让。本项目获国家教委科技进步一等奖和西安市人民政府科技一等奖。另外，由于在"医用相控阵技术理论"方面有所创新，又获得了国家创造发明四等奖。

由于医学工作的需要，程敬之和研究生一起利用现代通信领域中的伪随机码相关原理，对人体内任意血管进行选通测量的研究。他用伪随机码相关调制原理，配合超声多普勒技术，研制出世界上第一台伪随机码超声多普勒血流仪，这种仪器可以检测出人体内血管的血流参数，并把纵向分辨率精确到一毫米。该项成果获国家科技进步二等奖、国家教委科技进步二等奖和电子工业部科技进步二等奖。

作为西安交通大学生物医学工程重点学科的创始人之一，40多年来，程敬之先后在石油地球物理勘探、仪器仪表和生物医学工程诸多方面做出了突出贡献；作为项目负责人获国家科技进步二等奖一项、国家创造发明奖两项、省部级科技进步二等奖以上12项、拥有国家专利7项，发表论文200多篇，培养研究生69人。曾多次应邀赴德国、日本、美国、加拿大等国家讲学和进行学术交流。1996年被评为全国高校先进科技工作者，1985、1986年两次被评为陕西省优秀教师，1986、1987年两次被评为陕西省先进科技工作者，7次被评为西安交通大学优秀教师和先进工作者，2010年12月被中国生物医学工程学会授予中国生物医学工程学会终身贡献奖。

现年93岁的程敬之精神矍铄，思维活跃，仍对学校、学院和生物医学工程专业的发展十分关注。

言传身教　桃李满园

以身作则带领研究生奋战在科研一线，是程敬之的常态。他时常叮嘱学生："我们是学工程的，就得在实验室从事与实际相结合的研究工作，务实

"攻坚克难创学科，言传身教育英杰。"程敬之教授用自己的一生书写了"胸怀大局、无私奉献、弘扬传统、艰苦创业"的西迁精神。

求真，掌握解决问题的本领。"

经过努力，他们研制出国内第一台多功能声门图仪等多项技术成果。这些成果应用于临床，为我国喉科诊断、艺术嗓音的测试做出了贡献，并获得国家创造发明三等奖、国家教委科技进步二等奖和陕西省科技进步二等奖。

程敬之在学科交叉融合方面有非常独特的教学举措。他派遣研究生到声学基础厚实的南京大学声学所去学习，纳百家之长，集百家之优，从而充实自身才干，增长自身学识。

当时，有一位名叫吴平的研究生被派去跟随著名的冯若教授学习，硬是把南京大学声学所编的上下两本声学基础教材所有的习题做了一遍。看到他手写的厚厚一大本工整的习作，程敬之露出欣慰的微笑。

学生陈思平曾说："在程敬之老师指导下的研究生，论文不但要有创新，而且还要有实际的东西出来，虽然工作量大，但确实很锻炼人。经程老师指导，我的课题各方面均取得很大的改观，后来还有幸被评上了国家科技进步二等奖。"

在程敬之培养的69名研究生中，两名被评为具有突出贡献的中国博士，两名获国家级有突出贡献的中青年专家，多名分别成为教授、博士生导师、跨世纪人才。同时不乏已是少将、大学副校长和院长、上市医疗公司董事长和医疗公司的创始人。

"攻坚克难创学科，言传身教育英杰。"程敬之用自己的一生书写了"胸怀大局、无私奉献、弘扬传统、艰苦创业"的西迁精神。而今已是耄耋之年的程敬之，仍坚持为西安交通大学的发展、为祖国的昌盛做着新的贡献。

杨延篪

一心为国图富强

人物小传

杨延篪（1929—2018），祖籍广东省大埔县，出生于香港，工程力学专家。

1951年毕业于交通大学航空工程系，毕业前夕加入中国人民解放军空军，1954年转业后回母校任教，1956年随校西迁，从事理论力学教学及科研工作。

1980年，担任国家标准组织第108（机械振动与冲击）技术委员会（ISO/TC108）的专家，曾先后五次代表我国在多个国家出席该委员会的年会。

1981—1982年，在英国伯明翰大学机械工程系机床动力学研究所做访问研究员。在国际机床动力学权威托贝斯（Tobis）教授指导下，从事铣床切削颤振的研究工作，并委托指导该研究所进行博士后研究的埃及博士艾萨（Easa）从事该课题的工作。

1989年，被国家教委、国家人事部及全国教育工会授予全国优秀教师称号及奖章。1993年起，获国务院颁发的有突出贡献的政府特殊津贴。

一心报效祖国　带头随校西迁

杨延篪教授说："我什么都不要，我要的只是祖国的富强。"他放弃了香港优裕的生活，他谢绝了亲人的挽留，他用一生诠释了报效祖国就是最大的幸福。

　　杨延篪出生于香港，父亲在香港经商。杨延篪有过一个生活优裕的青少年时代。全家居住在香港，是当地的名门望族，家族至亲中，政商两界知名人士众多。其中包括很早就在西安交大设立奖学金的香港大法官、曾任特区筹委会副主任的李善福先生。

　　1942—1945年，杨延篪就读于百侯中学。1947年，在中学毕业两年后，杨延篪抱着一腔热血，长途跋涉回内地求学。那一年，他只身赴沪到交通大学航空系报到，从此成了交通大学的一名学生。1949年解放前夕，杨延篪作为一名回家探亲的交大航空系学生，不顾家人劝阻，不惧敌机轰炸，毅然乘船从香港返回学校。1951年，毕业前夕，他加入中国人民解放军空军并在服役期间担任文化教员。1954年转业后，杨延篪回母校任教，成为一名力学教师，随后在1956年随校西迁。

　　迁校中，他作为一名基础课青年教师，带头第一批迁到西安。他回忆当时的情景时曾说："要在一年之内，在一片白地上建设一所新的高校，而且在那里给一、二年级学生正式上课，难度的确很大。不过，当时全校上下意气风发，积极响应党中央号召，去完成这个几乎不可能的光荣任务。在来西安之前，大家对西安所知不多，多少都还有种种顾虑。许多同志和他们的亲友都以为西北很冷，风沙很大，饮食和南方不同，生活会很不习惯。像我的亲戚就特地托人从新疆买来一双长筒厚毡靴给我，我也特地买好防风沙的风镜。我当时是单身，离开上海可以说没有什么牵挂，四处为家，生活上也没有多大的困难。然而，对有些老师来说，要带领年幼的儿女到西安，放弃原来上海舒适的生活就不是一件容易的事了。但仍然有很多老同志以国家利益为重，欣然响应党的号召。就拿我们教研室的同志来说，我们的老大姐沈德贤老师，不仅自己毫不犹豫地报名西迁，还动员了在上海工厂里有很好的一份工作的爱人陈国光老师，一起带着三个比较小的孩子和我们共同西迁。他们把在上海虹口原有的住房也放弃了。"

一颗赤子之心　心系祖国发展

杨延篪决心以西迁中的交大教师们为榜样，然而，当他怀着满腔热血为西安交通大学奉献自己的才智时，"文革"开始了。由于父亲、姐姐、哥哥、弟弟都在香港，家庭关系使得他备受苦楚。这层"海外关系"，使他蒙受"特嫌"之名，受到很大冲击。1978年，"文革"结束，党的拨乱反正的政策得以施行。杨延篪给久未谋面的亲人寄去家书。1979年，杨延篪率家眷赴香港探亲，家人极力挽留他在香港定居，并许诺为他提供现代化住房、高薪职位、欧美发达国家签证等。面对至亲的体恤关怀，杨延篪质朴地回答说："我什么都不要，我要的只是祖国的富强。祖国的建设事业离不开我们，我们也离不开祖国，离不开建设社会主义的事业，离不开我们共同战斗的集体，能为她的富强贡献自己的力量，就是我最大的幸福。"因此，探亲假未满，杨延篪就返回学校，致力于已初见成果的"机床切削理论研究"课题中。此前，他与人合作的学术论文已被中国机械加工学会第二届年会评为"达到国际先进水平"，并在英国伯明翰第20届国际机床设计与研究年会上交流。这是中国的研究成果首次展示于国际机床动力学术界。他曾以这篇成果给姐姐举例说："如果我定居香港，成为'无国籍人士'，这些科研成果将不属于社会主义祖国。我怎能抛弃这得来不易、令人自豪的'中华人民共和国'公民身份呢？"

1978年，在与姐姐第一次通信中，杨延篪写道："20多年来，我最值得自豪的，就是我是和全体人民是同甘苦、共患难过来的。虽然我们的生活比不上你们，但我们在精神上是幸福的，我们总算为祖国今天的富强贡献出了自己的力量。"

这一次，姐姐回复道："你苦了半辈子，我一定要使你下半生尽可能幸福，给你一切我能做到的帮助。"

> 我什么都不要，我要的只是祖国的富强。能为祖国贡献自己的力量，就是我最大的幸福。
> ——杨延篪

杨延篪谢绝了姐姐的帮助并告诉她："我生活在祖国，谈不上苦了半辈子，我什么都不要，我只要祖国的富强。"

杨延篪在海外遇到亲人，从不肯接受他们的经济资助，也不因香港电子产品便宜而帮忙代买东西，只用自己生活费中节省下的资金购买。1980年出国，杨延篪还将生活中节约下来的外汇全部上交国家。

> 我最值得自豪的，就是我和全体人民同甘苦、共患难。虽然生活不如家里，但在精神上是幸福的。
>
> ——杨延篪

1980年，杨延篪被派往由国际知名的机床动力学权威托贝斯教授主持的伯明翰大学机械系进修，研究课题是"用微机进行铣床动态验收试验"。杨延篪几乎从未接触过微机，更不用说用它来编译程序了。托贝斯教授担心他难以完成任务，建议其订购编译程序软件。但杨延篪却认为，"我是中国学者，为了祖国的荣誉，我必须拿出成绩来，表明中国学者是有能力的"。于是他谢绝托贝斯教授的好意，从最简单的编程指令学起，两个月后，竟交出了机器码的控制程序——经系所计算机专家鉴定是成功的。之后他又陆

1982年，杨延篪教授查阅外文资料

续完成16个程序的激振试验程序包，不仅在进修一年中顺利取得课题成果，还受邀指导该校的研究人员。1981年11月9日，《伯明翰大学公报》上报道了该校机械系与西安交大订立合作协议一事。报道中，托贝斯教授称赞中国学者"非常能干而且勤奋"。他断言，再过20年，中国人会成为西方可怕的竞争者。所有这些评语，都表明我们在国外的学者用自己的行动为祖国赢得了荣誉。

业务造诣高深　传道授业大师

1985年，杨延篪获得教学优秀奖。他将这次获奖作为教学改革的起点。

于是在1986年，杨延篪主动承担非电类教学改革班的工程力学课程。为了上好这门课，炎炎夏日，他顶着酷暑写英文讲义并用英文讲授。在讲授力学这门课期间，他抛弃传统的教学模式，尝遍教学改革的酸甜苦辣。在国外进修期间，他对伯明翰大学的教学进行了详尽的考察，同时还考察了其他三所大学，并且虚心请教三十六位同行专家。三次出席国际学术会议，他都把教学的切磋交流作为一项重要的任务。

1982年，杨延篪教授在外文期刊资料室

1987年，杨延篪出席了国家标准组织第108技术委员会的年会。与会各国的振动学家对他的研究"用微机进行人体振动分析测试"给予极大的关注。由于这项研究对保护人体健康具有重要作用，杨延篪遂致力于人体振动学这门新的边缘学科的研究。

杨延篪说，"传道授业解惑，传道是第一位"。从1980年开始，他每年都要举办关于爱国主义和共产主义的报告会，在与青年学生的对话中启迪青年心灵。在课堂上，他教过的学生对小数点是不敢马虎的。有这样一个故事，有一个人在他年轻的时候由于点错了一个小数点，结果使课题组一个月的心血付诸东流。杨延篪教过的学生都知道，20世纪50年代大学生的一个口号——"荣誉考试"，知道忠诚老实是做学问和做人的起点。他喜欢与年轻人对话，有时候会把学生请到家里来，与青年人沟通。

正如教育部部长蒋南翔在1981年西安交大校庆大会点名称赞的那样，杨延篪作为一名交大教师，"不贪图安逸生活的享受，谢绝了香港亲友的劝说和挽留，坚决返回学校，为祖国的建设事业艰苦奋斗，并在教学和科学研究方面做出了显著成绩"，这样的同志"在政治上热爱社会主义祖国，在业务上又有很高的造诣，是当之无愧的社会主义人才"。

汪应洛

碧血丹心荐轩辕

人物小传

汪应洛（1930— ），安徽省泾县人。中国工程院院士，卓越的管理科学与工程专家、教育家，中国管理工程教育的奠基人和开拓者之一。1952年毕业于交通大学机械工程系，1955年毕业于哈尔滨工业大学企业组织与计划研究生班。长期致力于管理科学与工程教育事业和科学研究，其理论与方法综合应用于中国工程管理和社会经济发展等重大课题。20世纪80年代以来，率先在中国推动系统工程在社会、经济系统的研究和应用，率先将管理工程、系统工程、工业工程三个领域融会贯通，形成具有中国特色的系统管理学派，做出了开拓性贡献。主持了十余项国家重大课题的研究，创建了崭新的方法论和模型体系，是国内综合应用系统工程与现代管理理论和方法解决社会、经济问题的开拓者。出版有《战略研究理论与企业战略》《战略决策》《管理科学学科发展战略》等22部著作，发表论文200余篇（其中EI检索42篇）。曾获第一届"系统科学与系统工程终身成就奖""复旦管理学终身成就奖"和中国工程院"光华科技工程奖"等。现任西安交通大学教授、博士生导师、管理学院名誉院长，上海理工大学管理学院院长。他是我国管理工程学科的第一位博士生导师和博士后流动站导师，最早提出从工程师中培养管理人才，并且推动了国内培养具有双学位和MBA高级管理人才的教育。2002年被授予西安交通大学"伯乐奖"。

对于很多人而言，承担国家各种重大科研攻关任务的院士们给人的感觉是既令人崇拜又距离遥远。而在中国管理科学与工程领域，每当提起汪应洛院士，人们心中却备感亲近和钦佩。汪应洛院士是我国管理工程学科的开拓者，也是我国系统管理工程学科的大师。2015年，汪应洛院士荣膺"复旦管理学奖"，他说："在60余年的奋斗生涯中，我深刻体会到科学管理乃治国之道。为此，我把毕生精力都投入到我国工程管理学科的建设和工程管理创新研究中。"经过60多年的艰苦奋斗，管理学科一步步发展成熟，从"公众不了解，社会不认可"发展到现在12大学科门类之一，汪院士付出了巨大的努力。

西安交通大学一位老教授说出了很多人都认可的一句话：汪院士凭他的实力和人格魅力获得这个荣誉，既是实至名归，也是众望所归！

在接受采访时，汪院士自信而豪迈地说："虽然我已进入耄耋之年，但依然会继续弘扬西迁精神，为祖国建设贡献自己的绵薄之力。"这让我们真切地体会到了这位老教授身上体现出的无私奉献的西迁精神。

坚定信念　夯实基础

汪应洛，1930年5月出生于安徽省泾县，1937年卢沟桥事变后，随家辗转迁至重庆，1945年抗日战争胜利后举家迁往上海。经历了战争年代，他深知和平得来不易，立志勤奋学习，希望能够实现工业救国之梦。

1949年5月，上海解放，时年19岁的汪应洛同时考取了交通大学和圣约翰大学，科学救国的志向使他选择了民主堡垒——交通大学工业管理工程系。入学后，他更是发奋读书，各门课程成绩均名列前茅。但是，由于我国第一个五年计划在1953年开始实施，国家急需大量的建设人才，汪应洛只读了三年大学就提前毕业。这三年的大学时光，对他产生了难以磨灭的巨大影响；童年时期目睹了抗日战争的残酷，更使他树立了发愤图强、振兴中华的信念。

毕业后，汪应洛就留在交通大学任教。1952年，由于表现优秀，他被学校派往哈尔滨工业大学跟苏联专家进行为期三年的研究生学习。

汪院士回忆起在哈尔滨的这段经历，感到既难熬又欣慰，他说："一个上海人冬天在东北，饮食很不习惯，没过多久就得了胃病，不过令我感到欣慰的是，这三年对我自己而言确实是一种锻炼。我学习了俄文，业务也得到了提高。那三年的学习，让我接受了苏联专家的系统培养，打下了我在管理学上的基础。"

1955年，中央下达文件要支援西部，交大内迁西安。得知这个消息后，汪院士义无反顾地带领全家从黄浦江畔来到古城西安，从此，他就在西安扎了根，与西安交通大学结下了不解之缘。西迁以后，汪院士一直坚持站在西安交通大学的三尺讲台上，一站就是几十年。

> 虽然我已进入耄耋之年，但依然会继续弘扬西迁精神，为祖国建设贡献自己的绵薄之力。
> ——汪应洛

献身教育　鞠躬尽瘁

改革开放后，汪院士有很多机会回到条件优渥的上海，后来，中央部委也曾考虑把汪院士调到北京工作，但汪院士都放弃了。滴水之恩，当涌泉相报。他一直对交通大学抱有一种感恩的情怀，将学校对他的教育、培养铭记于心，希望能贡献出一己之力，为国家的发展培养更多的管理人才，为西安交通大学管理学科的发展尽心尽职尽力。

桃李不言，下自成蹊。在西北这片沃土上，汪院士兢兢业业，呕心沥血，培养了一批又一批的管理工程英才。在国内，汪院士最早提出从有工程实践经验的人员中培养高级管理人才，培养了一批双学位的高级管理工程人才。首批试点培养了一批工商管理硕士，并率先建议国家设立工商管理硕士学位（MBA）。汪院士是中国第一位管理工程学科的博士生导师和博士后流动站导师，先后培养了53名博士，指导了9名博士后以及一大批硕士，其中有的已获"中国优秀青年科学家"称号，多人被评为教授和博导并成为年轻的学术带头人，有些则成为优秀的企业家。此外，他还广泛开展国际学术交流和国际合作办学，主持中国与加拿大管理教育校际合作计划长达十年之久，并创办中加联合培养博士生中心，先后为全国培养博士生近百名。汪院士获得国家教学成果奖两项、省部级教学成果奖一项、"全国高等学校先进科技工作者"等光荣称号。

现在，汪院士已到耄耋之年，可心里依然惦记着如何为国家发展培养更多的管理专业人才，特别是管理工程学科的学术带头人和优秀企业管理家。

他说："青年一代是提高中国管理工程科学发展和企业管理水平的关键，他们是祖国未来的希望。青出于蓝应该胜于蓝，每看到我的一个又一个学生脱颖而出，我都备感欣慰。"

专注科研　高瞻远瞩

汪应洛院士一贯重视科研工作，最钟情的就是科研和教育事业。他认为一个优秀的教师只有具备承担国家重大科研任务的能力，才能为国家建设做出贡献。同时，他身体力行，不断努力提高自己的学术水平，提高发现问题、认识问题和解决实际问题的能力，逐步将管理学由一门边缘学科发展成中国十二大学科门类之一。他自己也成为一位学识渊博、学风严谨的学科带头人。

20世纪80年代，汪院士紧扣时代发展脉搏，与时俱进，不断创新，率先在中国推动系统工程在社会、经济领域的研究和应用，把系统工程和管理科学相结合，让交大的管理学院在国内始终走在前列。他开创性地完成十余项国家级科研项目，先后获得国家科技进步一、三等奖各1项，省部级科技进步一、二等奖8项。2003年当选为中国工程院院士，2008年6月荣获"中国第七届光华工程奖"。

早在2009年，汪应洛院士就已关注大数据。他认为，大数据对管理学科的发展是一个重要机遇。在汪应洛的指导下，西安交通大学管理学院与美国麻省理工学院经过两年多的合作，于2012年成立了大数据研究中心，并在国内最早成立大数据管理专业。

2014年，他又牵头与国家发展和改革委员会联合成立了"改革试点探索与评估协同创新中心"，为国家改革创新的新思路、新举措提供理论支持。

汪应洛院士也一直关注关中—天水经济区，倡导大区域、大战略的发展思维，为促进地方经济发展做出了重要贡献。他还率先引导团队提出"'一带一路'能源通道建设和科教文先行"的思路，这个建议一经提出，就得到国家发展和改革委员会、教育部的认可。在国家大力推进"一带一路"建设时，汪应洛院士于2015年5月在西安交通大学正式发起成立"'一带一路'大学管理学院联盟"，致力于推动联盟内学院之间在人才培养、科技研发等方面的友好合作，为丝绸之路沿线国家和地区的经济建设和社会发展服务。

> 汪应洛院士明白，科学管理乃治国之道。他把毕生精力都投入我国工程管理的科研之中，逐步将管理学由一门边缘学科发展成中国十二大学科门类之一。

屈梁生

不屈人生自当远

人物小传

屈梁生（1931—2007），江苏省常熟市人，机械质量控制与检测诊断领域著名专家、中国工程院院士。1948年考入交通大学，同年底加入中国共产党的外围组织——新民主主义联合会；1949年3月加入中共地下党，为新中国的诞生做出了积极贡献。

1952年毕业于交通大学机械系（现西安交通大学机械工程专业），1955年完成研究生学业后执教交通大学，1958年随学校迁至西安，毕生奋斗在西安交通大学和大西北的黄土地上。

他是西安交通大学机械工程学科、仪器科学与技术学科两个一级学科的学术带头人，在机械制造、动态分析、故障诊断、质量控制等领域，长期进行基础性和开拓性的研究。他所领导的西安交大机械检测与故障诊断研究室，在这一学术领域也独树一帜，硕果累累。

科研教学的先行者

屈梁生教授长期致力于机械质量控制与监测诊断领域的基础性、开拓性研究。洞察国内外的科研趋势，兼收并蓄，提出了许多解决国家重大需求、对学科发展具有启发性和开拓性的见解，堪称该领域科研教学的先行者。

屈梁生教授是国内机械检测与故障诊断学科的开创者和奠基人之一。他的学术成果不仅具有极高的学术意义，被专家们认为是达到了世界先进水平，而且是中国对于世界诊断技术和信号处理技术的重大发展和贡献。同时，也具有极大的生产力推动力。

据不完全统计，屈教授及其团队已经在石化、电力、有色、建材等行业23个大型骨干企业中建立了不同类型的计算机监测系统，产生了超亿元的经济效益。

自1980年以来，屈教授出国访问共计11次。屈教授始终以其敏锐的洞察力时刻关注着世界科技发展动向。

工作再忙，他每周也要花上大把的时间去图书馆翻阅各种资料，尤其是国外相关研究的资料。屈教授时刻保持着科研上的敏感性，追求新鲜的事物，有些事情比年轻人还接受得快。

屈教授的学生也说过，作为一位70多岁的老人，屈教授对互联网信息搜索的熟练程度，让他们都叹为观止。他的"触角"伸得极远，给人的感觉好像是国内外那些最新的进展就在他的口袋里装着，随时都能掏出来。有学生评价道，每每与屈教授交谈，总是会为他雄厚的知识根基和超人的记忆力所折服。

屈教授一生的科研工作，为机械故障诊断领域的技术进步与发展做出了突出贡献。在紧张的科研工作的同时，屈教授也不忘著书立说。他的《机械故障诊断学》填补了我国在这方面的空白，至今仍是研究生的教材。

教书育人的典范

与科研工作同样领先的是屈教授教书育人的工作实绩。作为一位作风踏实、勤恳而又卓有成绩的学者,屈教授坦言最大的幸福不是获得劳动模范或者先进科技工作者称号,而是带出了多名博士、硕士和其他高级人才;为国家培养出了一支年轻的科研队伍,并有幸多次承担国家重大研究项目。

作为导师,屈教授对待自己要求十分严格,力求为学生树立一个好榜样。他虽然年过花甲,但工作日每天都坚持按时上下班,有时比研究生来得还要早。在节假日、周末和工作日的晚上,也常常加班。

学生谢航回忆起自己的恩师时提到,当年他在研究生一年级时上屈教授的诊断课,屈教授当时已经72岁了,仍然在冬日的夜晚站着为学生上课。在学生印象中,无论是周末还是过节,无论在办公室还是在家,屈教授都是坐在电脑前面查阅期刊,编写程序,修改书稿。对于屈教授而言,科研就是他一辈子追求和热爱的事业。

屈教授对于学术工作执着认真的态度,是留给学生们的一笔宝贵的精神财富,是指引学生前进的一座丰碑。《机械诊断的全息谱原理》是在屈教授病情恶化、双手颤抖得无法握笔时,他以难以想象的超常毅力,坚持用单个手指在键盘上一个字一个字地敲出的,见者无不动容。这不仅仅表现出屈教授自己对于学术工作的一种强烈的责任感,更体现出一种常人难以企及的献身学术的人生境界,是屈教授以生命在诠释学术研究的价值所在。

许多人说屈教授严格,可是在他的研究生眼里,严格恰恰成了学生们追随他的理由。学生们认为严师才能出高徒。屈教授对待学生们十分认真负责,潜移默化地向他们传递着自己严谨治学和为学生们负责的态度。

对于学生的论文,屈教授从立论到布局,从遣词造句到标点符号,都一一为学生改过。审阅一篇20页的论文,他往往要修改五六遍。他的学生回忆道,在屈教授病重的时候,有时一只手上还有留置针,另一只手上已经拿上了学生的论文在批改。这样的精神让屈教授的学生十分感动。在论文发表时，屈教授则坚持把自己的名字署在最后。屈教授说，这是他的责任。

屈教授虽然对学生治学要求严格，但是，在生活上对学生的关怀却是无微不至的。屈教授为学生们创造了十分方便的环境，供他们搞科研。屈教授对学生的前途也很关切，他常说："人员要形成良性循环。如果谁能出国深造，我都推荐。"对于刚入校的学生，屈教授也十分关心他们的学习生活，会提前为他们推荐合适的参考书籍和学习资料。屈教授为人十分谦逊，不管是谁，都可以和他平等地交流和讨论学术问题。如果出现争议，他会很耐心地听，并且会亲自去查阅相关文献并编写 MATLAB 程序来验证。

屈梁生教授与弟子在一起

有一次，一个学生和屈教授讨论一个程序，学生认为，老师所用程序的算法有缺陷。屈教授在仔细研究了学生的算法之后接受了他的观点，还亲自回复了电子邮件给这位学生征询其意见。

屈教授对于年轻学子的提携和宽容，也是他为人谦逊的真实写照。屈教授会定期开展学术活动，进行纯学术的讨论，用宽和的语气与学生进行探讨，罕有指教的态度。屈教授常常鼓励学生要勇于提出自己的看法，积极引导学生独辟蹊径，教导学生做学问时不一定也不需要与导师的观点一致，要有突破和发展，这样才有利于学术的进步，才能攀登学术的高峰。对于学生提交来的论文，只要屈教授觉得有发表的可能，他都会认认真真为学生批改，甚至会为学生修改论文中图标的单位。

西迁精神的践行者

屈梁生教授与同时代的绝大多数人一样，成长过程中历经坎坷与磨难。他笑言："酸甜苦辣咸五味人生，都是老天爷赐予的财富。只有经历种种磨难考验而永不退缩的人，才能有所成就。"

60多年前，交通大学按照国务院部署挺进大西北，全校师生不畏艰难，创造出辉煌成就。作为西部大开发的先行者，屈梁生教授这些随校西迁、扎根黄土地的热血青年，如今都已两鬓苍苍或离世。

回首坎坷一生，屈教授感慨万千："一个人的成功，与天赋、勤奋和机遇分不开。每个人都有天赋，也不乏勤奋，但是机遇就不一样了。改革开放后，国家开始大力发展经济，好时代给我创造了难逢的好机遇，使我终于有机会为国家建设做点事。"

屈教授于2007年12月7日因久病医治无效，永远地离开了他热爱的学生和科研事业。屈教授去世当晚，数以百计的师生聚集在校园四大发明广场，用烛光寄托对他的无尽哀思与怀念。

屈教授自己说过："前人栽树，后人乘凉。我们这一代人似乎注定要为新社会的建设而贡献自己。"回望屈教授不凡的一生，在科研条件艰苦的西迁初期，屈教授克服各种艰难险阻，带领团队做项目，出成果。为了完成项目，屈教授和他的团队三天两头要下厂，要爬车间的铁楼梯；由于常年出差，有些同事无暇顾及自己生病的家人，最后家人因为没有及时医治而去世。

有一年，在实地考察"大机组全息动平衡"项目时，一路汽车上下颠簸，在污水塘里蹚了两个多小时。就连国家评奖办的工作人员都忍不住感慨："在西部地区搞一个项目比沿海地区真的是要难得多。"而屈教授正是在这样的条件下，在自己"艰苦创业、无私奉献、开拓进取"的一生中，为学校留下了宝贵的科研成果和精神财富。

对待科研和教学，屈教授秉持着"身在一线，孜孜不倦"的工作态度，经常去图书馆借阅、研读资料，并且自己亲自上机编写程序。1994年，屈教授出访美国，注意到了MATLAB工具，将它引进了当时还无人会应用的国内。引进后，屈教授先是让一名研究生学习这个软件，学会之后再给大家讲解演示，而屈教授自己便坐在第一排认真听讲。自此，屈教授便常常用这个软件来编一些他感兴趣的算法。学生们都纷纷惊诧于自己的老师原来还是一名编程高手。多年勤奋的工作和学习，赋予了屈教授对机械故障诊断学科高瞻远瞩的驾驭能力。屈教授说自己甘当为后人铺路的石子，这是发自内心的真诚话语，是将报国之志深深地融入学问之道，是一种无比高尚的敬业精神和奉献精神，也是胸怀大局、建功立业的生动写照，是西迁精神的最好体现。

屈教授一生勤勉，毕生献身于教育科技事业，热爱学生，严谨治学，勤奋求索，桃李满天下。在科学探索的道路上，他发愤忘食，夜以继日，洒下了无数辛劳的汗水；在教书育人的实践中，他循循善诱，严格要求，展现出卓越的师者风范；他真诚刚直，为人诚恳，胸襟开阔，艰苦朴素，甘于奉献，不为名利，是同事和学生们衷心爱戴的一位师长。

正如屈教授自己说过的那样："要在这条道路上继续走下去，如今已是耄耋之年，来日不多，拳拳报国之心，矢志不渝。虽疾病缠身，与命运抗争，绝不退让。"

正是缘于像屈教授一样甘于奉献、勤勉治学的老教授们的付出，交通大学才能够在西北大地上生根发芽，历经60多年，成长为如今枝繁叶茂的景象。

> 前人栽树，后人乘凉。我们这一代人似乎注定要为新社会的建设而贡献自己。
> ——屈梁生

谢友柏

为了国家的富强　愿意不顾一切去奋斗

人物小传

谢友柏（1933— ），江苏省高邮市人。机械学设计及理论、摩擦学专家。1955年交通大学毕业后留校任教，1957年随学校迁至西安。

曾任西安交通大学润滑理论及轴承研究所所长、润滑理论及转子轴承系统国家教委开放研究实验室主任。1994年5月，被选聘为中国工程院首批院士。

先后开设有机械原理、机械零件、振动理论、流体动力润滑理论、弹性流体动力润滑理论、轴承技术、摩擦学、现代设计等课程。

西安交通大学教授、博士生导师，清华大学摩擦学国家重点实验室学术委员会主任，国务院学位委员会学科评议组成员。

主持完成了国家重要科研项目数十项，作为第一完成人获得科学大会奖、省科技成果一等奖、国家自然科学奖、国家科技进步二等奖、中国机械工程学会科技成就奖等10多项，发表论文200余篇，培养博士31人、硕士39人。

想到谢友柏院士，浮现在润滑理论及轴承领域人士脑海中的图画，可能是一位已至耄耋之年的退休老教授；交大人也会情不自禁地想到，他是20世纪50年代对交通大学西迁做出重要贡献的人士之一。

谢友柏于1955年交通大学毕业后就留校任教，1957年响应中央的号召随校迁至西安，在润滑理论和轴承研究上有重大建树。当我们回忆起西迁那段辉煌时光，不禁感慨万千，曾经充满一腔热血的小伙子，现在已经是年过八旬的老教授——那一方三尺讲台占据了谢院士的一生。

谢院士与同事们经过40余年的共同努力，把其科研团队建设成为中国在流体润滑理论、轴承技术和转子—轴承系统动力学领域内外知名的研究所。

毫不放弃　严谨治学

谢院士所处的年代，条件是非常艰苦的。1959—1961年的三年困难时期、1966—1976年的"文化大革命"，他都经历过。在这种大的背景下，他仍不忘初心，坚守在三尺讲台，一直坚持自己的科研及教学工作。

据谢院士讲，三年困难时期中，他和同事们都是定量吃饭，菜很少，肉更是没有，有时候出差粮票都不够，只能到农贸市场买点干枣顶一天。但是，物质条件的艰苦和限制并没有消磨他的意志，他仍然醉心于润滑理论及轴承研究，期望缩小当时我国在此领域与发达国家的距离。

谢友柏院士在摩擦学的广泛知识领域内，比如润滑、磨损、形貌、流变、传热、振动、材料、工艺、监测等方面，都进行了理论和实践研究，并取得了进展。在此基础上，发展了原有建立在简单摩擦学系统上的系统方法，提出了摩擦学的三个公理和摩擦学（大）系统工程的基本思想和理论框架，并在大型汽轮发电机组和高速透平机械转子轴承系统，以及内燃机缸套活塞环系统的摩擦学、动力学设计上得到理论及应用成果，正在开展以系统状态关联系统结构（跟随性的或可恢复与非跟随性或不可恢复的）变化和性能变化及其用于产品全生命期性能预测仿真的研究。他也因此在2009年获得中国摩擦学学会"最高成就奖"。

人们常说"一根筷子易折断，十根筷子坚如铁""众人拾柴火焰高"。

这些团结协作的精神在谢院士身上体现得淋漓尽致。他和他的研究团队，在西安交大的校园里曾是一个特殊的集体。他们一致的行动方式，在当时被称为"走协作化道路"。他知道孤掌难鸣，一个人的研究是费时费力的，也不会有太大的突破，所以，他要求他们集体拧成一股绳，分工协作，用最少的资源来取得最大的研究成果。

经过与同事们40多年的共同努力，谢院士把一个研究小组发展成研究室，并最终成为中国在流体润滑理论、轴承技术和转子—轴承系统动力学领域内外知名的研究所。同时，他们创办的实验室也被国际同行认为是大学里这一领域中最大的实验室，拥有着国际上最先进的试验台。

热爱科学　服务人民

中国一直坚持科学教育为本的强国之路。作为一名科学研究者，谢院士随交通大学从上海迁至西安时就知道，西迁不仅仅是一所高校的迁移，更是我国建设大西北、发展大西北的开始。他是交通大学的一员，更是交通大学西迁的代表，他知道他身上的使命——要努力地搞研究，发展科学事业，缩小中国与其他国家的距离。同时，他也积极为国家培养优秀人才。

在他和他的团队的努力下，我国不仅在润滑理论和轴承技术领域有了不断的突破，而且还为我国西北的建设留下了许多人才。在谢友柏院士的带领和努力下，摩擦学研究已经成为西安交通大学的优势研究方向，有四位教授担任摩擦学会理事；润滑理论及轴承研究所已成为我国摩擦学重要研究基地之一，建设了"现代设计及转子轴承系统"教育部重点实验室。

谢友柏

在教书育人方面，谢院士非常重视言传身教的作用。他说："教师的职责是培养学生获取知识并掌握运用知识解决实际问题的能力，这份职责光荣而神圣！"

谢院士指出，在现今互联网信息化的环境下，教师们要不断思考，调整教学方法，创新教学模式。不能简单地给学生灌输知识，而是要带领学生在阅读、观察、讨论、实践中寻找知识，培养学生的创新精神，启迪学生寻找社会需求的意识和解决实际问题的动手能力。

谢院士强调，身教大于言传，教师应时刻以身作则，在潜移默化中促进学生的进步成长。在这种理念之下，谢院士已培养出博士31人、硕士39人，并在1995年被评为全国教育系统劳动模范。

谢院士服务西安交通大学60多年，从年轻的小伙子到现在满头白发的八旬老人，60多年的执教生涯，三尺讲台占据了他的一生。但他从没抱怨，至今仍然不退休，继续从事着自己热爱的教育与科学事业。

谢院士在回顾西迁这一段往事时，仍然记忆犹新，他说："我在西安交通大学已经工作60多年了，回顾迁校的那一段经历，还是热血沸腾，那个时候大家有一种精神——为了国家的富强，愿意不顾一切去奋斗。"

现在，已经年过八旬的谢院士，以对科学事业不懈追求的精神，在科学的巅峰上仍不断地前进，努力用自己的生命去点亮科学的殿堂！

> 那个时候大家有一种精神——为了国家的富强，愿意不顾一切去奋斗。
> ——谢友柏

林宗虎
理论与实践相结合的典范

人物小传

林宗虎（1933— ），浙江省湖州市人。著名热能工程专家。1957年，交通大学锅炉专业研究生毕业。1980—1982年，曾任美国迈阿密大学访问教授。现任西安交通大学热能工程系教授、热能工程专业博士生导师等职。曾任国家自然科学基金评审组成员、国家科技奖励机械评委会评委、流体机械国家工程研究中心学术委员会主任、锅炉煤清洁燃烧国家工程研究中心和动力工程多相流国家重点实验室学术委员会委员、香港评审局专家、中国电机工程学会锅炉专业委员会副主任、中国《工程热物理学报》副主编、美国《国际工程流体力学》期刊国际顾问等职。

1988年被授予"国家级有突出贡献中青年科技专家"称号，1989年被授予"陕西优秀科技工作者"称号，1995年被选为中国工程院院士。

已在国内外出版科技著作23部，发表论文200多篇，持有国内外专利17项，培养研究生50余名。已获国家科技进步二等奖和国家自然科学三等奖各1项、省部级科技奖11项。

无所畏惧奔西部

初次来到林院士家中，干净、整洁、有条理是给我们的第一印象。正值冬日午后，阳光布满客厅，正如林院士脸上的笑容一般，格外温暖。86岁的林院士行动敏捷，思路清晰，对过去的岁月侃侃而谈："我的大学是在交大读的，研究生是在1957年完成的。同年的下半年，我就到西安来报到，所以我的工作是在西安完成的。"

当谈及西迁初期的个人想法时，林院士告诉我们："当时，我们的思想状况可能和你们不一样，我们是在中国最弱的时候出生，大家都非常爱国，因为大家都有要复兴中国的愿望。那时候，从小孩儿到大人都有这个心理，中国知识分子还是很爱国的。那时我们受到的是血的事实的教训，像洋人入侵等。现在你们是通过另外一种方式，传媒呀，口述呀，讲故事呀，这个就没有我们深刻。我三岁就从湖州逃难到上海，那时候我们家里经济情况还好，在上海买了一栋楼，住在上海的法租界。1949年以后，大家都很兴奋，看到了由中国共产党领导的中国有了希望。当时有了西迁的号召以后，像我们这样年轻的一代，当然义无反顾——建国的工作应该是由我们来承担的。当时一般知识分子的心理就是听党的话，到祖国最需要的地方去建功立业，这个就是当时青年知识分子的心态。因此，在发出西迁号召的时候，我们并不留恋上海，到东北、西北，越艰苦的地方就觉得越光荣，还有像抗美援朝，支援解放军南下，大家都是坚决要去的。对西迁，大家在思想上没有什么特别的顾虑。年纪大的可能拖儿带女，或由于待在上海的时间长等原因，可能不习惯。对于年轻人来说，绝大多数是积极响应这个号召的。这是交通大学师生对党的无比信任与热爱，以及对建设祖国迫切的希望，当时这是一种现实的反映。"

林院士的一番话使我们意识到，当下持续进行爱国教育与奉献意识教育是多么有意义。虽然我们生长在和平年代，但是，我们仍然应该承担起祖国赋予我们年轻一代的责任。因为年轻，我们有拼搏向上的勇气；因为年轻，我们才能不惧失败，勇往直前。

60多年前的西安市发展得还很不足，各种物质条件和上海相比有很大的差距。谈到两地生活差异上的问题，林院士这样告诉我们："当时，我是觉得很适应的。男同志可能比女同志适应性强一点，都是20多岁的小伙子，到哪里去都能适应。我们那时候没有这么娇生惯养，虽然我家里条件也挺好，我家离交通大学也很近，它在华山路上，我家也在华山路上。那时，年轻人都有一个热血沸腾的向往上进、向往建设中国的目标。到这里来以后，西安市政府对我们照顾得很好，大米要多一点，还定时给我们送鱼，倒也没怎么感到不适应。并且我们刚来的时候，还没有到国家的困难时期，20世纪60年代是困难时期。刚来时为1957年，国家的物产都很丰富，也没感到什么困难。"虽然只有寥寥数语，但是其中对于困难的无所畏惧之感是很明显的。出身优越家庭环境的林院士能够适应并接受西安这边的环境，这一方面来自那一代青年人的崇高责任感和艰苦朴实的作风，另一方面，也来自于交通大学对学生的培养，以及国家和陕西地方政府对西迁事业的大力支持。

潜心研究重实践

现在的很多学生时常抱怨科研压力大，业余时间太少，个性发展空间受阻碍，殊不知老一辈交大人既承担着校园建设的任务，更把学习与科研当作乐趣。谈到初来西安时的业余生活，林院士说："我们来的时候不像现在，一个系有多少人、一个教研室有多少人。我所在的锅炉教研室，是我的老师陈学俊院士兴办成立的。那时候人手比较缺乏，我们有四位苏联专家的研究生，我们毕业以后作为新生力量留在这里。当时除了教学任务，还有学科建设任务。我们学校非常强调理论联系实际，还有和校外锅炉单位的科研合作和开发项目，这些一个接一个都压在我们身上。这样当然也好，担子压得越重，成长得也越快。在工作中，我们学会了多开拓、多实践。"

林院士的话告诉我们，当时交通大学西迁之初，各门学科建设都面对巨大的压力，正是老一辈交大人的辛勤付出才使得交大取得今天的成就。同时，从林院士的话中，我们也得知，办学重在教育，而教育的基础是学科的发展。只有脚踏实地，一步一步探索、思考、总结，才能够促进学科的发展，才能培养出更多优秀的学生。

林院士是热能工程领域的专家，在科研方面的成就很多。在拜访林院士之前，我们就已经知道了著名的"林氏公式"，因而便就此请林院士为我们简单讲讲。他说："这个公式是当时我们参加设计上海锅炉厂一个配有30万千瓦时的发电机组锅炉的任务，要造这么大的一个锅炉，每小时产生935吨蒸汽。这是我们国家第一次设计制造，锅炉里面又有蒸汽又有水，它的汽水分配器是个关键的设备，因为只有每根锅炉管内汽水分得均匀，锅炉才安全，分得不均匀就会爆管。他们邀请我去参加研制这一设备，在参加的时候要测量管内流过来的水和水蒸气混合物有多少流量，它里面有多少汽、多少水，这个都要测量出来。那时，国际上有个通用的办法就是用一个孔板来测量，但现有的两相孔板流量计算式，都只针对一个压力，使用很不方便。当时我就下决心研究一个通用公式，就是各种压力均适用。我们大概是1974年去做实验的，回来经过了大约五年的研究才成功。我的研究方式大概是这样：要做那么多实验是不可能的。我把全世界三十几个学者的实验数据都收集回来，我就有很多压力的实验数据，缺少的我就自己做实验填充进去，然后把这么多的实验数据用理论公式再加上经验数据，把它建成了半理论半经验的通用公式。这个公式在国际上发表以后，国际学术界反应很热烈，认为这是国际上同类公式中最好的一个计算式，他们称为'林氏公式'。这个公式是在一个新的建立方程式的思路下得出的，如果这个公式不对，那么三十几位学者的研究成果就全错了。所以你们以后要学会这种方法，怎么来建设自己可靠的数据。"

林院士不仅自己重视实践，在指导学生时，他同样重视理论与实际相结合，重视培养学生的实践能力。"我们1957年到西安来，1958年陈先生（即陈学俊院士）组织我们到上海锅炉厂帮他们开发新产品。我的研究生论文题目是直流锅炉设计，这是国际上一种新式的锅炉，我们国家尚无人设计过。于是我带着几个毕业班的同学，到那边去参加这个工作。我们和上海锅炉厂合作设计，完成了我国第一台用在电站上的高压直流锅炉，这也是一个亮点吧。以后你们做什么都要做第一个,第二个就不稀奇了。我们一共合作开发了四种新产品。当时,还有几位我的研究生同班同学也去了,然后厂方给了我们三万六千元的设计费。三万六千元现在不稀奇,当时,大家工资只有五六十元钱,三万六千元相当于现在的五六百万。这是我们教研室拿到的第一笔大的钱,是我带着学生去勤工俭学的成果。我们动力系本来是不西迁的,因为我们在西安没有动力方面的结合点。但是,我们动力系的几位老先生坚决要迁,我们就全部迁过来了。我们实力是很强的,我们锅炉教研室培养出来的学生水平很高,例如,我们原校长徐通模教授就是我们这个专业毕业的,陶文铨院士、郭烈锦院士都是我们锅炉专业的毕业生。在全国学科评比中,我们一直名列前茅,不是第一就是第二,企业要毕业生都是要提前预定的。"林院士重视培养学生的创新精神,要让他们敢于涉足未知的科学领地,因此动力系不仅成为交通大学的王牌专业,学生的就业率也名列前茅。谈到动力系的学生,林院士的骄傲之情溢于言表。这是比他取得成就更令他高兴的事了。但林院士却坦言对学生的影响是无形的,这正反映出了他崇高的人格魅力。

2016年3月23日,中国工程院在西安交通大学举行林宗虎院士报告会暨院士传记赠书仪式

> 当时有了西迁的号召以后,像我们这样年轻的一代,当然义无反顾,建国的工作应该是由我们来承担的……我们不回来建设,谁该来建设?
>
> ——林宗虎

家国情怀寄语后辈

林院士既是一位专家，也是一位良师。他见证过中国的苦难，因此更成就了他热爱祖国的品质。林院士曾三次前往美国迈阿密大学工作，但都在完成国外工作后按时回国效力。

在谈到当时的考虑时，他说："我们是第一批大量公派到欧美的访问学者，是在十一届三中全会后派知识分子到欧美去学习和访问的背景下前往的。这要通过很严格的国家外语考试。组织上通知我去应试，但还有十天就要考试。我只准备了十天，结果我的英语口语是全省第一名，我的英语文法是全省第二名，就这样很顺利地到了美国迈阿密大学。我们出去的时候正值'文化大革命'结束，生产很落后，经济很困难，外汇很紧张。当时我们的驻美大使柴泽民，现在你们不认识了，那个时候很有名的，他每个月的津贴是80美金，我们出去以后一个月的生活费是400美金。之所以在国家外汇那么紧张的时候派我们出去，就是要我们学好了回来建设祖国。我们学好了就是应该马上回来，我们不回来建设，谁该来建设？有一些人因为各种原因滞留在美国不回来，而我们是党员，不是党员也不应该这样做，你说是不是？当时虽然我在那边工作得很顺心，但还是马上按时回来，应该把学到的知识投入到祖国建设里面去，做人就是应该这样。这就是西迁精神，第一个是爱国，第二个是奉献。不能为了生活好一点把国家忘了，这是不应该的。"说易行难，但林院士却真正做到了知行合一。在这个很多人向往绿卡的年代，能够坚守住底线的人还有多少？殊不知，爱国就是底线，"我们不回来建设，谁该来建设？"

林院士不仅为国家教育建设身体力行，作为一个交通大学人，更是时刻关注交大的发展。对于目前流行的一个观点——地处西部制约交大的发展，他认为："这个肯定是有影响的，但是要艰苦奋斗呀！党让你去哪里建功立业，你就应该去哪里建功立业、生根发芽，这就是艰苦奋斗的精神。石头里面还能长出草来，人要奋斗，不奋斗马上就不行了。西安交通大学走一步比上海交通大学和清华大学走两步还累。我们陕西省整个是比较贫穷的，这里是落后的，招生都很困难，人家都不愿意到西部来。我们能搞到现在这个样子是很不容易的。"

这或许就是西迁精神的另一个层面：不畏艰苦，勇往直前。交大人身体力行，他们用事实解读了西迁精神，成就了如今的西安交通大学。此外，林院士也高度肯定了西安交通大学在发展过程中的重要机遇。

他认为，为了要使交通大学发展得更好，在国内外的影响更大，离不开对两个机遇的把握：一是建立西部创新港。这不仅是服务于国家一带一路建设的重要措施，也是交通大学获得国家和陕西省支持，实现校地合作推进学校发展的重大实践。二是交通大学15位老教授给总书记写信并得到回信。这表明我们的西迁精神不仅是交大的宝贵财富，也是中国共产党"精神谱系"的重要组成部分。

西迁精神不是现在才有的，是交通大学一直以来的传统。所谓西迁精神在林院士看来，就是爱国、奉献、不畏艰苦、勇敢奋斗。西迁是交通大学的历史，重新弘扬西迁精神，对于交通大学乃至今后的国家发展，都有着重要的意义。

他认为："学习西迁精神使西安交通大学在全国的影响力，对青年的影响力、国外的影响力都有显著的提高。"因此，他对于当代的青年学子给予了殷切的希望，他说："青年人就是应该学习西迁精神，学习爱国奉献，哪里艰苦到哪里去，到祖国最需要的地方去。这是一个永远的精神，不管是什么时代，一句话，考验你的就是周总理身上别着的那个徽章上写着的'为人民服务'。你真的做到了为人民服务，你就是一个优秀的共产党员，就是一个完美的人。"

有人说，成为一个完美的人太难，既然不能拯救世界，那就平凡点儿。但是，平凡不等于碌碌无为，完美更不等于拯救世界。只要我们在有生之年，尽心尽力发光发热，用自己的能力使国家变得更好一点儿，我们就是有用的人。林院士做到了，他用自己的实际行动换得了国家的更好发展。再次向以林院士为代表的西迁前辈们致敬！

朱楚珠

中国女性人口学的创始人

人物小传

朱楚珠（1933— ），女，汉族，安徽省休宁县人，中共党员。

现为西安交通大学教授，博士生导师。

朱楚珠是中国人口发展、妇女发展和社会性别平等领域的著名学者和社会活动家。

1955年进入交通大学工作，1957年随校西迁，扎根西安交通大学，是西安交通大学老一辈开拓者。

她发表论文47篇，撰写或合作撰写的有影响的专著5部，先后获国家科学技术进步一等奖，国家计生委、中国人口学会人口学优秀研究成果一等奖，陕西省科技进步二等奖等，并由于其在改善女孩生存和促进性别平等领域的突出贡献，荣获"中华人口奖"。

致力于中国人口学发展

朱楚珠是国家关爱女孩行动的发起人、推动者和实践者,创立了西安交通大学人口与发展研究所,是中国女性人口学的创始人和杰出代表。

她在人口学、社会学与公共管理领域的开创性研究和社会实践,为推进和发展中国的人口事业,在国际社会树立中国政府计划生育与关爱妇女的良好形象,做出了卓越贡献。

深入浅出,推进计划生育政策宣传。在计划生育政策宣传方面,朱楚珠于1978—1985年间进行了人口与计划生育的科普宣传,走遍了27个省区,先后宣讲2 000多次,听众对其评价:深入浅出,平易近人。《光明日报》《健康报》《中国妇女》均发表专评,称其能够"晓之以理,动之以情"。

实事求是,客观看待计划生育政策。在忌谈计划生育政策副作用的大环境下,朱楚珠所带领的团队实事求是,敢讲真话。其著作《计划生育对中国妇女的双面影响》一书,对我国计划生育政策进行了实事求是的客观分析,正确认识了我国计划生育的成就与问题。该著作一经出版,就引起了我国人口学者和实际工作者的广泛关注,并受到学术界的充分肯定和高度赞扬。

先做后说,携团共进,提高妇女地位。朱楚珠所带领的团队在1989年间,因地制宜,为陕西洛川打造"十年发展规划",不仅让洛川红富士苹果走向世界,还大力提高了当地妇女的社会经济地位。当时的联合国副秘书长拉斐尔萨拉斯到洛川考察,对朱楚珠团队为当地培养了充满希望的新一代的行为表示赞许。美国《华盛顿日报》则以"先做后说"为题做了相关报道,充分肯定了团队的努力。

理论联系实际,促进性别平等。朱楚珠注重并践行理论联系实际,通过对女童死亡率的研究,建立了世界上第一个,也是唯一一个"改善女孩生存环境试验区",直接推动了国家关爱女孩行动。作为一位学者,朱楚珠以深厚的学术造诣与无怨无悔的投入和付出,为中国社会转型期女童与女性的生

> 随着交大西迁,朱楚珠来到西安,西安也成为她的第二故乡,"当时很年轻,来了就来了,觉得是很自然的事"。

存与发展做出了卓有成效的贡献。

落其实者怀其树　饮其流者思其源

朱楚珠是一位率真的老人，她长期关注和从事改善女孩生存问题的研究和实践，被认为是中国改善女孩生存理论研究、政策分析、社区实践、国家战略行动和公共政策创新的发起者、推动者和实践者，成为中国人口学研究的一面旗帜。她在人口、社会、妇女发展等领域做了大量的开创性研究，取得了一系列学术成果，影响了中国的人口发展战略。

作为理论与实践相结合的优秀学者之一，朱楚珠在陕西、安徽的农村田野都留下了脚印；在联合国的学术讲台上，我们能看到她的身影；在国家决策的会议上，有她的发言。对朱楚珠而言，成就不是在书斋中的皓首穷经，而是读万卷书、行万里路。

1956年，朱楚珠随交通大学迁到西安，西安就成为她的第二故乡，"当时很年轻，来了就来了，觉得是很自然的事"。

相比上海的生活环境，建校之初的西安交通大学条件颇为艰苦。"一幢行政楼，两栋教师宿舍，没有家属楼，甚至还在学校里见过狼。"朱楚珠微笑着说。当时，她在马列教研室，给学生讲授政治经济学。

1978—1985年，国家计划生育政策刚刚开始实行，因其与中国几千年的传统生育观念有较大差异，推行起来困难重重。朱楚珠走出象牙塔，在国内进行计划生育科普宣传工作，足迹遍布全国。

1990—1995年，朱楚珠开始主持联合国人口基金课题——中国农村妇女就业与生育率专题研究，从理论上提出要降低妇女的生育率，在促进女性就业的同时，必须构建新型的男女平等的生育文化，最终促使生育率降低。

为此，她带领团队与原国家计生委合作，建立以提高妇女地位、降低生育率为中心，全国23个县参加的社区发展网络。朱楚珠关于妇女就业和生育率关系的研究，拓宽了20世纪70年代中期世界范围内关于就业和生育率之间关系研究的视野。她结合陕西经济欠发达、传统观念根深蒂固的实际,在陕北开展男女平等生育文化的研究,开启了关注妇女、关爱女孩的先河。

"在早期对中国女性死亡特征的研究过程中,我们发现,中国0~4岁的女孩死亡率超过男孩,没人能回答为什么,我们一直想做一次关于死亡原因的调查。"1990年初,朱楚珠开始关注改善女孩生存环境的研究。

1998年之后,她深入研究农村女婴死亡率偏高的问题,每年三分之一的时间都在农村。她率先揭示中国存在偏高的出生性别比和女婴死亡率问题,发现了女婴死亡率偏高的根源是偏好男孩的旧生育文化,并明确提出,可以通过传播男女平等的新型生育文化来改善女孩生存环境,降低女婴死亡率。

为此,朱楚珠推动了一系列改善女孩生存环境的社会实践:1998—2000年,她推动建立了由全国39个县区组成的"社区发展网络",在"婚育新风进万家活动"中,开展改善女孩生存环境的社区培训和实践活动;2000—2003年,她的团队与安徽巢湖市政府合作,建立国内外第一个改善女孩生存环境试验区,系统开展改善女孩生存环境的政策创新、社区发展和实践工作;2002—2005年,她在安徽推广关爱女孩工程,并于2006年被国务院定为国家战略性的关爱女孩行动,并将长期进行。关爱女孩行动,从无到

朱楚珠

有、从小到大,终于成为国家级的公共政策和战略行动。朱楚珠无疑是这一公共政策的主要设计者和推动者,实现了从科学研究到实践的飞跃。朱楚珠说,在研究中国儿童生存的性别差异,以及在这个理论研究基础上所做的实践,是最令她感到骄傲的事。

朱楚珠以其敏锐的眼光捕捉前沿问题、现实问题,以一套科学的方法研究实际问题。她在人口学、社会学与公共管理领域的开创性研究和社会实践,为推进和发展中国的人口事业做出了卓越贡献,有力地提升了我国在世界人口研究领域的话语权,树立了中国关爱女孩与女性生存与发展的良好的国际

形象。当问到朱楚珠为什么坚持走这条研究现实问题进而推动国家战略决策制定的道路时，她说："那是因为在我们这一代人的心里，有着对人口科学的职责，有着对科学的忠诚，有着对我们国家和人民的责任。"

八十年爱满天下　六十载桃李芬芳

朱楚珠从教60多年来，一直致力教书育人，桃李满天下。在她八十寿辰暨从教六十周年庆典仪式上，她的同事、朋友、学生、合作单位纷纷献上最美好的祝福，祝愿她身体健康，福泽绵长。

张迈曾在致辞中回忆了与朱楚珠教授交往近40年的时光。他说，在自己的成长过程中，朱楚珠的指点、关心和爱护增强了自己的信心，给了自己上进的动力。所以，一定要表达一份感谢与感恩的心情，祝贺朱楚珠教授从教60年，桃李满园，学术成就斐然；祝愿她永远保持健康的身体、愉快的心情，继续书写生命传奇……

郑南宁在致辞中表示，朱楚珠开创了中国女性人口研究学科，并且带领出一支非常优秀的团队。她在耄耋之年依然耕耘不辍，活跃在学术研究的前沿。正是由像朱楚珠这样的一批老教授，汇成了西安交通大学绵绵不绝的文化长河。对老师的教育的感谢，最重要的就是，学习和继承他们的治学精神和爱护同学的一颗心。回报老师最好的方式，就是把他们的精神传承下去——这也正是西安交通大学的文化。

中国人口学会会长张维庆在贺信中写道："您为中国的人口和计划生育事业，为中国妇女儿童的健康、幸福倾注了满腔心血，进行了许多重要调查研究，取得了许多难得的科研成果。您的执着、敬业、严谨求实的态度和作风，给我留下深刻的印象，也是年轻的学者应该很好地学习的。您的热情、谦和、爱心和善良的品德，也深深地感染着我和周围的同志、朋友，确是新中国杰出的女性之一。"

他还委托大会向朱楚珠教授赠送他亲笔书写的"人生八十年爱满天下，从教六十载桃李芬芳"的条幅。

> 朱楚珠教授的一生都致力于推动关爱女性行动、改善女孩生存环境的社会实践，建立了世界上第一个也是唯一一个"改善女孩生存环境试验区"，成为中国女性人口学的创始人。

孟庆集

真才实学建四化

人物小传

孟庆集（1933— ），内蒙古自治区鸦鲁人。1956年7月，毕业于交通大学动力机械系涡轮机制造专业，留校在涡轮机教研室任教。1957年9月，随交通大学从上海迁至西安，在校工作，直至退休。

主要从事教学、培养研究生和科学研究工作。

研究的主要方向是涡轮机结构和强度、振动计算。

他结合生产实际在处理汽轮机叶片断裂事故方面具有重大成就，被评为国家级有突出贡献的中青年专家。

饮水思源　一丝不苟

1951年，孟庆集从上海市立高桥中学毕业，参加高考。考试结果出来之后，孟庆集看到自己被交通大学录取了，他们全家都非常高兴。

正式开学以后，孟庆集得以和来自全国各地的优秀学子共同学习。这让他既感到高兴，又感到有压力。所以他时刻鼓励自己一定要好好学习，报效交大，报效祖国。

大学毕业后，孟庆集留校在涡轮机专业当助教。当时，教研室专门安排他辅导毕业设计、汽轮机原理课、强度课（全称为汽轮机结构和强度计算）。

孟庆集在图书馆学习

教研室后来成立了强度教学小组，孟庆集成为强度教学小组的组长。

他一边讲解强度课，一边讲解气轮机装置课。装置课大部分都是给外专业即内燃机专业、热能专业开的，强度课则是给本专业开的。

除了日常教学任务外，晚上孟庆集还辅修德文，并自主学习特劳培尔理论，即德国专家的专著《热力透平机》。这些对孟庆集以后的科研和工作都有很重要的影响。

孟庆集对科研的一丝不苟使得他对学科基础理论非常重视，他认为科学理论对科研和教学都具有很重要的指导意义。他特别喜欢深挖理论背后的细节问题。

有一次涉及特劳培尔强度理论，他就给学生细细解读：离心应力也叫静应力。静应力的定义就是说，它不变动，好比1 000千克/平方厘米，它老是这个数；汽轮机转起来以后，发电的每分钟3 000转不变，这个叶片所在的位

孟庆集（中）和他的老师陆振国（左）、蔡颐年（右）先生

置不变，即半径不变，叶片的质量不变，这三个不变，应力就不变，它是不变值，这就叫静应力。叶片同时还振动，这个振动的激振力是哪儿来的？是气流有脉动造成的，造成叶片上面还有弯曲性的振动应力，好比是50千克/平方厘米。汽轮机叶片运行的时候往这边振动，计算点是压缩，就是负50千克/平方厘米。振动到另一边以后，计算点就变成拉伸了，那么就是正的50千克/平方厘米。振动中正负不断地变动。平方厘米就是面积，千克是受力。振动应力通俗讲，就是动应力。汽轮机运行时，叶片受到静应力和动应力的复合作用。在强度书里，无论设计什么零件，都要校它的安全性。可见，孟庆集对学术理论的探索已经到了炉火纯青的境界。

成果卓著　奉献西部

随校西迁之后，孟庆集在潜心科研的同时，为陕西省工业建设做出了很大的贡献。20世纪70年代初，我国从德国进口了8台50 000千瓦汽轮发电机组，在陕西、四川和云南的电厂安装运行。

当时，陕西省组装了3台机组；在渭河电厂装1台，户县电厂装2台。

这两个电厂都是陕西省的主要电厂,当时还没有宝鸡电厂和秦岭电厂。

引进了这套设备以后,出现了意外情况:连续发生 16 级叶片断裂事故,其他级叶片也接二连三断裂。先是原制造厂(德国 Bergman 工厂)对 16 级叶片进行了重新调试维修,做了调频,但是,结果并不理想。

在问题处于焦灼状态时,电力部门(陕西省电管局)委托当时的电管局中心试验所对这个 16 级叶片进行事故分析和改型设计,并到西安交通大学寻求帮助。教研室就让孟庆集参与并主持这一重要项目。

经过包括孟庆集在内的各位专家的努力,问题不但得以解决,而且还设计出了新的叶片。这一新的叶片不仅通过了审查会议,而且也投入了制造。

新叶片制造出来后就被电厂进行安装使用。经过一年运行,定期检修时叶片完好无损,后来多次检修依然完好。尔后,孟庆集团队创新发明出来的新叶片得以推广,最先是装在渭河电厂,后来包括外省的全部 8 台汽轮机都装上了新叶片。

经过用户、电厂的试验、鉴定和证明,换装了这个新叶片以后,机组在同样的蒸汽流量下,能够比换叶片以前多发功率 1 750 千瓦,每年每台机组将要多生产电量 1 400 万千瓦时。全国 8 台这个类型的机组取得了每年多发电 1.1 亿千瓦时的直接经济效益,每年增加净收益 700 万元以上(数据摘自渭河电厂、户县电厂使用改型叶片的经济效益证明)。

1979 年,孟庆集获得了陕西省科技成果一等奖;1984 年,又获得了教育部单项年经济效益百万元以上的科研成果;1986 年,获得了国家教委优秀科技成果奖。当年,孟庆集改进的这个技术为国家创造了 700 万元的经济效益。

1980 年 5 月 30 日,陕西科技成果颁奖大会上孟庆集荣获一等奖

交大西迁之后,孟庆集教授全身心投入科研事业,而且为解决国家工业化进程中的技术问题做出了突出的贡献。

顾全大局　学者本色

交通大学西迁之后，孟庆集全身心投入科研事业，而且为解决国家工业化进程中的技术问题做出了突出的贡献。在20世纪70年代的一个事故分析会上，孟庆集就凸显出了顾全大局的学者本色，为西安交通大学的学术声誉增砖添瓦。

这次事故分析会是在1979年4月召开的，会议由化工部组织，参加单位和人员有汽轮机厂、各大高校，以及运行部门的技术人员，共40多人，预期一周结束。西安交通大学的孟庆集和教研室强度组的吴厚钰老师参加了这次会议。

据孟庆集回忆，会议开始的头两天，各方面代表都讲自己对这个事故的看法，各讲各的，讲完后，大家发现依然摸不着头脑。因为事故涉及的机器是进口货，买外国机器有一个问题就是，既没有图纸，也没有设计计算书，所需资料（包括最基本的计算，比如事故叶片的强度计算书、振度计算书等）大多都没有。

在这种情况下，孟庆集建议会议组要自力更生，自己组织一些计算，按照计算出来的基本数据来进行事故分析。会议组采纳了这个建议。根据厂方对断叶片作的测绘图纸，孟庆集带领西安交通大学毕业的涡轮机专业的学生连夜进行了最初步的计算。到了会议第三天，孟庆集一行人就把计算结果在会上做了报告。主持这次会议的是化工部化肥司的司长朱学儒。他看了孟庆集的计算数据之后，就建议休会两天，由孟庆集和吴厚钰老师再次组织进行计算和分析，然后向他汇报。

尔后，孟庆集和吴厚钰老师就把参会人员分成了四个组，各小组分头进行计算分析。两天之后，大家对结果进行了充分讨论，并达成一致。每一个参加会议的人对会议所取得的进展都感到满意和高兴。计算结果说明了振动强度不足是设计的缺陷，要从根本上消除事故就必须重新设计，也就是要重新设计新的叶片和转子。这些都归功于孟庆集当时所提出的自己动手、自己计算的提议。孟庆集回忆起这个事情时分享了自己的体会：西安交通大学的声誉使他在参加各项工作和会议（比如事故分析会、鉴定会、学术讨论会）时，总会受到重视。所以，他每次都要求自己，参加这种活动都要认真努力工作，只能给西安交通大学声誉添砖添瓦，决不能给西安交通大学丢面子。这也是他参加校外活动的重要动力。

实事求是　精益求精

改革开放初期，我国引进了一种大型化肥成套设备——30万吨合成氨装置，共引进了三套：一套装在南京，一套装在安庆，一套装在广州。南京引进的这套设备的一个关键汽轮机高压转子连续发生了三次叶片断裂事故，因此要和国外的设备制造厂商就索赔进行谈判。1979年4月召开的事故分析会就是为这个谈判进行准备的。来自国外的设备制造厂商的谈判专家是工业汽轮机厂的总工程师，我方则以孟庆集为主要谈判代表。

第一天谈判，对方的技术主谈（总工程师）首先阐述了有关叶片振动的理论，接着对事故进行了分析，提出了他们的看法。他认为，事故是由汽轮机叶片附件的技术性问题引起的，只要对叶片顶部稍加修改，就可以安全运行，并把三份计算报告和分析报告交给孟庆集，其中一份就是设备制造厂专门邀请汽轮机权威——德国的特劳培尔教授进行的强度计算和分析报告。孟庆集对这份报告背后的原理还是非常精通的，而且对对方技术主谈的计算方法和安全校核准则也是十分熟悉的。孟庆集先扼要讲述了特劳培尔教授的动应力—静应力复合校核强度理论的核心内容，并把从学校图书馆带来的特劳培尔原著取出放在谈判桌中间。这个理论确实成为这次谈判双方都承认的安全校核准则，但是，孟庆集还提出了不同的看法。他认为，事故叶片振动强度不够是损坏的根本原因。第一天谈判结束后，尽管双方对事故原因的看法不同，但对方总工程师却对孟庆集的技术理论水平给予了高度评价。他还说："我们对特劳培尔教授著作的了解没有孟庆集多。"

第二天谈判，焦点就集中在发生事故的原因上，双方争论很激烈。为了打破双方坚持己见的僵局，孟庆集拿出了两份来自客观实际的依据：一份是事故发生时机组仪表显示的振动曲线，一份是留在轮槽内的叶片根部的断口，以此来证明我方对叶片断裂事故分析原因的正确性和科学性。这时候，会场的气氛明显对孟庆集有利。可是，下午的谈判一开始，对方突然提出一个问题，由于双方各自的计算方法不同，得出的计算结果也不会一致，表示不认可孟庆集方面的计算结果。同时，一再强调他们只遵循自己专利的原则和特劳培尔的计算方法。当天晚上，孟庆集又用对方的数据、特劳培尔教授的计算方法和安全准则，一项一项分析。同时，也把他们的计算结合进去，并且把对方连日提出的问题归纳成八个方面，逐一做了论证。

第三天谈判中，孟庆集就双方争论最大的问题做了全面的论述。他把这八个方面一项一项讲，每讲完一项，都停下来征询对方的意见，但对方的总工程师和总经理都以语言和手势示意请孟庆集继续讲下去。孟庆集从多方面解答了谈判以来争论的问题，全面论证了事故的发生完全是由于设计上的缺陷造成的这一科学性论断。当孟庆集发言结束之后，对方的总经理说："孟庆集对事故的分析是清楚的，符合实际的。"双方的技术专家充分地交换了意见，随后转入商业谈判。尽管商业谈判还有点争论，但叶片改型设计的前提已经确定。双方经过对某些细节问题的磋商后达成协议，对方同意为中方重新设计制造四个新转子，因为有三套设备，三个厂各一个转子，还提供一个备用转子。这次谈判凸显了孟庆集实事求是、精益求精的科研精神，也让对方技术专家心服口服。立足于西北的交大人在危难之际尽显英雄本色！

从孟庆集的经历中可以看出他对我们国家科研事业实实在在做出了很大贡献。那种一丝不苟的精神，不管是应用到科研事业之中，还是学习生活中，都是值得学习和倡导的。孟庆集的开拓精神是我辈学习的榜样，将鼓励一代又一代人追求进取，不断取得成果，为国家的科研事业继续做出贡献，为人民的幸福生活继续奋斗！

俞茂宏
双剪理论破解世界难题

人物小传

俞茂宏（1934— ），浙江省宁波市人。

1951—1955年就读于浙江大学，毕业后历任西安交通大学助教、讲师、副教授、教授。

长期从事材料强度理论和结构强度理论的研究。先后提出双剪力屈服准则、广义双剪强度理论、统一强度理论，以及平面应变问题的统一滑移线场理论、平面应力和空间轴对称问题的统一特征线场理论等。

俞茂宏提出的双剪力学模型、双剪强度理论和统一强度理论，已被国内外学者大量引用和应用，并且每年在很多大学有关课程的教学中得到应用，受到大学生和研究生的广泛欢迎，取得了良好的社会效应。

统一强度理论是第一个被写入基础力学教科书的由中国人提出的理论。

执着坚守　一剑磨成五十载

1958年，一个看似偶然的机会，使年仅25岁的俞茂宏一头钻进了塑性屈服准则和强度理论的研究领域。这一钻，几乎就是一辈子。

祖籍浙江宁波的俞茂宏身上有一种南方人的温文尔雅，但骨子里更蕴含着一股不达目的不罢休的韧劲。俞茂宏的童年正逢烽烟四起的抗战岁月，父亲本是一位工程师，因不愿为日本人工作，带着全家迁到乡下，这给年幼的俞茂宏以极大的刺激和警醒。

俞茂宏从小就树立了努力学习，用科技知识报效祖国的远大志向。1955年，俞茂宏以优异成绩毕业于浙江大学土木工程系，分配至当时的交通大学数理力学系任教，后随交通大学内迁西安，从此扎根西北大地。

1959年，担任助教工作的俞茂宏在进行材料强度实验时发现，实验结果与基于经典强度理论计算所得的结果总是无法很好吻合。到底是什么原因呢？俞茂宏请教了很多专家，仍然没得到满意的回答。

事实上，当时学术界有一种普遍性观点，认为强度理论作为经典力学的一个分支，已发展得较为成熟，很难再出有价值的研究成果。工程力学领域的权威学者——德国哥廷根大学沃依特教授更是直言不讳地指出："强度问题是非常复杂的，要提出一个单独理论有效地应用到各种建筑材料中是不可能的。"然而，年轻的俞茂宏没有因此而打退堂鼓，没有人给他下达过这样的科研任务，更没有经费支持，他依然坚持理论探索。在俞茂宏的眼中，科学研究不是任务，而是自己的信仰。

于是，在繁重的教学工作之外，俞茂宏利用业余时间，一个人走上了一条寂寞、清苦的探索之路。甚至在非常艰难的时期，他仍然利用一切可能的条件，在为理论创新搜集资料，苦苦思索。

功夫不负有心人。1961年，俞茂宏提出"双剪"概念，并推导出双剪应力屈服准则，突破了"最大剪应力"这一传统的"单剪"概念。

1985年,他在国际上首次提出更为全面的"双剪强度理论",被视为对强度理论的重大突破。在此基础上,俞茂宏于1991年正式发表统一强度理论公式,将各种单一的准则和理论发展为"统一强度理论"。他没有就此止步,而是在此后的20年里继续潜心研究,让理论更加趋于完善,使其具有更广泛的应用价值。

2011年,俞茂宏的双剪统一强度理论及其应用在当年一等奖空缺的情况下,获得国家科学技术奖自然科学二等奖。

目前,统一强度理论已经被国内外有关学者推广应用,引入结构分析计算软件,并应用于机械、航空、土木、水利、岩土工程等多个领域。同时,双剪统一强度理论作为原创性基础理论,已被写入《中国水利百科全书》(第二版)《工程力学手册》等310多种学术著作和教科书。

俞教授一方面对强度理论进行研究,甚至把结构力学的理论和现代试验方法应用到了古建筑结构力学研究中。

西安古城墙、钟楼和鼓楼,都是国家重点保护文物,是国内现存最完整、规模最大的古城垣和建筑群之一,具有重大的历史价值、艺术价值和科学价值。

1983年,城墙箭楼产生多处裂缝,地面开裂,出现险情!国务院专门成立了"北城门箭楼抢险工程指挥部",俞教授与工程指挥部合作长达9年。他利用专业知识做了大量试验和研究。此后,他又参与了东城门城楼、鼓楼、钟楼和城墙等国家重点保护文物的修缮工程。

俞茂宏的研究内容开始涉及箭楼的不均匀沉陷、开裂及城墙承载力,钟楼周围的噪声,城楼、钟楼、鼓楼抗震性能,防空洞和渗水对城墙稳定性的影响,进行了古建筑现场破坏试验,研究古建筑的未知特性。

俞茂宏把结构力学的理论和现代试验方法应用到古建筑结构研究中,将建筑研究的三大原则——历史性、艺术性和科学性结合起来,改变了以往历史性、艺术性研究居多,科学性研究偏少的研究状况。现在,对国家重点保护文物古建筑的保护和科学研究的重要性,已为世界各国所日益重视。有的被定义为"全世界共同的文化财产"。

言传身教　春风化雨润桃李

俞茂宏从不说教，但他以对科学的不懈追求和对科学问题执着专注的实际行动，影响着每一个青年学生。在潜心强度理论研究的同时，俞茂宏丝毫未曾忘却他作为一名教师的天职。"精勤育人"是对他人生价值另一个侧面的最好概括。自身的研究经历，使俞茂宏始终信奉兴趣是最好的老师。他在培养学生时也非常注重引导学生以兴趣为出发点做研究，从来不强加干涉。现任西安交通大学航天航空学院副院长的李跃明对此感触颇深。

李跃明于 1982 年考上俞茂宏的研究生，跟着老师学习了三年后又一同工作多年。他回忆说，俞茂宏给学生的自由度很大，强调要做自己感兴趣的事。李跃明说，第一次上俞茂宏的课是在大四的时候，当时他选修了俞茂宏的《宏观强度理论》课程。俞茂宏讲课内容涉及面很广，信息量很大，让他知道了很多学术上的新鲜事。考试的方式也比较特别，不是常规答卷的形式，而是自己看材料写报告。那时的他就知道，跟着俞茂宏不会错。而最令李跃明印象深刻的，是俞茂宏着意引导自己对阅读的兴趣和养成博览群书的习惯："那时，西安钟楼附近有个外文书店，俞老师骑着车子领我去买书，教我如何查资料，还曾专门把我派到北京图书馆（现国家图书馆）查阅复印资料、借书。"

"要做好学问，先要学会做人。"对长安大学副校长赵均海影响最深的，则是老师这种以身示范、工作中脚踏实地、严谨认真、不计名利、乐观进取、一步不停地做着自己喜爱的研究的人生态度。1989 年，赵均海在清华大学参加材料力学实验研讨会时，与俞茂宏初次相识。1993 年，他如愿考取西安交大实验力学专业的研究生，并于一年后转入俞茂宏门下攻读固体力学博士学位。"毕业后每次去俞老师家，都能看到老师仍在坚持做事，似乎不知自己老矣！坐在计算机前专注地输入手稿，查阅文献……看到将步入耄耋之年的老师都还如此努力，我哪敢有不进取之理？"

每当想起和老师一起通宵做实验、春节前后在老师家里修改论文的日

"科研是俞老师的人生，生活中的他想的仍然是科研。"

子，方东平也是不由得感慨万千。"科研是俞老师的人生，生活中的他想的仍然是科研。""每次和老师接触，总有一种'内疚感'。作为学生，跟老师的距离还差得太远。"俞茂宏指导过的博士后——长安大学教授高江平说。"多读书，安安静静做学问。"俞茂宏常对学生说，"明星在舞台上，看似鲜花簇拥，但是，到了台下，这些都会消失，一定会感受到巨大反差，而我们大多数人大多数时间的生活，都是平淡的生活。"他希望同学们能够以平和的心，在专注的研究中去感受科学的魅力。

"淡泊明志、宁静致远"是俞教授毕生追求的人生境界的最好写照。他说只想把学问做好，其他的事没想过那么多。

甘为人梯　学子成长心所系

"几十年出这个成果，只能说明我的研究进展实在太慢了！"说起荣誉，俞茂宏只是用这一句话来总结。他心系科研，一心关注学科发展，关注青年学子成长。说起这点，高江平显得有些激动："我曾私下里和俞老师说，和你的付出相比，你得到的报酬太少了。但是，俞老师只是一笑而过，他说，他只想把学问做好，其他的事没想过那么多。"

在西安交通大学机械结构强度与振动国家重点实验室，俞教授通过长达半个世纪的潜心研究，破解了基础力学理论领域的世界性难题，使中国人创立的理论第一次写入了材料力学和工程力学教科书。2015年11月4日，年过八旬的俞茂宏因在双剪统一强度理论方面的独创性贡献，获该年度何梁何利基金"科学与技术进步奖"。而仅仅一个星期后，他就将20万港币的奖金全部捐赠给学校，用于设立力学学科优秀研究生培养基金。"我只是在自己的岗位上做了很平凡的工作。这些荣誉并不只属于个人，而是集体努力的结果。将奖金回馈给学校，是希望这项奖金能起到示范和杠杆的作用，激励年轻的学子奋发向上。"说起捐款原因，满头银丝、精神矍铄的俞茂宏如是回答。

熟悉俞茂宏的人都知道，他的爱人这几年一直卧病在床，家里的生活条件并不富裕。在获得何梁何利奖后，很多人都劝他留下这笔奖金。李跃明告诉记者，得知俞茂宏要把奖金捐出来，考虑到各方原因，他和院里的领导都曾劝过俞茂宏，可俞茂宏的态度非常坚决。"我们知道，他是一心在科研，在学科发展和人才培养上。"说起此事，李跃明感慨万千。"西安历史悠久，人杰地灵。在西安交通大学这片土地上，大诗人白居易曾居住在此，这里是该出人才的地方。"俞茂宏希望这笔资金能成为一个源头，将来汇聚成一个基金池，激励青年学子，吸引更多的优秀人才投身于力学学科的基础性研究。

俞茂宏对科研一丝不苟，可在生活上却要求很低。赵均海说，有一次去看老师，师母不在家，他一如平常地忙于学术研究，到了饭点，半个西瓜和一包麦片就解决了午餐。赵均海有些心酸和不忍，但他却乐呵呵地说："挺好的啦！"在记者的采访过程中，俞茂宏始终是那么谦逊和淡然，对付出和成绩，他总是轻描淡写，不愿多谈；朴素的话语间流淌着的，全是对研究工作、育人事业的热爱和牵挂。

俞茂宏不管是对科研还是对待生活，都是非常认真的。他不拘泥于本学科领域的发展，将自己所学理论和研究理论应用到其他领域，对其他领域也做出了很大贡献。老教授精神依旧，生活从容，是我们年轻一代学习的榜样。对科研一丝不苟的精神值得我们每一个人去学习——学习老教授不忘初心，学习老教授的工匠精神。作为一名交大学子，必须弘扬老一辈的西迁精神，艰苦奋斗，自力更生，时刻牢记使命，更好地为国家做贡献，为人民谋幸福。

初冬的暖阳照在俞茂宏满头银发上，让这位老人显得分外慈祥和安静，也让人心间不由得生出一种温暖和感动。丹青难写是精神，也许"淡泊明志、宁静致远"这句话，就是俞教授毕生追求的人生境界的最好写照。

姚 熹
我国铁电陶瓷领域的领航者

人物小传

姚熹（1935— ），江苏人。

1957年，毕业于交通大学并随校迁至西安。现为西安交通大学国际电介质研究中心主任、"电子陶瓷与器件"教育部重点实验室学术委员会主任。

1982年，获美国宾夕法尼亚州立大学固态科学博士学位；1991年，当选为中国科学院院士；2007年，当选美国国家工程院外籍院士。国际知名的材料科学家、国际陶瓷科学院院士、我国在铁电陶瓷研究方面的主要奠基人之一，并被国内外同行看成是我国在这一领域的学术带头人和代表。

国家需要即是方向

　　电子陶瓷在现代社会的广泛应用，令姚熹备感自豪。但是，他对这一领域的研究却是一个偶然。1953年，18岁的姚熹被保送进入交通大学电机系，当时大部分学生都选择特别热门的电机专业，而电气专业几乎无人报考，一个班不到20人。于是学校积极动员并提出希望，姚熹同几个同学商量之后，主动放弃热门领域，报考了大家都不熟悉的电气绝缘与电缆专业，研究电介质。在其后的研究中，逐渐从电介质转向电子陶瓷，最后在铁电陶瓷领域开始研究。他幽默地说，自己是一不小心踩到这个泥潭里，就陷下去了，一陷就是一辈子。在多年的研究生涯中，姚熹所从事的电介质和电子陶瓷学术研究，无论从科学的角度，还是从工程的角度，都不是大学科领域中的主流，往往不被重视，用他自己的话来说，只是个配角。但是，在他看来，配角也是很重要的；没有配角，主角的戏一定没办法演好。谈起从事这一领域研究的初衷，姚熹很坦然地说："那时候的想法很简单，国家需要嘛，作为一个青年，既然国家需要，那就按照国家的需要研究，没有多考虑什么。"姚熹觉得，那么多聪明的人都集中在了热门领域，而冷门领域也总得有人去做。他把自己进入这个领域形象地比喻为"山中无老虎，猴子称大王"。他坚信自己可以在国家需要的这个领域做出一定的贡献，也暗下决心，既然做了这个事情，就一定要把它做好。

　　姚熹在研究生一年级的时候，就承担了研制我国第一台33万千伏的高压陶瓷套管的科研项目。当时，中国在绝缘陶瓷套管方面的研究，无论在技术上，还是生产设备上，都是一片空白，一切几乎从零起步。但是，姚熹没有被严峻的形势所吓倒，22岁的他带领自己的团队在一间破屋搭建的厂房中开始了艰苦的探索之路，没有设备便自己制造，没有技术便自己摸索。怀着初生牛犊不怕虎的精神与闯劲，姚熹全力以赴投入这项研究中，仅仅用了不到两年时间，新中国第一台33万千伏的高压陶瓷套管就此诞生，并且受检合格。

　　姚熹所在的教研室被评为"全国第一届文教群英会先进集体"，他自己也被交通大学破格晋升为讲师。享受荣誉的同时，姚熹的肩上又多了一份责

> 姚熹院士主动选择大家都不熟悉的电气专业，他说"那时候的想法很简单，国家需要嘛，作为一个青年，既然国家需要，那就按照国家的需要研究，没有多考虑什么。"

任,那就是为新中国创办电气绝缘与电缆技术专业,培养这一领域的科研人才。当时,国内尚且没有对电子陶瓷的研究,以往的资料更是寥寥无几,而姚熹对电子陶瓷的理解也仅仅停留在陶瓷是用泥巴烧制而成的层面,其他概念及知识一无所知。但是,既然接受了这个任务,姚熹就努力去做。他先把现有的书籍、杂志,以及能收集到的与电子陶瓷有关的零零星星的资料梳理整合,然后就去全国几个重要的陶瓷厂调研。经过一年的准备,姚熹便开始上特种电磁这门课。当时所谓的学生,实际上和他年龄也差不多。第一次上课没有教材,姚熹用了四年的时间,为这一全新的专业编写了第一套教材,并形成了完整的教学方案,培养了我国在这一领域的第一批研究生。

在中国绝缘陶瓷套管的研究一片空白的时候,他艰苦探索,仅用了不到两年时间,新中国第一台33万千伏的高压陶瓷套管就此诞生。

一切属于祖国 一切为了祖国

姚熹于1979年赴美国宾夕法尼亚州立大学(简称宾州州立大学)进行访问,当他带着自己编写的60万字的《无机电介质》出现在宾州州立大学材料研究所时,所有的专家和教师都为之惊叹不已。他们非常期盼姚熹留下来从事电介质材料的研究,但是,姚熹的外语相对薄弱,于是学校为了姚熹专门改变规则,把中文作为学校承认留学生的外语考试之一,而姚熹在此后的很长时间还成为学校中文考试的出题人。在拥有多种肤色和语言的大学城里,几乎没有人注意到姚熹。面对绿树叠翠、鲜花簇拥、风景秀美的校园,面对现代化的高速公路和城市设施,面对现代化的科研和教学手段,姚熹表面看起来非常平静,但内心却波涛汹涌,因为这一切使他深深地意识到中国的落后。

落后了怎么办?姚熹在心里默默地告诉自己:奋起直追,舍此无他!此刻,一句话在他的脑海中久久地缠绕:"被耽误了的中国,只能靠被耽误了的中国人来建设和创造!"身在异乡的他回味着这句话,只觉得它的含义比任何时候都更深刻,更有力量。于是,他决定要在异国的土地上显示出中华民族的聪明才智和无限的创造力,要使祖国的材料科学事业在新的高度上腾飞。

姚熹默默地刻苦工作学习。为了提高效率,他往往一次性接受三个课题,三个轮换进行,齐头并进。从早上醒来到晚上入睡,他的整个身心都投入了科研项目中,不敢稍有懈怠。因为奋起直追的责任与使命,时刻谨记在他的内心。渐渐地,他的聪明好学引起了指导教授的注意,指导教授对他说:"你的条件这样好,如果你不能攻读博士学位,那就太可惜了!"可是,他在出国之前并没有读博的打算,而且,攻读这一学位意味着要在很短的时间里通过一系列高水平的考核。正当姚熹犹豫之时,指导教授告诉他,美国方面深信他可以取得这个学位,并且愿意为他提供资助。姚熹在请示获批后,便决定开始攻读博士学位。他一边准备功课,一边参加考试,最终以全部"优秀"的成绩取得了攻读学位的资格,紧接着便开始准备学位论文。

1982年,美国工程科学院院士在写给我国教育部部长的信中说:"亲爱的先生,我引以为荣地提醒您注意姚熹及其卓越的成就。他成功地通过了宾州州立大学对固态科学博士学位所提出的全部要求,他的学位论文,被论文答辩委员会的全体五名委员评为特优(最高成绩)。"美国固态科学委员会主席纽海姆教授说:"自1959年设立固态科学学位以来,从未有人能够用两年不到的时间取得博士学位。"

但是,姚熹做到了,他用的全部时间是一年零十个月。他的论文被遴选为1982年整个宾州系统材料科学方面的最佳学位论文。这个在宾州州立大学不为人知的中国人,顿时声名远扬,当地的电视台、报纸等媒体争着报道他的事迹,姚熹和中国在那一刻成为海外大学城里讨论的中心话题。他的一篇论文送往权威的美国陶瓷学会学报后,得到的答复是"毫不迟延地、不加更改地立刻予以刊登!"姚熹为祖国赢得了荣誉,但是,对于这一荣誉姚熹说:"我是党和人民培育起来的,我的一切属于祖国,我的一切也是为了祖国。"

推动"电子陶瓷" 为世界造福

将材料作为一门独立的学科进行研究,仅始于20世纪60年代;电子陶瓷作为材料科学中的冷门领域,更是长期无人问津。1957年,年仅22岁的姚熹随交通大学西迁后,踏进了这个不被看好的荒芜之地,从此,对铁电陶瓷的研究成为他一辈子的事业。历尽几十年的艰辛坎坷和埋头苦研,姚熹成为我国铁电陶瓷学科的主要推动者和领军人,活跃在世界学术前沿。他研发的

> 被耽误了的中国,只能靠被耽误了的中国人来建设和创造!我是党和人民培育起来的,我的一切属于祖国,我的一切也是为了祖国。
> ——姚熹

产品广泛地应用于国防尖端装备领域,由他发起创办的《JAD》期刊是国际上唯一涵盖电介质所有研究领域的期刊,在此之前,该领域的话语权一直被欧美垄断,亚洲学者很难发声。姚熹还牵头成立了亚洲铁电学联盟,帮助日本、韩国、泰国、马来西亚等国的科研发展,力推与俄罗斯、法国、德国等国家的国际合作,身体力行,为电子陶瓷行业的发展做出很大贡献。

他所主导的西安交通大学国际电介质研究中心也通过国际交流合作,取得了显著的成绩,产生了一系列在国际上有影响的一流学术成果。在荣誉面前,姚熹时刻不忘国家对他的培养:"国家不发展,哪里有我的机会?我只是在国家最需要的时候,在学术上起到了承前启后的作用。"他用实际行动践行着自己的人生箴言:"科学没有国界,我的使命就是不遗余力地推动铁电研究,在更大的区域内,让电子陶瓷材料为世界造福!"

姚熹没有因为铁电陶瓷领域的显赫成绩而骄傲,他对这一行业的发展有着强烈的忧患意识和危机感。他说:"虽然电介质科学在中国的发展已经有60年的历史,但是,人们对实际电介质中所发生的电物理过程的认识,实在很难令人满意。电子陶瓷作为一类重要的电介质材料的研究工作,还主要依靠事实和经验的积累。"他认为,材料科学在从经验走向科学的道路上,还应该认真考虑如何与时俱进地发展电子陶瓷。如今姚熹虽已是耄耋之年,但是,他仍然不知疲倦地带领学生在中国乃至国际电子陶瓷领域驰骋。

他说:"一个人一生的贡献不太多,我对电子陶瓷做了这么几十年的研究,只是弄清楚了一些本来就应该如此的问题。一个人一生的活动总得留下一点儿痕迹吧?我希望我现在所推动的这个国际电介质研究中心,能够对我们这个行业的发展真正地起到一点儿作用,我想通过这个平台,使中国成为促进世界电介质研究发展的重要推动力量。"

诚挚的话语表现了姚熹院士的谦逊以及他对中国电介质研究的期望和信心,更体现了姚熹院士积极推动我国材料科学事业发展的赤子情怀。

马知恩

讲坛"常青树"

人物小传

马知恩（1935— ），山东省济南市人。1955年6月加入中国共产党。1954年7月毕业于北京大学数学系，分配至交通大学任助教，1956年随校西迁。

1959年晋升为讲师，1979年晋升为副教授。1985年1月—1986年4月，在美国威斯康星大学与田纳西大学做访问学者，学习生物数学。1986年4月晋升为教授，1994年12月定为博士生导师。曾任西安交通大学数学系主任、理学院院长，陕西省数学会秘书长，中国数学会生物数学专业委员会副主任，陕西省生态数学专业委员会主任，1962年起在全国高等数学教材编审委员会任秘书，后任委员，1990—2000年在全国工科数学课程教学指导委员会任主任，在高等学校大学数学教学研究与发展中心任主任等职。讲授过高等数学等12门课程，培养了硕士43人、博士11人。在全国性杂志上发表教学研究论文近20篇，出版教材10套、译著1套，在国内外杂志上发表学术论文210余篇，出版专著5本。获国家级和教育部有关教学奖9项（7项排名第一）、省部级科研奖4项（排名第一），1991年获"全国优秀教师"称号，2003年获首届"国家级教学名师奖"。现任 *J.of Biological Systems*(Canada) 杂志副主编，*J.of Theoretical Biology*(USA) 等6种杂志编委。曾多次赴美国、意大利、加拿大、德国、日本、荷兰、比利时、西班牙等国访问、合作研究和讲学。

21岁登上讲台，这一站就是50多个春秋。西迁时还是年轻的马知恩教授，如今已是84岁高龄。在三尺讲台的执着追求，使他不仅获得首届"国家教学名师"称号，而且至今退而不休，被学生们赞誉为讲坛"常青树"，为国家培养了一批又一批杰出的人才。其爱国爱校、无私奉献的精神，让青年一代深受鼓舞。

服务国家　投身于党

马知恩，祖籍陕西西安，1935年出生于山东济南，1937年七七事变发生后一家便跟随齐鲁大学一同迁到了四川成都。年轻时的马知恩成绩非常好，1952年毕业时，他的第一志愿是清华大学的电机系，第二志愿是北京大学的数学系。但当时报理科的人数非常少，报工科的比较多，上面的领导得知马知恩数学成绩非常好，而国家正需要数学方面的人才，所以将其志愿退了下来。

在了解情况后，马知恩把原先第一、第二志愿颠倒了一下，于是就到了北大数学系进行学习，短短两年后，于1954年7月毕业。那个时候由于国家紧缺人才，很多学生都要提前毕业，马知恩也不例外。据马老师回忆，那一年有180人是考本科考进来的，但在开学之初，北大就来了很多中科院著名的数学专家，例如华罗庚等人都来给大家进行动员，让他们转报两年的专科制。

当时考虑到国家的需求，自己又是共青团员，马知恩就毫不犹豫地带头选择读两年的专科制。当时报了90人，选了45人，最后在学习过程中淘汰了15人，毕业了30人。就这样，他们这一届成为北大历史上空前绝后的专科生。这一届里一半人分到了专科院校，一半分到了大学。马知恩一个人被分配至上海交大任教，从此便与交大结下了不解的情缘。

当年不到20岁的马知恩就在交大当起了助教。有老师打趣他说："有很多学生都要比你大吧？"进入交大初期，有三件事让他印象深刻：一是如愿加入中国共产党，二是坚定了当教师的信念，三是随校一同西迁。马知恩于1955年6月加入中国共产党。在入党这件事上，有一个人对他的影响颇深。

他就是李德元（1952年交大毕业并留校任教，1956年被派往苏联，1959年回国，分配到国防科工委九院九所，从事原子弹研究），马知恩进入交大后的一位同事，也是其入党介绍人。他本是一名地下工作者，家境优越，可以选择住在家里，而他却选择在学校跟马知恩一起住上下铺，也是看重马知恩，想培养其入党。每晚熄灯后李德元都会给他讲故事，讲当时地下斗争、共产党员的情况、优秀党员的事迹等。在这样的潜移默化下，马知恩更加努力地工作，积极地向党组织靠拢，并且在入党的第一年就被评为社会主义建设积极分子。

受恩于师　传承优秀品质

熟知马知恩老师的人都很敬佩他，不仅仅因为他能够一直坚守教学第一线，而且因为他50多年如一日地对教学热情的投入和极端负责的敬业精神。这既是源于交大的优秀传统，也因他年轻时所遇到的老师们，尤其是让他最为挂念和印象深刻的高中时期的语文老师。他们对其一生都产生了重大的影响。就如习近平总书记所说的那样："一个人遇到好老师是人生的幸运。"他就正好拥有这样的幸运。他就读成都华西协和高级中学时，有次语文老师布置了一篇作文，让他们自己选题自己写。他当时热衷于读散文，学习如何描写，喜欢运用一些华丽的辞藻，所以就选择写春游，写春天的花草是如何美丽，写自己看到这样的景色是怎样的心情，等等。总之，就想尽量展示自己的文采，把华丽的词语和修饰堆砌在一起。别人当时用钢笔写，他为了炫耀自己，还特意用毛笔写在宣纸上，像古人一样竖着写，虽然毛笔字写得不怎么好看，但很认真，还把文章像信一样折叠起来交上去了。之后的一个星期，他便满怀期待地等着高分，但当分数下来时，他却傻了眼——只得了61分，很是想不通。又过了一段时间，老师布置让写一篇关于"解放"的文章。他就写自己小的时候回家要经过一个国民党的兵营，那些兵就欺负他。他很害怕，总是跑着回家，而且那时国民党宣传共产党是更坏的，所以当时的他是怀着一种恐惧的心情迎接新中国的成立。但当他看到解放军入城后的作为，并跟

> 交大一批老教授不仅学术拔尖，还有很强的敬业精神。当年他们响应国家号召，远离故土，放弃舒适生活，全身心投入西部建设，这种精神十分宝贵。
>
> ——马知恩

解放军接触后，才发现跟那时所宣传的不一样，从原来的恐惧到尊重、尊敬和爱戴。就是写了这样的一个思想转变，没什么华丽的辞藻，很朴实，可能还没有第一次写得那么投入，却得了89分。小时候的他还不懂，只知道这样写分数高，以后就这样写吧，但长大后才理解老师这样无形的引导对他的影响。人生不应该追求华而不实的东西，而是要求实求真，有真理性的思考。这样的想法总是引导着他走正确的道路。

据他回想，1962年，他在高等数学教材编审委员会担任秘书，主要是协助主任起草一些文件，包括全国性的一些文件。其实，他的文笔并不是很好，但单位看重的是他有思想，能够将文章写实，有内容。这一点正是得益于他当时的语文老师。如果老师第一次给他了高分，第二次的分数还没有第一次高，他可能就会去追求一些华而不实的东西。在之后的教学与科研中，这种精神也一直影响着他，正如他所说："教师不应该追求华而不实，应该在一些细节上注重言谈举止，注重对学生的无形引导和潜移默化的影响，这就是一种务实精神。"

正在讲课的马知恩教授

交大一直以来有个传统就是在教研室里经常组织试讲。1954年马知恩到交大后在教研室就有试讲，由一级教授朱公谨主持，全体讲师和助教必须参加。1955年教研室给他也排了一次试讲，当时有本新书是《数学分析简明教程》，刚从苏联翻译过来，书中的思想对他有很大的启发。他就从定积分概念一直讲到牛顿莱布尼茨公式，讲了一个小时。当时花了很多时间准备，讲得不错，在助教和讲师里可能算比较冒尖的。朱公谨老师当时坐在第一排，当他讲完以后，朱老师面带慈祥的微笑，带头给他鼓掌。60多年过去了，朱老师当时微笑鼓掌时的神情到现在他仍记忆犹新。老教师的鼓励给了他很大的激励：不仅增强了他教学的信心，也激发了其对教学的热爱和兴趣，对他今后在教学上的成长起了很大的作用。所以，现在当他看到年轻教师讲得好，他也给年轻教师鼓掌，因为他是切身体会到这种鼓励对年轻教师成长所起的重要作用。他还清楚地记得1956年迁校到西安，自己第一次讲课——那是一堂210人的大课，副校长张鸿与教研室主任陆庆乐也去听了这堂课并对他进行点评帮助。当时对教师要求非常严，新入岗的教师要先接受辅导，听老教师的课，带学生习题课，锻炼三年，优秀的才能给学生上课。所以教师基础打得牢，教学团队的优秀教育理念一代一代传下来。

马知恩教授说："交大一批老教授不仅学术拔尖，还有很强的敬业精神。当年他们响应国家号召，远离故土，放弃舒适生活，全身心投入西部建设，这种精神十分宝贵。在他们带领下，我们这批人慢慢成长起来，也要用这种精神影响后来人，让这种精神代代相传。"

响应号召　扎根西部

1956年8月，当时马知恩在大连同徐桂芳、陆庆乐、邵济煦一起开全国数学教学经验交流会。而学校西迁已安排就绪，会后，便直接从大连到西安，准备9月开学数学课的安排。当时，他所在的高等数学教研室有一半的老师都迁了过来，但总体加起来也就20来人，大部分都是助教，讲师和副教授都很少，还有相当一部分老师因身体或者其他原因留在了上海。当他得知自己也在西迁的名单上，其实内心并没有太多的想法，本来祖籍就在西安，迁校也算是回老家了；而且对于那个年代的年轻人来说，大多数人都愿意服从党的需要，服从国家的分配。从高中毕业选专业，再到大学毕业填志愿时，都是党和国家需要我去哪里，我就去哪里。

初到西安，马知恩就病了，头疼得很厉害。去校医务室看病，诊断不出是什么病，便叫人力车把他拉到现在的二附院。在医院住了一段时间，白血球很高，但始终没有查出来是什么病。尽管如此，也没有影响他感受来到西安的温暖。"到这儿的第一感觉就是学校对西迁人员生活安排得非常好。"在上海登记的是单人间，到西安以后，就直奔1村第5宿舍的2楼宿舍。那是一个朝北的小房间,房门一打开,就看到我的箱子放在床底下,行李放在床头上。因为原是去开会的,行李在上海,由学校打包运,看到安排得这样好,尽管旅途很劳累,但心里很温暖。"这是让他感受很深的一件事情。

还有学校对迁校员工的伙食非常注意。当时有两个食堂,一个位于现在的老年大学,另一个是在现在的康桥。以前康桥那个是一个比较大众化的食堂,几分钱一个菜,一毛多钱一个菜。以前在老年大学这地方的食堂比较好,可以点菜,像炒肉片、砂锅都可以现做。记得一般肉炒的菜,一大盘就是两毛五分钱,砂锅贵一点儿,要五毛钱。大家经常在那儿吃,特别是单身教工都在那儿吃饭,学校供应非常好。

当时迁校过来,学校知道教师是从上海过来的,西安比较艰苦,怕大家生活不习惯,大米、白面、蔬菜、肉食供应都非常丰富,菜的种类和口味也都考虑适应上海的习惯。随交大迁来的还有一批上海的厨师。1956—1957年,交大西安部分的全体教职员工有一个团总支,马知恩当时任团总支书记。为感谢这些厨师对教工们的照顾,老师们写了"欢欢喜喜而来,高高兴兴而去"几个字,专门做了一个镜框,过年前代表教工送给厨师们。厨师们非常高兴,觉得这是对他们的尊重和赞扬。镜框就挂在食堂卖菜窗口的墙上,挂了很长一段时间。大家跟厨师的关系很好。那时,有一个很大的交大商场,理发师、洗衣店人员、修鞋匠等服务人员,大部分都是上海过来的。理发师全是扬州师傅,以前在上海时就给大家理过发,迁来西安后,还是他们来理发,让人感到很温暖。

但总体来说,当时西安跟上海比差距还是很大,大家也都共同努力去建设西安交大,去努力适应当时西安的环境。马知恩的父亲在西安医学院(现在的一附院)住。有一次回家,没有公交车,只能走着回去,从大雁塔到和平门那一段两边都是农田,中间是一条泥巴路。回来时下雨,他穿着布鞋,路上都是泥坑,只好把鞋脱掉,袜子也脱掉,裤脚卷起来,提着鞋子,在泥里面从大雁塔一路走回来。所以大家当时讲,西安的路是"晴天扬灰路,雨天水泥路"。当时西安的文化生活也很差,没有电影,也没有什么文娱活动,学校就想办法让大家在文娱生活上能活跃起来。彭康校长建议由马知恩所在的团总支组织舞会,安排在周末,在食堂大厅举行,有时还请西安歌舞团演

当他得知自己在西迁名单上,其实内心并没有太多的想法。而且对于那个年代的年轻人来说,大多数人都愿意服从党的需要,服从国家的分配。党和国家需要我去哪里,我就去哪里。

员来同大家一起联欢。彭校长几乎每次都参加。大家把食堂的桌子拉开,地上撒上滑石粉,就是舞场了。尽管从上海迁到西安后,这边条件很艰苦,但在交大校园里面,大家还是感到很温馨,领导和教工关系都很亲切,非常好。西安市还组织了一些其他的文娱活动,跟我们交大一起联欢。

当时,陕西省西安市政府对交大的西迁高度重视,照顾非常周到。交大人在上海是吃大米的,西安当时主要是面粉和杂粮,但对交大却特别供应大米、白面。交大教工可以每个月获得一定数量的大米和白面,这是一般居民没有的。"记得有一次我到东关去买东西,那时候都没有车,是走路去的。在东关(现在邮局附近)有个商店,听说我是交大的,店员特别热情,当时给我的感觉,就像20世纪80年代改革开放初期国人对待外国人的态度(中国刚刚开放时外国人来,我们对他们也非常客气,非常友好),当时的感觉就是我们受到特殊的优待。我问售货员:'你们怎么知道交大?为什么这么热情啊?'他说:'是市政府布置各个区、各个居委会,对交大要特别照顾,特别热情,特别接待。'这个事情让我当时很感动!大家当时是抱着支援西北的心情来的,尽管环境非常艰苦,但是,政府和西安人民对交大那样友好、热情和特殊照顾,给我们带来许多温暖和激励。"

岁月流逝,一晃62年过去了。从当年初出茅庐的年轻教师到现在德高望重的老教授,马知恩的很多师长已长眠于他们辛勤耕耘的长安城下,马知恩也将青春年华都奉献给了交大。半个世纪以来,他以卓越的教学技艺、不懈的追求精神、高深的学术造诣和高尚的人格魅力,深深地影响着一代代交大学子。如今,西部大开发的号角再一次震撼着交大人的心灵,马知恩等老一辈师长们已为西安交大的建设奠定了良好的基础。他们这些已经退休的西迁老教工,在努力地发挥自己人生余热的同时,也殷切地盼望新一代交大人发扬西迁时的创业精神,为西部大开发再创辉煌。

年轻时候的马知恩教授

王锡凡

特立独行的长者

人物小传

王锡凡(1936—)，安徽省凤阳县人。1957年至今任教于西安交通大学，现为电气学院教授、博士生导师。

长期从事电力系统的理论研究，主要研究领域包括电力系统分析、规划及可靠性评估等，曾获国家自然科学四等奖、教育部自然科学一等奖和科技进步一等奖等多项奖励。

现为中国科学院院士，美国电气和电子工程师协会终身会士。

天地有大作而不言

王锡凡在我国电力系统分析、电力系统规划、电力系统可靠性等研究领域，著作颇丰。他的学术著作影响着我国电力系统的几代人，带动着相关领域的每一次创新和进步。

1978年王锡凡教授主编的《电力系统计算》一书，是很多电力系统技术人员都认真学习过的一本书，也是他们工作中不可或缺的工具书。20世纪70年代初，王锡凡教授率先开发了电力系统潮流、短路、稳定三大基本计算软件，并受电力部委托负责举办了两届全国性的计算机在电力系统中的应用培训班，为电力部门培养了重要骨干力量，为提高我国电力系统计算机应用水平，以及发展本学科现代分析理论奠定了基础。在此基础上著成该书，其基本理论及算法，均达到了当时国际先进水平，被公认为该领域的经典之作，获1982年全国优秀科技图书奖。

他的另一本专著《电力系统优化规划》，则填补了我国在电力系统规划研究领域的空白，1992年，获得全国优秀电力科技图书一等奖。这本专著是他多年来在电力系统规划研究方面的成果积累，他这一研究成果将我国电力系统规划提高到世界先进水平，并获得1987年国家教委科技进步一等奖。

站在电力系统规划的前沿，王锡凡始终没有停歇。1994年，他主编的英文专著 Modern Power System Planning 由英国出版，在世界21个大城市同步发行，进而对世界电力系统规划产生了深远影响。这本专著曾被SCI引用68次，而且被美国科罗拉多大学、泰国亚洲理工学院、巴西利亚大学等国外的十几所大学作为研究生教材，现在还被翻译为伊朗文。

在电力系统可靠性研究领域，他以系列论文的形式，在国际权威期刊上发表自己的研究成果，被国际同行大量引用，产生了重要影响。由于在这一领域的系列研究成果，他先后获得教育部科技进步一等奖、教育部自然科学一等奖、国家自然科学四等奖等。在国家三峡、天荒坪等20多个大型水电站

> 50多年前一次大胆的怀疑，成就了王锡凡院士对新型输电方式的开拓性研究。他对课本上讲的仅通过改变电压来提高电力输送能力产生了怀疑，提出分频输电的全新输电方式。

和抽水蓄能电站的主接线可靠性论证中，以及在我国联网工程的效益论证和发电系统可靠性评估中，都体现了王锡凡教授的理论研究成果。

　　至王锡凡教授当选院士，他在国内外产生影响的个人学术专著和教材已经达12本，其中英文专著4本，包括2008年由世界著名的Springer出版社在纽约出版的 *Modern Power System Analysis*，该书反映了近年来电力系统分析领域的最新发展。在国内外期刊上发表论文300余篇，被SCI检索38篇、EI检索130余篇，从SCI上查出他人引用他的论文240余篇（次），论著也在国内外期刊被引用4000余次。他在电力系统各个领域的研究成果卓著，以第一获奖者获得省部级以上奖励10项。他的论文和专著，影响了我国乃至世界几代电力工程技术人员。2008年，因在电力系统规划和电力教育的突出贡献，王锡凡教授被选为美国电气和电子工程师协会终身会士。

胸中有思略而不议

　　50多年前一次大胆的怀疑，成就了王锡凡教授对新型输电方式的开拓性研究。上大学期间，渴求知识的他在学习《电力系统分析》时，对课本上讲的仅通过改变电压来提高电力输送能力产生了怀疑，冒出了一个从未有人想过的问题："为什么就不能通过改变频率来提高电力输送能力呢？"

　　1994年，他首次在国际上公开提出一种全新的输电方式——分频输电。分频输电不仅可使远距离送电容量提高三倍，经济效益显著，而且有利于再生能源发电接入系统，是一种很有潜力的远距离大容量输电方式。

　　2005年，王锡凡教授在西安交通大学创建了世界上第一个分频输电实验装置，并在世界上首次完成分频输电实验。同年，他的分频输电通过了教育部的鉴定，被认为在新型输电研究方面开创了分频输电新领域，取得了突破性成果，处于国际领先水平。

　　当选院士后的王锡凡教授，心中又多了一个梦想，那就是将自己的分频输电技术与风电这种可再生清洁优质能源相结合，为我国的风力发电事业提供理论和技术支撑。他自购了有关风电的最新外文原版书，并告诉记者："关于风电的分频输送，在书本里是找不到答案的。但是，全面了解国际有关风电的最新技术和一些经验，才能使我国的风电分频输送实现真正的超越。"

万物有成理而不说

桃李不言，下自成蹊。执教50多年来，王锡凡教授用"身教"感染着周围的每一个人。以一种默默无闻、一如既往的方式做学问和做人，这是73岁的王锡凡教授50年来一直所坚守的。他每天都去教研室上班，学习新知识，指导研究生。

王锡凡教授可谓是羽毛球场的老将。年逾古稀的他每周末都要与学生一起打场羽毛球，因为这不仅是一场运动的较量，而且是一场感情的沟通和学识的交融。在他的影响下，他的研究生也是年级越高，球技越高。他认为体育运动"是活跃学生生活，永葆学术战斗力"的秘诀。

带动学术团队就像指挥球队，王锡凡教授用"羽毛球精神"凝聚和带动着一个充满战斗力的学术团队。对身边的学生和青年教师，他总是想方设法尽力提携；年轻老师和学生在经济上遇到困难，他也是慷慨解囊，从不求回报。

20世纪90年代初，出国、下海浪潮冲击剧烈，当时很多人都不愿意留校工作。他作为西安交通大学电力系统及其自动化教研室的主任，个人出资鼓励和帮助最优秀的学生留下来，这使其他教师深有感触。

大家齐心协力，从教研室有限的创收中资助每个留校的青年教师10 000元。这件事让学校人事处都非常感动。在他的感召和提携下，不断凝聚着大量优秀人才，为构建西安交通大学电力系统研究的学术梯队夯实了基础，并带领电力系统及其自动化专业成为国家重点学科。

在带动一个学术团队的同时，他还为我国电力系统带出了大批优秀人才，充实到我国电力系统领域的重要岗位，为我国的电力建设事业发挥着重要作用。遍天下的桃李，无论多远多久，让他们最难忘的就是王锡凡教授主讲的《电力系统分析》课程。这是一门非常枯燥和复杂的课程，但是，多年来王锡凡教授驾轻就熟，常常不带任何讲稿，所有复杂的公式和数字都熟记于心，用漂亮的板书和生动的讲述轻松演绎，引人入胜。

万物有成理而不说。为人低调的他，对学生要求甚严，总是默默地用自己严谨的治学作风、渊博的科学知识、敏捷的思维能力，对学生进行春风化雨般的无声熏陶，使其感悟做人做学问的真谛。在同事和学生眼中，王锡凡教授是一个乐于超越的人，他的生活方式和学术热情完全超越了他的年龄。无论是在西安交通大学电气工程学院，还是在我国电力系统行业领域，大家都很敬重这位有点"特立独行"的长者。

老骥伏枥，志在千里。让王锡凡教授一如既往忙碌并快乐着的，正是他手上承担的国家"973计划"项目。他还想在电力市场和分频输电，以及可再生能源发电并网的应用中取得更多成果。

成为院士的他，依然默默执着于自己刻苦的钻研、怀疑的创新和快乐的超越。正如他的学生在院士贺信中所言：才华横溢不自显，一蓑烟雨任平生。

蒋正华

中国人口学的开拓者

人物小传

蒋正华（1937— ）浙江省富阳人，人口学家。曾任全国人大常委会副委员长、农工民主党中央主席。1954—1958年，西安交通大学电机系学习。

1958—1984年，先后在西安交通大学自动控制教研室、系统工程研究所任教。其中，1980—1982年，赴印度孟买国际人口科学研究院学习，获金质奖章。1984—1991年，任西安交通大学人口与经济研究所所长、教授、博士生导师。1991—1999年，任国家计划生育委员会副主任。1992—1997年，任农工民主党中央副主席。1997—2007年，任农工民主党中央主席。1998—2008年，任第九、十届全国人大常委会副委员长。

20世纪80年代初起，以系统工程、自动控制理论和电子计算机应用技术为基础，开始技术人口学的研究，编制的中国模型生命表填补了国际研究的空白，先后从事中国人口发展预测分析、中国人口就业与消费等多项研究工作，成为中国技术人口学科带头人之一。两次获国家科技进步一等奖，多次获国家科技进步奖、省部级科技成果奖。曾被授予"国家级有突出贡献的中青年专家""陕西省劳动模范""全国先进工作者"等荣誉称号。

蒋正华云淡风轻地说:"生活中没有假如,人生也只有一次,不会给你彩排的机会。一个人只有牢牢地把握现在,在此基础上积极进取,才有更多的机会赢得未来。"

敏而好学　立志报国

1937年10月4日,卢沟桥事变发生不久,在一家老小躲避战火逃难途中,蒋正华呱呱坠地,饱受了不断迁徙、颠沛流离的磨难。日渐成长的蒋正华就连记忆中的童谣,也常常是伴着铁蹄叩击之声。他很小就在心中牢牢记住了"弱国遭人欺"的道理。也许是母亲为数学老师、父亲为语文老师的缘故,蒋正华的文科和理科都异常扎实。

他在五六岁的时候,就在教师父亲的引导下开始读《离骚》《史记》《水浒传》,民族英雄的形象深深刻在他幼小的脑海里。读中学,语文常常满分不说,数学的解题方法也常常出奇制胜,再难的题也难不倒他,常常是解析出来答案的过程简单,方法正确。考大学时,考分远高出北大、清华录取分数线,却意外地被交大录取。为何如此,还要从1954年说起。

当时年仅16岁的蒋正华已到了高考的紧要关头,一番拼搏,分数张榜了,蒋正华的分数超出清华、北大等重点院校分数线许多,然而最先录取的重点院校名单中没有他,第二批录取名单中仍不见他的名字。蒋正华四处托人探问,答案令他啼笑皆非:档案不知何故不见了!几经周折,蒋正华被当时还在上海的交通大学录取。入校不久,他随校迁往西安。

其实,在高考之前,蒋正华不管在选专业还是在报志愿,都有去留在我、攻守自若的优势。当时数学老师让他报考理科,语文老师却让他报考文科,而身为上海人的祖父意思很明确,只要不出上海,哪个学校都行。

其实,蒋正华还是喜欢报考海军学院,投身报国,但人家要眼睛视力为2.0的。无奈之下,他只好选择了交通大学。人生有时就是祸福相依,这样的无奈也成就了日后的蒋正华。

言传身教　尽职尽责

据蒋正华回忆，在上大学时，有位物理课老师令他印象深刻。老师是一位中年妇女，课讲得很好，同学们很尊敬她。一天，老师走进教室，同学们就发现她的脸色苍白，脚步沉重，说话的声音也有些颤抖，但她仍一丝不苟地讲着课。突然，她双脚一软，身子扑倒在讲台上。前排的同学慌了，急忙上前扶起她，急切地要送她去医院。可老师无力地摇摇头，用微弱的声音说："现在是上课时间，我能坚持。"然后，竭尽全力直起身来，继续中断了的课程。

这一节课令蒋正华刻骨铭心。他永远记着老师说"现在是上课时间"时那种痛苦而又坚定的神情。自那时起"只要站在自己的岗位上，就要尽一切力量去完成任务"便成了蒋正华始终恪守的人生信条。以至于后来蒋正华严格的家教、良好的家风，始终影响着他的一双儿女。

蒋正华于1958年大学毕业并留校任教。1979年他当讲师以后，就致力于人口学人才的培养。他勤奋好学，教学严谨，板书工整，讲课生动，所以他开设的系统工程导论、自动控制论、随机系统、仿真学等基础课和专业课普遍受到学生们的欢迎，教学效果一直很好。

如今，他已在系统工程、人口学、数量经济学等方面有很高的造诣，在校内开设了人口学与仿真、人口分析与规划、系统工程导论、计量经济学、自控理论、随机系统等11门主要课程。近年来，他招收和指导人口学方面的博士生有11名，硕士生有18名，并建立了一整套技术人口学方面的人才培养体系。

蒋正华忠诚党的教育事业，把教书育人看作培养合格人才的关键环节。他时常在课堂上把政治教育和业务教学结合起来，注重向学生传播马列主义、毛泽东思想，培养学生正确的人生观和学术观，让学生形成了崇高的道德情操和严谨的学风。特别是在严谨治学方面，他不仅要求学生有良好的学风，而且要有遵纪守法的好作风。当前，国内在研究生培养上有一种偏向：许多

蒋正华教授投身于我国人口研究事业。他与同事创办人口研究所，带领着后辈潜心研究，开垦了技术人口学的处女地。

导师担心自己的学生不能毕业，会使自己丢面子，因而对学生不能从严要求。而蒋正华不是这样，他对自己的研究生敢抓、敢管、敢处理。

例如，他的一名博士生因为纪律观念淡薄，私自外出一个月，他就严格按照有关规定取消了这名博士生的资格；又如，他所带的一名硕士研究生没有参加科研实践就要做论文，他坚决不同意，并明确表示，没有经过实践环节不能做毕业论文。

蒋正华忠于党的教育事业，把教书育人看作培养合格人才的关键环节。

坚毅勤奋　为国争光

1980年，43岁的蒋正华受国家派遣，到印度孟买国际人口科学研究院进行为期两年的学习。那两年，蒋正华就像一个贪婪的婴儿吮吸着知识的乳汁，不知疲倦。他以惊人的毅力攻读了研究院的所有课程，钻研和收集了大量的国外技术人口研究成果资料和文献。孟买的天气炎热而潮湿，因为天天伏案苦读，两个胳膊肘都红肿发烂了还不知晓。此时的蒋正华比谁都清楚，刚刚迎来曙光的中华人民共和国还不富裕，送一个人才出国深造实属不易，他得格外用功，加倍努力。

研究院里，来自世界十多个国家的许多留学生都对蒋正华刻苦学习的精神十分佩服。这个研究院每个学期末都会进行严格的考试，考试取得第一名者发金质奖章。以前的金质奖章都是被印度人夺走，而在这次考试中，蒋正华以特别优异的成绩考取了全院第一名，一举夺得金质奖章。

为此，在研究院为蒋正华授予金质奖章的大会上，院长向他表示热烈的祝贺。孟买电视台、广播电台及报纸都以头条报道了蒋正华这个中国人首次获得金质奖章的新闻。至今，蒋正华获奖的照片还悬挂在孟买国际人口科学研究院的荣誉室里。

每当有中国专家和学生到此，研究院的人都会告诉他们："蒋正华，很优秀的，我们曾培养过。"在印度学习的那两年中，蒋正华在国外发表了三篇关于人口学方面水平较高的论文，并引起了国外同行的关注。

蒋正华回国后，以崭新的姿态投入我国人口研究的事业中。在学校领导和有关部门的支持下，他与同事创办了人口研究所，购买了许多仪器设备，带领着后辈潜心研究，开垦了技术人口学的处女地。

可以说，20世纪80年代是蒋正华辛勤耕耘并获丰收的黄金时期。

从1982年开始，他先后出版了《中国经济发展模型》《人口分析与规划》《计划生育管理项目》等在人口学界颇有影响的专著。同时，他还主持参加了不少重大科学技术课题的研究工作，撰写了十几篇技术性强、具有创新价值的学术文章。

默默耕耘　从政为民

命运常常在和人生捉迷藏。有的人终其一生苦苦追求，觅官寻房，结果是欲得还失；有的人只管耕耘，不问收获，看淡名利，反而是祥云吉雨，成果丰硕。蒋正华就属于后者。后来者常常居上，1991年10月16日，一纸调令把蒋正华从一名学者变成了一位副部级领导干部，推到了国家计生委副主任的位置。一夜之间，机遇与挑战并至。

在此之前，蒋正华也和他这一代许许多多的知识分子一样，抱定"科技救国"的思想，"从政"对他来说，是一件十分遥远的事。

多年来，他一直专心于导弹、炼油、化工、计算机、信息系统工程等技术的应用研究，唯独没有考虑"从政"这一条路。然而，组织部门用他们独有的视角挖掘出了在人口计生领域有独到创见和决策才能的蒋正华。

其实，蒋正华早在20世纪70年代末80年代中期，就参与了这项当时被称为"天下第一难"的工作。他先后参与制订了河南、广东、陕西、云南等地的社会经济发展区域规划，并敏锐地意识到人口问题是影响和制约社会经济发展的重要因素。在担任全国人大常委会副委员长期间，他的足迹遍及祖国的大江南北，特别是贫困的西部地区与落后的老区。他怀着深情与忧思，释疑解惑，访寒问暖。沉静、谦逊、儒雅、高洁是他给人们留下的印象。

李鹤林

为科研助力　做西迁新传人

人物小传

李鹤林（1937— ），生于陕西省南郑县，祖籍湖北省襄阳市。材料科学家、石油管材工程专家、中国工程院院士。

我国石油管材研究工作的主要开创者之一。1978年以来，先后担任石油工业部科技委员会委员、中国石油与石化工程研究会顾问、中国机械工程学会特邀理事兼失效分析学会理事长、中国腐蚀与防护学会常务理事、中国材料研究学会常务理事、陕西省材料研究学会理事长、中国压力容器与管道协会名誉理事长、中国特种设备安全技术委员会副主任、中国设备监理技术委员会副主任、西安交通大学材料科学与工程学院名誉院长等。

长期从事石油机械用钢及石油管工程科技工作，是我国这一领域的开拓者和主要奠基者之一。研制出10余种新材料，使一批石油机械的质量跃居国际先进水平。提出了"石油管工程"的研究范围及对象，开展大量系统的、有创造性的研究，20多项成果达国际先进水平，22项（次）获省部级以上科技进步奖，包括国家级奖9项。3项成果被国外一批重要石油管制造公司采用，6项成果被美国石油学会（API）采纳修改标准。他负责组建和创立起来的中国石油管材研究所已成为国内外有影响的石油管工程研究基地及质量检测、认证和仲裁中心，是ISO（国际标准化组织）和API的三个委员会中方技术归口单位。出版专著5种，在国内外发表论文170余篇。于1997年当选为中国工程院院士。

自强不息　逆境中锤炼创新原动力

李鹤林院士读小学时，家境尚属殷实。进入初中后，由于家境变得十分贫困，读书半年就辍学了。回家两年多，他一边在田间劳动，一边自学初中课程。1953年以同等学力进入高中。1956年，李鹤林考入交通大学机械工程系，深受指导教师、著名金属材料及强度专家、院士周惠久教授的教益和学术思想的影响。高中和大学的八年，他完全靠助学金的资助才得以完成学业。对党和政府的报恩思想及艰苦环境的磨炼，使他参加工作后始终有一种强烈的事业心和坚持不懈的工作精神。

1961年9月，李鹤林从西安交通大学金属材料及热处理专业毕业后，被分配到地处宝鸡的石油工业部钻采机械研究所；随即被派往上海参加石油部援外产品工作组工作，主要任务是协助上海东风机器厂改进B型吊钳等一批石油机械产品的热处理工艺。

在近一年的工作中，他潜心钻研，使十余种石油机械产品质量达到技术要求，其中B型吊钳热处理废品率由80%降低到2%，保障了援外产品的质量。

1963年11月，李鹤林被石油部借调到北京，在赵宗仁工程师指导下编写《石油机械用钢手册》。他无论白天还是黑夜，都拼命工作，星期天和假日都不休息，查阅了合金钢方面的图书、期刊140多册，对中国和世界各主要工业国的合金钢状况、特点及发展动向有了全面、系统的了解。两年后，《石油机械用钢手册》由中国工业出版社出版了四个分册。

1965年12月的一天，李鹤林院士见到了大庆"铁人"王进喜后，改变了他的工作目标。他和王进喜在石油部招待所畅谈了三个多小时。

临别时，"铁人"紧紧握住他的手，语重心长地说："直到现在，我们用的'三吊'还是外国货，这些洋玩意儿肥头大耳，钻井工人到30来岁就干不动了。你们要赶紧研制出我们自己的轻型'三吊'，把那些傻大笨粗的洋'三吊'赶下我们的钻台!"

"铁人"的话重重敲打在李鹤林的心上。他回到宝鸡石油机械厂,开始了石油机械用钢的开发研究和吊环、吊卡、吊钳的研制。在"文化大革命"时期极其困难的条件下,凭着他的坚强毅力,小吨位"三吊"两年后诞生了。

1970年,他把刚研制成功的两副50吨级小吊环寄给了千里之外的王进喜和他的1205钻井队,应用效果良好,王进喜很快发来了热情洋溢的贺信。

在研制出小吨位轻型"三吊"之后,他和同事们又马不停蹄地奔向难度更大的新目标——大吨位轻型"三吊"。经过无数次失败后,终于获得了成功。在研制新型"三吊"的同时,他还研究开发了高强度高韧性结构钢、无镍低铬无磁钢等十余种新材料,并系统地研究了喷丸强化和渗硼、氮化等表面热处理工艺,开展了十几种基础零部件的科研攻关,均取得较好的成效。1977年,李鹤林晋升为工程师。

> 在研制轻型"三吊"的那几年,他做了多少次试验,记录了多少个数据,熬了多少夜,有多少休息日、节假日不休息,谁也记不清楚了。

1978年3月,李鹤林出席了全国科学大会。他主持完成的"轻型吊环、吊卡、吊钳""无镍低铬无磁钢""高强度高韧性结构钢"等四项成果,均获得全国科学大会重大科技成果奖。他本人获得全国先进科技工作者称号。

乘全国科学大会的东风,宝鸡石油机械厂组建了研究所,李鹤林任研究所副主任工程师兼材料研究室主任。1979年6月,李鹤林加入中国共产党。"三吊"的研制成功,使李鹤林和他的试验小组声名大振。

1980年,材料研究室从研究所分离出来,重新组建为工厂的中心试验室,李鹤林担任主任。全国各油田出现的一些恶性事故,特别是钻杆、套管和油气输送管断裂事故,给生产和安全带来了很大威胁。各油田纷纷邀请他们进行失效分析和仲裁。

在李鹤林的建议下,石油部1981年成立了石油管材试验研究中心,挂靠宝鸡石油机械厂,李鹤林任主任。1983年,李鹤林任宝鸡石油机械厂总冶金师。1985年宝鸡石油机械厂中心实验室改称冶金研究所,李鹤林兼任所长。1987年,石油部石油专用管质量监督检验测试中心成立,李鹤林任主任。

多年来,我国使用的钻杆几乎全部是从国外进口的,每年需花几亿元。长期以来,各油田不断发生钻杆刺穿、断裂事故,造成了重大经济损失。为解决这个"老大难"问题，1985年，李鹤林组织了一个钻杆失效课题组，分赴各油田进行了历时三年的调查，并对200多起钻杆失效事故进行了系统分析研究，终于找到了问题的症结——钻杆内加厚过渡区结构尺寸不合理，导致严重的应力集中和腐蚀集中，澄清了国外在钻杆失效领域的一些疑点，并提出了解决问题的办法，首创双圆弧曲线结构。

1987年6月，李鹤林和石油部机械制造局赵宗仁副总工程师一起参加了在美国新奥尔良召开的API第64届年会。他的论文《钻杆失效分析及内加厚过渡区结构对钻杆使用寿命的影响》在大会上引起了轰动。会后，API决定采纳他们的研究成果，用于修订标准。日本、德国等几家钻杆生产厂也不惜巨资，按照这一成果对原生产线进行技术改造，并邀请李鹤林去指导。石油管材研究中心取得的一系列成果，进一步得到了上级领导机关的关心和重视。

1988年3月，石油部决定将管材研究中心划归石油部直接领导，成为直属科研院所。1991年，中国石油天然气总公司决定将石油管材研究中心搬迁至西安。1992年5月，西安新址破土动工。李鹤林和全所职工辛勤劳动，做到了基建、搬迁和科研三不误。1993年，石油管材研究中心更名为石油管材研究所。1994年底，一座现代化的石油管材研究所在西安南郊建成。

终其一生 科研路上砥砺前行

李鹤林院士热爱祖国，热爱党。他一贯兢兢业业，任劳任怨，克己奉公，淡泊名利。他经常将困难留给自己，把方便和荣誉让给别人。

李鹤林是"石油天然气输送用焊管""特殊螺纹连接油套管评价与推广应用"等六个项目的课题组长，并且做出了大家公认的贡献，但是，在申报国家和部省级科技进步奖时，他坚持退出或降低自己的排名，把荣誉让给年轻的科技人员。在两项国家"973项目"立项时，他尽全力进行了申报。但是，立项后他却分别安排年轻的科技人员承担。虽然项目承担者名单上没有他的

> 李鹤林院士一贯兢兢业业，淡泊名利。他最突出的特点是知难而进，坚持不懈。几十年来，他干的事业中，大多是艰难曲折的。

名字，但他对项目的支持却丝毫没有松懈。

李鹤林最突出的特点是知难而进，坚持不懈。几十年来，他干的事业中，一帆风顺的极少，大多是艰难曲折的。有些项目经过了多次失败和挫折，在一些关键节点上，稍有退缩和动摇就会前功尽弃。

他认为，再聪明的人，如果没有坚强的意志，没有坚持到底的精神，也会一事无成。

在一次新钢种成分设计试验时，高频炼钢炉被击穿，1600多摄氏度的钢水向他们扑来，一场后果难以预料的重大事故发生了。他和几位老工人一起，勇敢地投入救火战斗，排除了险情。

还有一次，做吊环负荷试验，当油压机的指针指向190吨时，"嘣"的一声吊环断了，一节钢棒像出膛的子弹，贴着他的头皮呼啸而去。一个个困难和险情都没有把他吓倒。在研制轻型"三吊"的那几年里，他做了多少次试验，记录了多少个数据，熬了多少夜，有多少节假日不休息，谁也记不清楚了。

他在个人出成果的同时，还带出了一批优秀的科技人才。全所科技人员，大都受到他不同程度的指导和培养。对于科技人员送交他审阅的文章和报告，他总要逐字逐句地阅读、修改，甚至包括订正标点符号。在他培养的技术人员中，有两人获得省部级有突出贡献专家称号，两名青年技术人员获得中国科学技术发展基金会孙越崎优秀青年科技奖。有两名原来只有初中文化程度的技术人员，在他的悉心培养下，一名成长为副总工程师，另一名成为博士生导师。他培养的石油管工程专业的科技队伍正在不断壮大，他孜孜以求的石油管工程事业的美好前景正展现在人们面前！

当年栽下的梧桐、银杏、樱花树已经根深叶茂，当年意气风发的少年也已两鬓斑白，但"胸怀大局、无私奉献、弘扬传统、艰苦创业"的西迁精神，像一面旗帜一直在李鹤林院士心中飘扬。时代变迁，精神财富亘古不变，面对这世界的纷扰，要学习李鹤林院士兢兢业业、一心钻研、活到老学到老的精神。我们更要静下心，坐得住冷板凳，认真搞科研。术业有专攻，在我们的专业方向上下苦心，做出一番成就。

孙九林
我国数据科学领域的奠基人

人物小传

孙九林（1937— ），生于上海市，原籍为江苏省盐城县。

1964年毕业于西安交通大学，曾任中国科学院自然资源综合考察委员会副主任、研究员、博士生导师。

现为西安交通大学人居环境与建筑工程学院院长、教授、博士生导师，中国工程院院士，著名农业与资源环境信息工程专家，中国农业与资源环境信息工程学术带头人之一。

长期从事地理信息系统与遥感应用、虚拟地理环境、信息化农业、农业大数据等领域研究，为信息科学在资源环境中的应用做出了开拓性贡献，是国家级有突出贡献专家。

1937年，孙九林出生于上海市的一个贫穷家庭。在兄弟姐妹中，他排行第八，其父是从江苏逃荒到上海的黄包车车夫，母亲是个文盲。在他出生后的几个月，抗战爆发，日本侵略者轰炸上海，父亲只好带领全家迁回江苏老家。由于生活负担过重，他的两个姐姐被送人当童养媳，四个哥哥也送人当了义子，家中仅剩下他和一个哥哥。直到1951年，他的父亲有幸成为人民教师，并且每个月能得到34元的工资，几个哥哥也参加了解放军，并与家里人取得联系，于是父亲决定让一直因贫困而无法上学的孙九林开始读书，而此时的孙九林已经15岁了，老师在了解情况后安插一字不识的他到小学四年级就读。他非常珍惜这来之不易的学习机会，经常每天学习十几个小时。在老师的帮助及自身的刻苦努力下，他用两年时间学完了小学六年的课程，并在1953年顺利进入江苏省重点中学学习初中课程，三年后又以优异的成绩被保送进高中部学习。在高中毕业选择未来人生方向的关键时刻，孙九林最初的梦想是成为一名"将军"，指挥千军万马保家卫国。但是，由于夏天晚上在蚊帐中刻苦用功读书，他在初二时就戴上了眼镜，因此几次当兵体检都未能通过。他又希望自己成为一名科学家，为国效力。他的老师认为他搞工程技术有可能为国家做出更大的贡献，孙九林便放弃理科专业，报考了西安交通大学电机工程系电力网及电力系统专业。

> 无论是最初的"将军"梦，还是想当科学家，还是大学选择工程技术，还是放弃去清华读研深造的机会，孙九林院士心里想的都是为了报效祖国。

哪里有需要就在哪里开疆拓土

1964年，孙九林从西安交通大学毕业。大学生涯结束后，西安交通大学根据孙九林个人的实际情况，推荐他报考清华大学电力系统自动化的研究生，进一步学习深造。但是他在拿到准考证之后并没有走进考场，因为他觉得自己本来就入学晚，读完研究生都30岁了，这样何时才能为国家做点事情呢？带着这样的顾虑，孙九林最终决定走上工作岗位，进入中国科学院综合考察委员会动能研究室工作。当时，研究室的研究方向是水能资源开发与农村电气化研究。在西安交通大学学习的理论和实践技能为他的科研工作奠定了扎实的基础。1969年底，他随单位到湖北潜江中科院的五七干校后，学校派他到潜江县主持引进国家高压电网电源工程。当时，这个工程不仅没有图纸和技术人员，而且也没有材料设备，其工作难度可想而知。但孙九林没有抱怨，也没有退缩，他带领两名大学生及20多个仅有小学文化水平的年轻人就开始了设计、现场勘探等工作。在安装变电站控制系统时，孙九林院士遇到了一个棘手的问题：他在学校只学过原理图，而施工工程图却过于复杂，一时无从下手。县里领导了解情况后，决定请专业安装团队来完成安装工作。但是，孙九林考虑到电网后期的运行和维护都需要专业人员，为了带领出一支技术维修队伍，他主动承担起了这个任务。但当时的压力也是非常大的，他回忆说："县里投入了100多万，整个工程已经干了两年多，如果控制系统一个线头接错，通电后整个电网都会烧毁。那会带来什么样的后果？"就是在这样的情境下，孙九林化压力为动力，三个月的时间吃住都在工地，通过施工图核对原理图，反复推演，最终圆满完成控制系统的安装，而且还为当地留下了一支维修队伍。当听到电力部门验收通过的消息时，他们团队都不敢相信，自己竟然完成了这么高难度的项目。在通电运行一年后，他们的工程在全省评比中还获得了质量与安全运行一等奖的荣誉。从这个项目中，孙九林认识到，在科研困难面前必须沉着冷静，用激情和不畏艰难的精神披荆斩棘，虚心向人请教，扎扎实实地依靠科学知识做好实际工作才能取得成功。

浓浓的爱国情怀激励着孙九林在科研道路上矢志不渝地探索前行。

他曾经回忆说："还在五七干校的时候，很多同事通过各种途径离开学校走向新的工作岗位。我哥哥也在洛阳帮我找到了工作，但我感觉国家要发展，肯定需要科学研究，还是会需要人才的，我就没有离开。"

1972年，孙九林从五七干校回到中科院地理研究所参加了地图自动化项目，负责为设备制作电源，这对于他来说又是一个全新的领域。是什么支撑他在陌生的领域展开研究工作？孙九林说："任务来了，大家都不大懂，怎么办？我总感觉这是国家需要，就得做。"在"国家需要"的引导下，孙九林进行了大量开创性的研究工作，并取得优异的成绩。

在制作电源设备期间，他接触到了从国外引进的计算机，但当时的设备说明都是英文，他完全看不懂，对新的技术也就无从学起。于是，35岁的他

> 他没有受同事离开的影响，他放弃了兄长的帮助。孙九林院士回忆说："我感觉国家要发展，肯定需要科学研究，还是会需要人才的，我就没有离开。"

下决心攻克英语。不管是研究所举办的英文培训班，还是电视台的英文教育，他都废寝忘食地参与学习，最终顺利地克服语言障碍，对计算机软件与硬件系统有了深入的了解，也为进入数据科研新领域打下了一定的基础。

孙九林院士

1978年，研究所为探索计算机在资源研究中的应用，花费100多万元从上海购进一台计算机，但厂家多次现场调试，计算机都无法正常运转，于是单位领导希望孙九林担任计算机组长解决这一难题。孙九林说："组里有几个老同志，也有插队回来的年轻人。大家都不懂计算机，我也只懂点皮毛。"但他还是勇敢地接受了这个任务，带领大家到计算机生产厂家分工学习输入设备、内存、控制系统，最终将计算机调试好顺利运转，并为单位培养了一批计算机技术人才，在国内较早地开始了计算机与资源环境科学的交叉研究。

20世纪80年代初，国家开展土地规划工作，希望用计算机管理大量的资料、数据和文档，但当时用计算机管理资源环境数据，还是一个全新的研究领域，许多人怕做不好要担责任而却步。孙九林在了解美国用计算机管理银行账户后，认为既然能用计算机来管理银行账户，那么，银行账户是数据，资源环境数据也是数据，相信肯定能行，就大胆答应先调研一下。

他带领团队调研了不到一年时间就提出了建立我国国土资源数据库的总

体方案，并在 1985 年建成了我国第一个国土资源数据库，其试点经验和技术被当时的国家计委大力向全国推广。这大力推动了我国国土行业数据库的建设，孙九林也因此成为国土资源数据库的知名专家和学科带头人。90 年代初，我们国家又提出利用遥感技术对粮食作物的长势进行监测和产量预测的任务。当时，无论是他本人还是课题组的其他成员，对于遥感技术都知之甚少，更别说对遥感技术实际应用的把握，但是，孙九林排除万难，主动承担了这个任务。他说："我总有这么一个理念，一个科研工作者不要做别人做过的事情，去重复走别人的老路，要急国家所急，勇于碰硬骨头，在实践中学习提升，把不懂变成精通，把没有把握变成优异的成果，这样我们才不会辜负党的培养和人民的期望。数据库和信息系统都是我们从不懂做起来的。"在与全国近 500 位科技人员的共同努力下，历时五年建成了我国首个遥感估产实用系统，不仅为我国后期估产系统的建设提供经验和技术基础，而且获得了国家"八五"科技攻关重大成果奖和国家科技进步二等奖。对于孙九林来说，人生就是一个不断挑战、不断成长、不断创新、不断超越的过程。

在数据科学前沿领域不懈探索追求

孙九林认为，作为一名科技人员，除了做好本职工作，还必须把握科研领域的前沿发展方向。他在 20 世纪 80 年代初接触数据库技术后，就不断追踪信息科学、资源环境及农业等学科的交叉发展方向，提出并参与了一系列全新的前沿研究领域。将数据资源服务于农业发展领域，这是他在数据科研领域开拓的新天地。在这片新天地中，他带领团队辛勤耕耘，并在后期建立了全国农业资源信息系统，出版《信息化农业总论》专著。

2001 年，孙九林以农业信息工程专业当选为中国工程院院士。在这之后他并没有停止在学术道路上探索的步伐，而是全身心地投入国家科学数据共享的行列，于 2008 年启动了"973 计划"资源环境领域项目数据汇交工作，促使我国在数据资源共享领域取得了重大进展。此外，由孙九林组织研发的"国家地球系统科学数据共享平台"也是首批经科技部、财政部认定的23家国家科技基础条件平台之一,并入选国家"十一五"重大科技成就展和"十二五"科技创新成就展。2013年,他将此平台的数据资源和信息技术应用于基层地方政府和农户,当年就实现了大豆增产、农民增收的目的。2014年,在首届"丝绸之路经济带生态环境与可持续发展国际研讨会"上,孙九林提出的"科技创新支撑'一带一路'"建设理念,得到了科技界的广泛认同。2016年,在中国大数据与人工智能院士论坛上,他也提出了将种子、化肥、农药"业务流"数据化,逐步实现农药、化肥使用量零增长的目标。孙九林在科技前沿领域的执着探索精神,深深地影响和激励着无数的科研工作人员。虽出身寒门,但是,孙九林凭借自身的不懈努力,在数据科研的海洋中激起了美丽的浪花。

如今孙九林已是80多岁的高龄,但是,对于祖国的大数据科研,他的内心依然充满激情和期待,而且对我国数据资源的有效管理和有序开放共享问题关心至深。特别是针对数据资源的流失问题,他说:"我国投资几百个亿搞科研计划,这些科研项目大部分都要发表文章,大量的数据资源都被国外拿走了,说得更严重一点,国外不用花钱就能了解我国的前沿科技,使用最新的数据资源。"这一情况令他痛心疾首,夜不能寐。因此,他希望国家能

孙九林院士(左)受聘为河南科技大学特聘教授

出台相关政策，构建一个大型的数据库，管理由国家投资项目所产生的数据资源。孙九林对数据工作高度的责任感和使命感令我们无比钦佩和感动，他是我们青年之楷模、邦国之荣华。

老实做人　扎实做学问

孙九林说，一个人的知识是有限的，特别是像他这样的知识分子，进入科学领域又比一般人晚了好几年。在科研道路上又不断改变自己的研究方向，如何在自己不熟悉的领域有所贡献？孙九林有着自己的秘密法宝。

其一，是要学会做学生。这并不是说要去学校的课堂听课学习，而是要在社会这个大课堂里做一名老老实实的小学生，多向前辈、专家请教，向周围同事学习，要有一股求知、不怕困难、团结协作的精神，还要有一种尊重别人的品德和谦让的心态。他说："我不喜欢别人称我孙院士，叫我孙老师就可以了，我觉得这样大家是平等的。水平比院士高的人有的是，我特别佩服有知识的人，院里（中科院）司机懂得很多，我就很佩服他们。"

其二，是勇于担当老师的职责。几十年来，他通过各种方式为祖国培养了众多人才。在担任中科院地理研究所主任时，他通过办培训班使近十名插队的初中和高中知青有机会学习外语。他们当中的部分人后来成为他研究团队的成员，部分人成为联合国官员、国外知名大学教授及公司老总等。孙九林获得培养硕士、博士研究生的资格后，他对学生认真负责的态度也令人印象深刻。现任中国科学院地球数据科学与共享研究室副主任的王卷乐就回忆说："孙老师对我们要求是'粗中有细'。他对我们的研究方向没有过多限制，允许自由选题，但对博士毕业论文，他现在仍会一个字一个字看，出差时都会带着，看得非常仔细。"孙九林在培养学生过程中，更是不遗余力地为他们创造参加国际会议和出国进修的机会。他说，历史在前进，社会在发展，科技队伍中的新生力量不断涌现。未来属于青年一代，希望青年一代老老实实做人，扎扎实实做学问，为国家的科学和技术发展贡献自己的力量。

陶文铨

愿做西迁大树上的一片小叶

人物小传

陶文铨（1939— ），汉族，浙江省绍兴市人。

曾任教育部高等学校热工课程教学指导分委员会主任委员，教育部能源动力学科教学指导委员会副主任委员，中国工程热物理学会副理事长，传热传质专业委员会副主任委员。

现为西安交大能源与动力工程学院教授、博士生导师，任《西安交通大学学报》（自然科学版）主编。2005年当选中国科学院院士。

陶文铨教授在传热与流动的先进数值计算方法及其应用、强化传热的基本理论与工程应用、电子元器件的冷却技术、湍流模型及其工程应用、高效换热器的优化设计与研发、微细尺度流动和传热的研究、多尺度系统/过程建模与数值预测等方面都做出了重要贡献。

从小心怀交大梦　勤奋努力成院士

陶文铨从小就有一个交大梦。

当时，在绍兴稽山中学读完高中的他，对大西北充满未知，但对交通大学的向往使他义无反顾地选择报考交通大学。当时陶文铨选择的是动力工程系锅炉专业。成功进入动力工程系锅炉专业后，陶文铨成为交通大学西迁到西安后的第一届新生，实现了自己的交大梦，从此就扎根到了大西北。

陶文铨后来回忆道："我出生在浙江，从小对交通大学十分崇拜。当时，虽然已经知道交大要西迁，1957年，我还是报考了交通大学，录取后直接到西安报到。60多年来西迁老教师胸怀全局、献身西北、精心育人的事迹深深教育了我。"

当年还不满20岁的陶文铨，毅然决定把自己的热血洒到大西北这片土地上。改革开放初期，国内出差住宿条件差，陶文铨就自己带上台灯，利用晚上的时间抓紧工作。他几乎没有节假日，白天不必说，晚上11点多才离开办公室，回家以后还要工作到凌晨两三点。

就是在西安交通大学这片沃土上，他不遗余力地奉献着自己的力量。如今的他，已经成为中国科学院院士。"如果说我现在取得了一定成绩的话，那都是勤奋的结果。"陶文铨如是说。

漫漫求索路　辛勤结硕果

1979年8月的一个下午，学校图书馆里一本英文版的《计算方法》为陶文铨开启了数值计算的大门。他用了两个星期的时间，写下了受用终身的两本自学笔记，从此踏上了计算传热学的漫漫求索路。

> 从小的交大梦让陶文铨在高考时义无反顾地报考交大，当年不满20岁的他，毅然决定把自己的热血洒到大西北这片土地上。

"勤奋、进取、求实、融洽",是陶文铨院士做人的原则。

1980年,41岁的陶文铨到美国明尼苏达大学进修。他回忆道:"当时我就像一块干海绵被放进了海洋里,拼命地汲取知识的水分。"

回国时,他用大部分积蓄买了书籍资料和磁盘,这些资料和听课笔记,他都无私地与国内同行共享。之后,他一直从事传热强化与流动传热问题的数值计算这两分支领域的研究。

陶文铨

陶文铨根据国际上数值模拟研究的发展动向,及时提出了流动与传热的多尺度模拟的新课题,成功申请国家自然科学基金的重点项目。经过努力,使我国在流动与传热的多尺度模拟方面的研究站在了国际前沿。他编著的《数值传热学》教材两次被中国科学引文数据库列为全国引用频次最高的前十本专著之一。

迄今为止,陶文铨获得的国家、省部级科技成果奖及国家级的荣誉有近30项;出版了专著与教材9部,发表SCI文章320余篇,被引用逾2600次;获得国家发明专利9项。西安交大工程热物理学科水平一直位于国际前列,动力工程及工程热物理学科在第三轮学科评估时进入前5%。教育部热流科学与工程重点实验室成立,陶文铨作为奠基人和开拓者之一,功不可没。

奋战教学第一线　学生成长引航人

从1966年研究生毕业留校任教算起，陶文铨在讲台上已经度过了四十七个春秋。这些年来，除了出国进修的两年外，他始终站在教学第一线，坚持授课。1966年，刚刚研究生毕业的陶文铨站上了讲台，这一站就从黑发站到了白发。陶文铨说："我是一名老师，只要是好学的学生，我就要尽自己的所能来帮助他们。"

1983年，陶文铨根据在美国进修时的体会，把热工实验室建成了西安交通大学第一个对研究生全天候开放的实验室。西安交通大学本科生的"计算流体力学与传热学"、硕士生的"数值传热学"和博士生的"计算传热学的近代进展"等课程，都是由陶文铨创设的，教材也是由他带着团队成员编著的。

陶文铨创建的西安交通大学传热与流动数值模拟研究团队活跃在国际学术舞台。他培养了许多德才兼备的人才。他的毕业生大部分在国内相关高等学校与企事业单位工作，许多已经成为校、系领导或者学术带头人。"勤奋、进取、求实、融洽"就是陶文铨做人的原则。

陶文铨讲课很有特色，重点突出且层次分明，深受学生欢迎。

本科生教学中，他注意引入新内容，并且常常通过撰写课程论文的方式来培养学生；硕士研究生课程则提高新内容所占的比例；博士生的课程每次都要更新15%~20%的内容。除此之外，他还会特意引入一些有分歧的观点，引导学生进行深入探讨与思考。

虽然陶文铨已经讲过无数遍传热学、数值传热学、计算传热学等课程，但是每次课前，他都会重写讲稿或者修改PPT，增添新的体会和内容。

"不耽误学生的一堂课。"陶文铨用实际行动践行了这句话。

他数十年如一日坚持着，为了不耽误学生的课程，正在英国利物浦大学访问的他特意提前归来，从机场直接赶到教室给同学们上课；甚至上午刚做完白内障手术，下午就去上课。他上课时间控制得非常好，常常这边话音落下，那边下课铃刚好响了。

陶文铨参编的《传热学》（高教版）及编著的《数值传热学》是目前我国热能动力类专业本科及研究生教学中使用最广的两本教材，已经被国内外

> 我是一名老师，只要是好学的学生，我就要尽自己所能来帮助他们。
> ——陶文铨

陶文铨院士认为，西安交大具有富含自身特色的"奉献报国的使命文化、严谨精致的卓越文化、开拓进取的创新文化、团结互助的团队文化"。

文献分别引用超过3 400次与6 500次。他同时还是国内首门《传热学》国家级精品课程、国家级视频公开课程"能源概论"、资源共享国家级精品课程"传热学"的负责人。

言传身教　助青年教师成长

陶文铨十分关注青年教师的成长。

青年教师一参加工作，陶文铨就帮助他们制订进修计划；刚开课时，给予教学指导；申报项目时，则给予帮助和支持。陶文铨的学生还发起捐赠，设立了"西安交通大学陶文铨教育基金"，用于资助母校。饮水思源，这正是陶文铨乐于看到的。如今，年已八旬的陶文铨仍然长期坚持在本科生教学第一线，每晚在办公室为学生答疑解惑。

陶文铨说，自己是第三代西迁精神传承人，未来还会有更多优秀的青年人在西迁精神的引领下，推动西安交通大学跻身于世界一流高校之列。

陶文铨为学生们答疑解惑

"交大西迁,扎根黄土仍然枝繁叶茂,我便是这棵西迁大树上的一片叶。"陶文铨这么评价自己。

发扬西迁精神　关心学校发展

在陶文铨看来,西安交通大学热流科学工程系所取得的这些成绩,是有其历史渊源的。

第一,交通大学西迁时,能动学院(前身动力系)在朱麟五主任的带领下,是迁校最彻底的,这为后期学科发展打下了坚实的基础。

第二,以热工专家陈大燮副校长为代表的前辈严谨治学、认真从教,对热流科学工程系优良学风和教风的形成产生了极其重要的影响。

第三,在60多年的发展中,每个阶段都形成了领军人物。陈大燮、杨世铭、江宏俊三位前辈师长为迁校时的第一代人,第二代是陈钟顼、刘桂玉、刘光宗,第三代是刘志刚、吴庆康、陶文铨,第四代是何雅玲、何茂刚、王秋旺、李国君,第五代的领军人物正在形成中。这使得优良传统得以代代相传。

陶文铨始终心系西安交通大学的发展。在他看来,与沿海高校相比,西安交通大学的发展条件受限这一点是毋庸置疑的,但是,它也有优越的地方。在发展"一带一路"的经济与科学文化合作中,西安交通大学发挥着很大的作用。充分利用这些条件,在与国内外大学交流与合作中提升实力,是西安交通大学发展的一大机遇。

像十余年前国际著名数学家丘成桐教授访问西安交通大学时题写的一副对联中所说的那样:"地处关中交四海豪杰,文承秦汉通天下大道。"

在陶文铨看来,西安交通大学的师生们应该努力发扬具有西安交通大学特色的"奉献报国的使命文化、严谨精致的卓越文化、开拓进取的创新文化、团结互助的团队文化",为把西安交通大学早日建设成世界一流大学而努力奋斗!

> 交大西迁,扎根黄土仍然枝繁叶茂,我便是这棵西迁大树上的一片叶。
> ——陶文铨

邱爱慈

院士中的女将军

人物小传

邱爱慈（1941— ），浙江省绍兴市人。高功率脉冲技术和强流电子束加速器专家。

1964年毕业于西安交通大学后便奔赴位于新疆马兰的西北核技术研究所工作。

1997年，晋升专业技术少将。1999年，当选为中国工程院院士。中国人民解放军总装备部西北核技术研究所研究员、博士生导师、总工程师。

2000年，她担任西安交通大学兼职教授；2005年起，担任西安交通大学电气学院院长。邱爱慈先生是中国强流脉冲粒子束加速器和高功率脉冲技术领域的主要开拓者之一，成功研制多项重要设备装置，主持多项重要科研项目，主持开拓了新兴研究方向并取得显著进展。

一路向西为国家

正如许多西迁老教授一样，邱爱慈先生也抱有这样的信念："祖国的需要就是我的志愿。"1964年10月16日，在广袤的西部大漠深处，我国第一颗原子弹试验成功，一声巨响震惊了世界。

这一年，邱爱慈先生从西安交通大学电机系毕业，她没有选择回到风光秀美的故乡浙江绍兴，而是主动申请到边疆去，到祖国最需要的地方去。

邱爱慈先生学的是高电压技术专业，有不少理由可以回到家乡。然而，她与那个时代的许多大学毕业生一样，认定要去祖国最需要的地方干事业。于是，她来到马兰西北核技术研究所工作，并留在了大西北。几十年中，她的足迹遍布戈壁大漠和黄土高原。怀着对国家的热爱和对事业的执着追求，她与同事们一起艰苦奋斗，为国家做出了重大贡献。

由于大学阶段打下了扎实的基础，分配到单位后，邱爱慈先生很快就适应了新工作的要求。她出色的工作表现，很快得到了领导和同志们的认可。因此，在1971年我国决定研制第一台高阻抗脉冲电子束加速器时，她被委任为这个项目的技术负责人，参与了这台加速器研制的全过程。

1978年，她成为全所最年轻的研究室副主任。20世纪80年代初，邱爱慈先生主动承担起西北核技术研究所提出的"建更大的低阻抗强流脉冲电子束加速器"的科技工程项目调查研制工作。

邱爱慈先生没有"喝过洋墨水"，是在中国土地上奋斗成长起来的，但是，她也不是没有机会出国深造。1983年，国外实验室欲邀请先生访问进修，尽管国家也提倡出国留学深造，但由于国内工作千头万绪，她不忍离开。于是，她婉言谢绝了对方的盛情。

在大西北的几十年中，先生的工作变化多样：从技术员到研究室主任，再到研究所副总工；从学高压搞大电到加速器技术，再到当今的高技术前沿。她的足迹遍布全国许多地方，从戈壁大漠到黄土高原，从古都西安到北京、正如许多西迁老教授一样，邱爱慈院士也抱有这样的信念："祖国的需要就是我的志愿。"她没有选择回到风光秀美的故乡浙江绍兴，而是主动来到马兰工作并留在了大西北。

上海。凭着对事业的执着追求，她与同事们一起艰苦奋斗，为中国高新技术事业的发展和应用做出了重大贡献，留下了一条成功女性的闪光足迹。

西安交大许多师生现在还记得2016年先生在学校"青创论坛"上所做的"科学与人生"的专题报告。报告中，她用"艰苦奋斗，干惊天动地事；无私奉献，做隐姓埋名人"教诲勉励青年教师与学子，激励大家在科学的道路上砥砺前行，在人生的征程中不忘初心。她说，"艰苦奋斗、开拓创新、大力协同、无私奉献"的马兰精神和"胸怀大局、无私奉献、弘扬传统、艰苦创业"的西迁精神都是青年人成长的宝贵财富。邱爱慈先生在论坛上

邱爱慈

强调，"马兰精神"和"西迁精神"是有很多共通之处的，都反映出在国家的建设发展历程中，建设者们千辛万苦在所不辞、勇于克服艰难险阻的精神。正是他们艰苦卓绝的努力，才有了国家发展的美好今天，也为后人留下了永恒的精神财富。

潜心攻关创佳绩

高功率脉冲技术是尖端高技术的支撑技术之一，在许多科研项目中有着重要用途。1971年，年轻的邱爱慈先生参加了我国第一台高阻抗电子束加速器的研制、改进工作，她被委任为这个项目的技术负责人，全程参加研制工作。20世纪80年代初，国家要建更大的低阻抗强流脉冲电子束加速器，40岁的先生主动请缨，在老一代科学家的信任和支持下，承担起这个大项目的研制工作。

邱爱慈先生瞄准当时世界先进水平，把该加速器的指标定在"过几十年也不落后"的水平上；同时，又立足国内实情，依靠他们的力量进行研制，

对国内外情况进行了广泛而深入的调查研究，提出了内容充实的研制可行性论证报告。在制订研制方案的关键时刻，邱先生累得病倒了，但住院107天的先生在病床上并没有停止自己的工作。除了配合治疗外，她还完成了周密细致的研制设计方案报告，得到了上级领导和专家的认可。

项目开始后，邱爱慈先生与项目组近20名同志开始了长达数年的艰苦攻关。先生带领项目组边研制，边实验，边跑对外协作，奔波于大西北、大东北和北京、上海之间。她总是和大家一起分析查找问题的原因，寻求解决办法，常常通宵达旦，解决一个又一个问题，使加速器研制进展顺利并一次调试成功，技术上取得了重大突破。在加速器达到一期指标后，由于工作需要，加速器一边投入运行，提供了大量的物理实验，获得了大量的数据和资料，一边又很快地调试并达到了它的二期指标。随着一个又一个技术难点被攻克，加速器研制进展顺利并一次调试成功，研制工作最终取得了圆满成功，使我国成为世界上少数几个掌握这一高难技术的国家。几十年来，这台加速器仍然在科研试验中发挥着重要作用。

后来，人民日报等国内权威媒体对该项目的成功做了报道，称它标志着"中国加速器研制跨入世界领先行列"，"中国高科技领域又一重大突破"，"中国基础科学研究引起世界科坛瞩目"，等等。该加速器在科研试验中发挥着重要而又不可替代的作用，标志着中国在这个领域已占有一席之地，成为继美、俄、英等国之后掌握这一高技术的国家。该加速器的重要意义是对邱爱慈先生艰苦工作的最好肯定。

近年来，古稀之年的邱爱慈先生在军民融合的大背景下，面向国家重大需求，响应总书记提出的科技创新"三个面向"的总要求，开展了"Z箍缩重大科技基础设施"研究工作，取得显著进展。此项目是教育部首批国家重大基础设施培育项目，也是西安交大一批前沿性、战略级的"大科学装置"中的重点级项目之一，更是中国西部创新港、"一带一路"的领军项目。谈及此项目，邱爱慈先生说："我会继续为这个项目搭建平台，组建人才队伍，因为这是我的梦想，这也是钱学森先生等老一辈科研工作者共同的梦想。"

邱爱慈院士认为，"艰苦奋斗、开拓创新、大力协同、无私奉献"的马兰精神和"胸怀大局、无私奉献、弘扬传统、艰苦创业"的西迁精神都是青年人成长的宝贵财富。

胸怀国家搞科研

> 一个人的成功，离不开集体和环境，我只是事业队伍的一分子。是党和政府培养了我，我只是实实在在地做了国家需要我做的事，党给了我很高的荣誉。
>
> ——邱爱慈

邱爱慈常说，科技人员要把个人的成长融入事业中，要把握机遇，正确定位，挑战自我，不断学习，在科研上持之以恒。

谈起自己的科研试验经历，邱爱慈先生深有体会：一个人的成功需要机遇，也要善于抓住机遇，把个人的理想追求与国家的需要紧密结合，勇于开拓创新，把机遇变为成功。同时，又要有对事业无私奉献的精神，才会有毅力和恒心去做成事情。

一名女同志要做出同样的成绩，付出的要比男同志更多。1969年，她回老家生第一个孩子后，把孩子留给了已60多岁的老母亲，赶紧回单位工作。1971年，她生第二个孩子后，正赶上在北京召开中国第一台脉冲电子束加速器总体方案讨论会，而且会后要经常出差，她只好又把孩子交给了母亲，送到绍兴乡下找奶妈抚养。

1971—1975年期间，邱爱慈先生有时在自己所里工作，有时要去外地参加加速器研制协作。为了减轻母亲的负担，她曾将女儿接回自己身边。1973年，女儿刚刚习惯了这个新家，此时加速器研制却遇到了前所未有的困难，需要她长时间去外地出差协作。为了工作，她又将女儿送回浙江老家交给母亲。但是，由于母亲年纪大了，实在没有精力同时照看两个孩子，只好将大的女儿送进幼儿园全托。先生上午把女儿送进幼儿园，下午就走了。由于不习惯，女儿在幼儿园哭了整整一周，得了慢性咽喉炎，许多年都治不好。每每想起来，邱先生就感到内疚。

几十年来，不管是做具体技术工作，还是做领导工作，邱爱慈先生都非常认真。为了把工作做得更好，她比别人思考更多，努力更多。工作中，她身体力行，深入实际，同时也非常重视在实践中培养年轻的科技干部。十几年来，跟她一起参与大型设备研制与科研试验的年轻科技干部和她培养的硕士、博士，如今已成长为各方面的技术骨干，正在各自岗位上发挥着作用。

她当技术员时是个好技术员，当主任时是个出色的主任，当领导时是个有作为的体恤下属的领导。

1993年，她担任西北核技术研究所副总工程师职务，主管研究所的实验室建设和预研工作。她积极地思考和调研，为了提高研究所的试验建设水平以适应今后的发展，她提出一些建议并争取其他领导和专家的支持。与此同时，她充分利用国家给予的政策机会，积极和国内外研究者合作，几年中使研究所实验室建设得到了很大的发展，为高技术领域的研究发展奠定了物质设备基础。

现今，邱爱慈先生虽年过古稀，但依然活跃在科研工作一线。她非常注重对青年教师和学生的指导和培养，为他们搭建平台、创造机会，还用自己艰苦奋斗的亲身经历勉励他们保持工作热情与激情。

此外，邱爱慈先生常常用亲身经历和生活感悟指导青年教师如何处理好工作与生活、事业与家庭的关系，如何保持乐观豁达的心态，不计较一时得失，化解自身的烦恼。

1999年，时任中国人民解放军总装备部政委的李继耐政委，在信中赞誉邱爱慈先生是当今中国女将军中唯一的院士，院士中唯一的女将军。回顾先生不凡的人生历程：生于战乱，自强不息，她在苦难中成长；为了国防科研工作，她贡献了毕生的精力；培养学生，她付出的是浓浓的爱。

邱爱慈先生用拼搏奋斗和刻苦钻研拓宽了她的人生轨迹，也收获了许多见证她辛劳和汗水的荣誉。对于这些荣誉，邱爱慈先生说："一个人的成功，离不开集体和环境，我只是事业队伍的一分子。是党和政府培养了我，我只是实实在在地做了国家需要我做的事，党给了我很高的荣誉。"

在邱爱慈先生的人生岁月中，她始终用一名共产党员应有的责任和热情，投入国防建设和教学事业，用积极进取的精神感染着身边的人。

卢秉恒

西迁精神在传承中生辉

人物小传

卢秉恒（1945— ），安徽省亳州市人。中国机械制造与自动化领域著名科学家，现为中国工程院院士，西安交通大学教授、博士生导师，任快速制造国家工程研究中心主任、国务院机械学科评议组召集人、中国机械工程学会副理事长、中国机械制造工艺协会副理事长、全国高校金属切削机床学会理事长。

卢秉恒院士主要从事快速成形制造、微纳制造、生物制造、高速切削机床等方面的研究，先后主持20余项国家重点科技攻关项目，曾获国家科技进步二等奖、国家技术发明二等奖、"做出突出贡献的中国博士学位获得者"称号、全国五一劳动奖章、全球华人蒋氏科技成就奖等。

不忘初心忆恩师

卢秉恒曾在回忆中说："生身父母是自己无法选择的，导师却是可以选择的。""文革"十年，大学停办，科技冰封，信息不畅。他在工厂工作11年后，本着"充电"和解决家庭问题的双重考虑，决定报考西安交通大学的研究生。当时，对于如何选择导师，卢秉恒一度十分茫然，于是，就挑选了自己所学专业招研目录上的第一位老师——顾崇衔作为导师。入学不久，他就发现，自己非常幸运地碰上了一位博学广识、宽容睿智、诲人不倦的好导师。这一选择促成了卢秉恒一生的追求与成功。

1979年，卢秉恒入校读研究生。当时"文革"刚拨乱反正，顾崇衔就率领西安交通大学一批青年教师进入机床动力学研究领域，快速达到国际前沿水平，吸引了国际大师托巴斯教授、吴贤明教授数次来访。据卢秉恒回忆说，当年他的论文选题是《机床在切削状态下的动态特性研究》。在做了大量试验后，他写出论文交给导师顾先生。顾先生看后很高兴，让他在老师和研究生的研讨会上报告。报告中，他在阐述自己提出并推导的一个修正噪声影响的公式时记不清了，正要拿起稿子看时，没想到顾先生竟脱口而出。这一举动使卢秉恒深切地感受到顾先生的记忆力之强，以及其对学生研究的深切重视，他对此感慨万千。就这样，卢秉恒以为自己可以静待答辩了，谁知第二天，顾先生就交给他一本鲁汶大学的博士论文，这是国际上第一篇系统研究机床模态分析的论文。面对导师的行为，他心想：导师要求太高，这一下几乎又要再做一篇毕业论文了。后来，他用此法对数据做出分析，写出论文，还被推荐到国际生产工程科学院杂志上发表。卢秉恒深知，是顾先生的鼓励把他引上了学术研究之路；也正是顾先生的严格要求，使他受到了严格的学术训练，培养了他严谨的学术作风。这样的导师吸引着卢秉恒克服家庭困难，继续读顾先生的博士。不止如此，毕业后他还被留在顾先生身边当助手。

1986年，卢秉恒博士毕业不到半年，顾先生就给了他一个通知，让他去参加教育部论证 CIMS 的会议。卢秉恒当时很茫然，觉得自己并不了解什么是 CIMS，怎么去开会呢？然而顾先生说："你去了，不就了解了吗？"回来后，顾先生还要求他向校长汇报，向校内知名教授传达。在以后的学术活动中，顾先生非常注重学生创新能力的发展。在顾先生的带领下，西安交通大学多学科合作，成为首批进入"863 计划"的高校，建立了科技部"863"质量控制研究网点单位。由于顾先生的促进，树立了校内多学科交叉合作之先风，奠定了西安交通大学在高技术领域的研究地位，影响深远。

卢秉恒回忆说，在学术上，顾先生态度严谨。自己的硕士论文、博士论文的每一个标点符号，顾先生都改过。"追忆做顾先生学生、助手的日子，先生的学识、为人、创新、高瞻远瞩等品质和学术领军的风范，都值得我终身学习，并令我终身受益。"

不畏艰难勇创新

卢秉恒是在西迁精神熏陶下成长的西安交大博士，义不容辞地成为西迁精神的传递者。而他的西迁故事，最生动地体现在他科技强国的梦想里，特别是对 3D 打印技术的探索历程。所谓 3D 打印是一种快速成型技术，它实现了制造从等材、减材到增材的重大转变。

1992 年，卢秉恒赴美做高级访问学者。在一次参观汽车模具企业时，他首次看到快速成型技术在汽车制造业中的应用。他敏锐地意识到这一技术的先进性，提出中国完全有能力自主开发这种机器。当时，美国也只在 6 年前才做出第一台样机。1993 年回国后，卢秉恒带着 4 个博士生在简陋的实验室开始了艰苦的研发历程。他曾说："当时对快速成型只有概念，没有任何资料，只能通宵达旦一遍遍做试验摸索。"由于条件艰苦，他们经常骑着三轮车满西安市找机械厂加工关键部件，常常被试验用的材料熏得眼泪鼻涕一大把，但大家都很拼，一心要做成。正是这种骨子中的民族自信，才支撑着卢秉恒潜心科研，支撑着他为创造中国新的科技成果，不畏艰难，执着向前。

科研资金的匮乏成为新型科研项目推进的绊脚石。卢秉恒大致算了一下，没有100万元是不行的。当时的情况是，科研经费仅有卢秉恒出国前剩余的六七万元和学校支持的2万元，这显然是杯水车薪。唯一的办法就是自力更生，像当年邓小平带领国家推进改革开放一样，只能是摸着石头过河，自己努力"杀出一条血路"。因此，他带着博士生自己开发软件、研发设备，除了能买到的一些机械零配件，其他像动态聚焦镜、聚光镜等设备，几乎都是他们自己动手做出来的。机器上的激光器要3万美元，他们买不起，就联合兄弟院校花了3万元人民币试制了一台紫外光激光器。实验用的特殊材料，国外进口价要每千克2 000元，而做一次试验起码要30千克，国内材料又不成熟。因此，卢秉恒找到化工学院，共同开发出光敏树脂，每千克成本只要100元。至于自己开机床做试件，更是经常的事。曾经有工人看到卢院士做的试件，惊叹说，这水平绝对达到了五级工。这不仅是对他动手能力的高度肯定，更是对他踏踏实实搞科研、一心一意求发展的赞扬。

之所以能达到这样的水平，那是因为卢秉恒在大学毕业后的11年间，曾将厂长、工程师和工人的工作一肩挑，无论车铣刨磨钻，还是产品设计、工艺、模具，甚至生产、调度，样样拿得起放得下。卢秉恒曾说："我很感谢在工厂的那段经历，也得益于手上的老茧，让我们申请到了国家重点科技攻关项目250万元的资助。"其实，看起来他说得很轻松，可有多少人知道，那布满老茧的双手背后，是面对资金短缺等诸多困难仍一心要做成事的执着与坚韧，是夜以继日的艰苦奋战和一分一文的精打细算，是攻克数不尽的艰难困苦后，最终如期摆在考察组面前的快速成型样机。

2015年8月21日，国务院总理李克强主持国务院专题讲座，特邀卢秉恒讲授先进制造和3D打印技术，"听众"是国务院总理、副总理、国务委员，以及各部部长，还有央企、金融机构负责人等。

在接受媒体采访时，他说："'先进制造与3D打印'这个题目是国务院领导亲自选定的，这也意味着国家领导非常重视促进中国制造上的水平……而这盘大棋的紧要处之一，就是要抓住世界产业技术发展的新趋势，改造传统意义上的中国制造，3D打印正是这样的尖端技术之一。"据他介绍，我国

追忆做顾先生学生、助手的日子，先生的学识、为人、创新、高瞻远瞩等品质和学术领军的风范，都值得我终身学习，并令我终身受益。

卢秉恒院士虽年逾古稀且疾病缠身，但他并没有停下脚步，不是在实验室，就是在出差的路上，时间都是以小时计，他仍然坚持很多事情自己做。

3D打印技术虽然起步较晚，但针对国际上的主流技术，中国都已开展研究，也开发出了自己的装备，甚至领先国外十年研发出了个性化匹配的钛合金骨头。在航空航天和医疗这两个领域中的3D打印技术应用上，中国走在世界前列。但目前，中国3D打印技术的主要缺陷在于产业链尚未形成、原创技术太少、产业化的应用规模远远不够。因此，卢秉恒有了两种身份：他既是学科带头人，又是上市公司的董事长。对于这两种身份的协调与转换，他是这样说的："这两种不同的身份区别还是很大的：作为一名学科带头人，要创新，对论文有要求，要拿国家课题；作为一家公司的董事长，首先要让这个公司经营下去，有一定的盈利，发展得好。这两者的目标完全不同。"

对于卢秉恒来说，从20多年前的寂寂无名到如今的声名大噪，3D打印在国内的发展，令熟悉的人不由得向他竖起大拇指：有远见、看得准！

但是，他却说："当时也没看那么远，我看的是新。当年做3D打印是既没钱又很花钱的事情。有人说，上哪儿去弄一百多万元？我说竖起招兵旗，定有吃粮人。只要是创新性课题，肯定会有人支持；能拿到资金，也会有人感兴趣前来加盟一起研究的。"

但话虽这么讲，当时国内对3D打印的了解其实甚少，很多人不看好，但卢秉恒说："我做课题有个原则——凡是别人做过的，我就不做了。专找别人没挖过的矿挖。"卢秉恒的科研道路，每次都紧扣国家重大需求，自辟新路开拓创新，进而取得令人瞩目的成就，并带动整个团队乃至学院做大做强，其浓厚的学科交叉意识和对整个学科发展前沿的准确把握，让人叹服。

当然，技术创新离不开具体实践，这意味着技术创新不是空想，不是理论上字词的重组，而是实打实地创新研究思路和研究方法。卢秉恒曾说："制造技术创新，不但需要理论素养，更需要工程实践能力与坚持的韧性。"

他不赞成为了论文而论文的研究方式。他说过，论文不单要写在纸上，更要写在产品上，写在装备上。他带学生就要求两点：要有新思路，自己动手干。这是他自身的科研态度，更是他教书育人的基本立场。

努力奋斗求务实

卢秉恒不仅有着深刻的创新精神，更有着明确的务实精神，那就是不唯学问，而是把做学问当作服务国家建设的重要渠道。2013年，按照卢秉恒的提议，西安交通大学机械学院开始实施"制造装备行业领军人才计划"。学生在学校学课程做课题，到企业做工程实践，还要到国外大学进修，甚至到国外企业工作。卢秉恒说："我们学校不只要做'工程师的摇篮'，更要培养国家和企业急需的行业领军人才，因此理论知识、企业实践和国际视野均不可或缺。我们每年毕业那么多博士，发表了那么多科研论文，申请了那么多专利，为什么技术没明显提升，企业没感觉到效益？因为做的都是'假学问'。"

在航空航天和医疗领域的3D打印技术应用上，我国走在世界前列。但产业发展太慢、企业规模不足，和国外相比仍然有不小的差距。卢秉恒认为，当下最要紧的任务是做好国家层面的协同创新，让企业成为投资研发、成果应用、集成创新的主体，引导更多资金流向实体经济、先进制造业。"我们有信心在'中国制造2025'计划中，提前十年实现以3D打印为代表的增材制造目标，与美国并驾齐驱"！正是这股子对中国科技发展的信心支持他的科研团队克服重重阻碍，攻克一项又一项的科研难题。这是每个研究者所应该具备的态度。

卢秉恒已经70多岁了，还患有高血压、冠心病，心脏放了4个支架，但他并没有停止脚步，不是在实验室，就是在出差的路上，时间都是以小时计。虽然学院给他专门配了秘书，但是，他仍然坚持很多事情自己做，外出从不让别人帮忙拎包。他的学生邵金友深有感触地说："别看卢老师70岁了，但他的工作节奏和强度，一般小伙子未必能跟得上。"但卢秉恒却认为，这是一种责任在肩的"激发态"。他曾说："年轻时我就梦想能科技报国，上大学遇上了'文革'，毕业后又下车间待了十几年，耽误了不少时光。现在赶上了国家发展的好机会，就想尽力为国家多做些事情。"

正是卢秉恒一丝不苟的工作态度和科学严谨的工作方法，才使得我国的3D打印技术取得现在这样的成就。他是交大西迁后，在经历过各种艰难困苦，最终实现发展的西安交通大学中成长起来的。他见证了西迁后学校的各方面建设成果,更是在博士毕业后继续秉承交大扎根西部的诺言,用自己的实际行动为交大的发展增光添彩。

当然,卢秉恒身上所有的不仅是作为一名学者必备的素质,更是作为一个负责任的中国人应有的使命担当。他把科技兴国的口号落实到了实践中,有力地证明了交大西迁的正确性、党的政策的科学性。

虽然,没能亲自去拜访卢秉恒院士,但是,我们在整理资料的过程中,为卢院士的治学与为人、为中国在机械制造上取得的成就深感自豪和骄傲。最近一直在宣传西迁精神,我们认为,西迁精神并不止于最初一批到西安的交大人,他们为西安交大的腾飞打下了坚实的基础。但是,更为重要的是,他们把这种爱国与奉献精神深深地印刻在了交大人的血脉里,让它流淌,更让它传承,让它成为交大人最深沉的默契。当然,包括卢秉恒院士在内的一大批为西安交大的发展做出贡献的老前辈,他们有着更为宏大的格局和更为高远的视野,他们把为国家的科学发展和实业发展,作为自身奋斗的最高目标。如今我们弘扬西迁精神,不仅仅是表达对一代代为交大做出贡献的前辈的最高敬意,更是为了激励当下的青年学子努力学习,胸怀梦想,秉承爱国奉献的传统,把论文"写"在中国大地上!

2015年8月21日,卢秉恒教授在国务院讲授先进制造和3D打印技术

蒋庄德

从"零的突破"到"高端领跑"

人物小传

蒋庄德（1955— ），汉族，辽宁省大连市人。中国工程院院士，教授，博士生导师。1977年7月毕业于西安交通大学机械制造专业，1988年获西安交通大学工学硕士学位。1998年5月加入民盟。历任第十一届、十二届全国人大常委，民盟中央常委，西安交通大学副校长（2004—2014），精密工程研究所所长，微米纳米中心常务副主任，机械工程和仪器科学与技术两个一级学科博士生导师，国家高技术研究发展计划（863计划）先进制造技术领域专家组成员，国家微检测技术工程研究中心专家委副主任，中国机械工程教育协会常务副理事长，中国微米纳米技术学会常务理事，中国机械工程学会微纳制造分会副理事长、生产工程分会副理事长，中国计量测试学会理事，陕西省机械工程学会副理事长，陕西省MEMS研究中心主任等重要职务。

2013年12月19日，当选为中国工程院机械与运载工程学部院士。2017年5月，荣获全国创新争先奖。

先后主持承担国家自然科学基金重点项目、"863"重点项目、"高档数控机床与基础制造装备"科技重大专项重点项目、"973"子项目，以及一批省部级重大、重点项目和多项国际合作项目等。荣获何梁何利科学与技术进步奖、全国高等学校优秀骨干教师、全国优秀博士学位论文指导教师、西安交通大学研究生教育突出贡献奖等荣誉称号。

主编论著2部，发表学术论文400多篇，其中SCI收录100余篇、EI收录260余篇；被授权中国发明专利100余项，美国发明专利1项，获中国专利优秀奖1项，软件著作权15项；担任国际国内重要学术会议的大会主席20余次，国际会议Plenary和Keynote等特邀报告20余次。

20世纪90年代初,微机电系统(MEMS)和纳米技术成为世界高新科技竞争的制高点。蒋庄德敏锐地意识到了这一发展趋势和巨大潜力。

1993年,他率先向学校提交了《关于立即开展纳米技术和微型机械研究的报告》。当时,作为机械、电子等学科的交叉领域,微机电系统和纳米技术研究在国内均属于新兴研究领域,正处于无资金、无队伍、无专业实验室的"三无"状态。

学校对此项报告表示非常认可,答应提供2万元作为启动资金,支持他开展这一领域的探索性研究。拿到科研启动资金,蒋庄德内心的喜悦之情难以言表,当即决定从骊山微电子公司购买一批二手设备,自己动手在实验室搭了一个简易实验室。因科研条件有限,他就带着研究生们借居姚熹院士的实验室,醉心科研,鏖战数月。就这样,在一个完全陌生的领域从零开始,他们边学边做,摸爬滚打几个月之后,最终成功研制了分度圆直径为300微米的硅基渐开线齿轮和阵列式硅微传感器。这一科研成果的问世,让蒋庄德感受到了胜利的喜悦,更坚定了他继续搞科研的决心。

当然,随着研究前景日益明晰,蒋庄德获得了越来越多的支持:国家自然科学基金、国防青年基金、教育部博士点基金、国家重点实验室基金……特别是在学校的支持下,团队终于结束了"借壳"生活,从中科院化学所购置了扫描隧道显微镜(STM)等仪器设备,拥有了一个50平方米左右的超净实验室。与此同时,一项项成果也接踵而来。

在微纳制造与先进传感技术领域,他主持研制的耐高温压力传感器、高动态MEMS压阻式特种传感器及系列产品,解决了航空航天、军工、兵器、船舶、石化、先进制造等领域高温恶劣环境下的压力(加速度测量难题),满足了微小尺度下高动态压力(加速度的快速响应测试需求),打破了国外的技术封锁和垄断,并将微机电系统产品推向工程应用,引领和带动了高端微机电系统传感器技术的发展。

在超精密加工技术及装备领域,针对激光核聚变装置、卫星用光学系统、大型天文望远镜等国家重大工程及国防尖端技术对高精度大口径光学非球面元件(Φ400毫米以上)的极大需求,他主持研制出了国内首台1 500毫米大口径非球面车磨复合机床，填补了国内空白，打破了国外技术封锁，对提升我国相关领域核心竞争力和创新能力具有重要意义。

在微纳米技术领域，他主持并开展了纳米样板制备和比对溯源理论与技术研究，为我国纳米计量标准的建立奠定了基础。

同时，他在国际上首次提出了基于原子层沉积（ALD）技术的纳米台阶样板制备方法，成功研制了国内首批亚 25 纳米单台阶样板和国际上首批纳米多台阶样板，填补了此方面的空白。

他所开发的激光扫描测量仪、多功能复合式坐标测量机、精密齿轮测量中心等多项产品的性能指标，达到了国外同类产品先进水平，并且实现了产业化，广泛应用于我国的军工和民用领域。为表彰蒋庄德突破了一系列技术难题，开发了具有自主知识产权的 MEMS 耐高温、耐高压、高过载、超高 g 值和集成传感器等系列产品，打破了国外的技术封锁与垄断，2006 年他被授予国家技术发明二等奖，2009 年被授予国家科技进步二等奖。

卢秉恒院士既是蒋庄德 20 多年科研之路的见证者，同时也是他的师长。就连卢院士也常常感慨蒋庄德的这股子韧劲，"通过 20 多年坚持不懈的研究，他突破了微机电系统器件能看不能动、能动不能用的困局，终于在国内率先将微机电系统传感器技术推向工程应用"。

的确是这样，蒋庄德引领了我国耐高温压力传感器及系列 MEMS 器件的自主创新研究，带动了数字化精密测量技术与装备的研发与应用，开辟了高端 MEMS 传感器技术新领域，发展了数字化精密测量技术。

从"零的突破"到"高端领跑"，蒋庄德花了整整 20 年。

"十年基础、十年应用"，尽管当中也是一波三折，却总算是守得云开见月明。总结这 20 多年来的经验心得，蒋庄德坦言："搞学问切忌跟风，要不受各种'热闹'干扰方可。只有坐得住，才能立得稳。"

作为一名科技工作者，我们要抓住机遇，不忘初心，奋勇前行，为建设创新型国家，实现科技强国梦，贡献自己的力量。

爱岗敬业情　立志报国心

"作为一名科技工作者，我们要抓住机遇，不忘初心，奋勇前行，为建设创新型国家，实现科技强国梦贡献自己的力量。"这是蒋庄德对建设世界科技强国的深情表白。

2014年，蒋庄德当选为陕西省科学技术协会主席，承担起带领全省科协组织，服务创新驱动发展战略、服务公民科学素质提高、服务党委政府科学决策的重要职责。他格外强调科学家要承担起科普的责任和义务。

随着学科分化和科学家的职业化，不但普通公众很难知悉最新的科学前沿，而且不同领域的科学家也很难了解彼此的工作。

因此，不同领域科学家之间进行互相"科普"也成了当前科学发展的趋势，这样，可以避免"闭门造车"和跨界"笑话"。

"科技工作者要通过向公众普及科学知识、弘扬科学精神、传播科学思想，引导公众对科学有正确的理解。只有这样，才能进一步形成全社会支持创新、宽容失败的良好氛围，从而为科学家从事科学研究创造良好的社会条件……特别是当前，我国正在推进国家创新体系建设，迫切需要不同领域科学家之间的了解沟通和协同创新。从这个意义上来说，科学家开展科学普及也成为其科研工作的重要部分。"蒋庄德如是说。

> 蒋庄德院士只要有时间，就会找青年教师和学生交流，询问青年教师科研、工作及生活情况，了解学生的研究进展。

精神传承永不断　桃李满园永留香

对于西迁老教授们，蒋庄德时常说："他们是我的老师和前辈，默默无闻、踏踏实实地在西部奉献一生，令人敬佩！"同时，感恩于前辈和学校对起步阶段的自己所给予的支持，现如今已成为院士的蒋庄德，也像自己的前辈一样支持着自己的学生。他时常对学生们说："划好了道，你们只管往前跑，甩开膀子，别有压力和顾虑！"当有人问他这么做的理由是什么时，他笑了笑说:"这是一种精神的传承。"

周惠久、谢友柏、汪应洛、屈梁生、卢秉恒、蒋庄德六人都是从西安交通大学机械学科教师中产生的院士。回忆起与老师交往的细节,其中让蒋庄德印象特别深刻的是,当时站讲台可谓是"要求很高":正式上课前必须试讲,被老师们挑了一堆毛病后,至少改个两三遍。这些砥砺磨炼和耳濡目染,将求真求实、淡泊名利的传统学者精神彻彻底底地"种"到了蒋庄德心里。

蒋庄德指导学生既"放"又"管",重视个性化培养,坚持因材施教,采取导师负责、交叉指导的育人模式,坚持鼓励创新、发扬优点的理念,为每个学生规划成才之路,于细微之处见真章。

截至目前,他的学生中已有近10名博士生分别赴英国伯明翰大学、加州大学伯克利分校、新南威尔士大学和香港城市大学进行联合培养。近五年,团队中参加国际会议的研究生有200多人次,出国交流访问的有90多人次,培养了微纳制造、精密加工技术与装备、精密测量、纳米科学与技术、生物仪器等多个方向的研究生,已毕业博士82名、硕士212名、国际留学生4名,在读博士80名、硕士89名、国际留学生5名,约30人次获得国家奖学金。

蒋庄德(左六)和他的科研团队

蒋庄德时常对学生们说:"划好了道,你们只管往前跑,甩开膀子,别有压力和顾虑!"

已毕业的学生中，有的已成长为长江学者、国家杰出青年、首批科技部中青年科技创新领军人才、国家百千万人才、青年千人、全国优秀教师、全国优秀科技工作者、教育部新世纪人才、陕西省高层次创新创业人才，有的荣获全国"百篇优秀博士学位论文"，有的获中国机械工程学会青年科技成就奖、陕西省青年科技奖，还有的入选中国科协首届青年人才托举计划。

蒋庄德所带领的团队也是人才辈出，团队成员有"长江学者特聘教授""国家杰出青年基金获得者""国家百千万人才""国家有突出贡献的中青年专家""'万人计划'中青年科技创新领军人才""全国优秀科技工作者""科技部创新创业人才""国家青年千人""三秦学者"等。团队中有五人入选"教育部新世纪人才"。2011年蒋庄德团队入选教育部"长江学者创新团队"，2012年入选"高等学校学科创新引智计划（111计划）"。

学生眼里的蒋庄德是实事求是、勤奋工作、无私奉献、和蔼可亲的长者，也是科学研究和人生道路上的良师益友。蒋庄德只要有时间，就会找青年教师和学生交流，询问青年教师科研、工作及生活情况，了解学生的研究进展。这种关怀是发自内心的，也是感人至深的。

蒋庄德胸怀大局、无私奉献、精益求精、厚积薄发，不断为微纳技术领域培养一批又一批具有良好科学素养的高端优秀人才，也为西安交通大学的人才培养和科学研究树立了光辉的旗帜。

徐宗本
秦岭水土哺育的大数据权威

人物小传

徐宗本（1955— ），陕西省商洛市人。中国科学院院士，曾任西安交通大学副校长、数学与统计学院教授，博士生导师。

现为国家重点基础研究计划（973）"基于视认知的非结构化信息处理理论与关键技术"首席科学家。

1991年，获国家教委及国务院学位委员会联合授予的"做出突出贡献的中国博士学位获得者"称号。

2007年，"基于认知与非欧式框架的数据建模基础理论研究"获国家自然科学二等奖；2008年，获第二届CSIAM苏步青应用数学奖；2010年，在国际数学家大会上做45分钟报告。

农家出少年　坚韧奋斗不息

> 生命的挣扎在他的心里种下了助人和感恩的种子，也培养了他积极向上的人生态度。

近年来，出现越来越多"寒门难出贵子"的声音，使得农村娃处于很尴尬的境地，加深了这个群体的自卑心理，从言论上降低了他们成为贵子的成功率。可是，有这么一个朴朴素素的农家少年，他用自己的经历、行动证明了农家娃也能够在茫茫人海的激烈竞争中出彩，他将自己的智慧、修养传递给青年一代，让他们也能够明白人生的精彩是靠努力书写的。他，就是中国科学院院士、西安交通大学教授徐宗本。

他毫不避讳自己来自农村，童年生活艰苦。他感谢自己的家庭，感谢父母给他言传身教的人生智慧。他说，行为决定习惯，习惯决定性格，性格决定命运。苦涩的童年教会了他承担和坚韧。

为了照顾体弱的母亲，他和姐姐承担起了家里繁重的劳动：打猪草、背红薯、上山砍柴、挣工分，样样不落。"什么是坚持？"徐宗本说，"坚持就是背红薯时摔得满身是伤，也要咬牙忍痛将散落的红薯一一拾起，继续背回家。"生命的挣扎在他的心里种下了助人和感恩的种子，也培养了他积极向上的人生态度。在家庭遇变故时，在艰难求学时，他由衷地感受到被人帮助是一件多么美好的事情，也下决心要做一个能够帮助别人的人。命运的转折带给他更广阔的天地、更远大的志向。从进入西北大学求学时起，他便立志做一个能影响别人、影响社会的人。他 30 年上下求索，潜心教学和科研，发表 200 多篇国际论文，但仍然心怀梦想，不懈追求，终于迎来了事业的爆发期：获得苏步青应用数学奖，应邀在世界数学家大会上做 45 分钟特邀报告，2011 年当选为中国科学院院士，等等。他取得众多佳绩，这一切的幸运源自性格的坚韧、志向的远大、工作的勤勉、做事的投入和为人的诚恳。

他在用自己的坚持、习惯改变了自己的命运的同时，不忘"穷孩子"本色，设立"希望之翼助学基金"，每年帮助两名没钱上大学的山里娃实现大学梦。他期望以这种方式回馈秦岭家乡的养育，让更多像他这样的山里娃依靠知识改变命运。

"如果一个人愿意用一辈子的时间去养成某种习惯,久而久之,这种习惯便会成为你的一种特质,这种特质便会养活你一辈子!"徐宗本身体力行,用自己的亲身经历生动诠释了这句话。

驰骋数学路　服务国计民生

一个农家少年,带着"学好数理化,走遍天下都不怕"的朴素理想,叩开了数学殿堂的大门。30年的默默钻研,中国科学院院士、西安交通大学教授徐宗本,将纯数学带进应用之门,在智能信息处理的数学基础研究方面,取得了系统性创新成果。

徐宗本长期从事Banach空间几何理论与智能信息处理的数学基础方面的教学与研究工作。从18岁跨入大学校门至今,他一直在这个很多人看起来枯燥、抽象的学科当中探索研究。"在大家的印象里,数学家是从事基础研究的,工作内容比较枯燥,其科研成果的转化和老百姓生活的距离比较远。在给国家提出很多关于大数据应用建议的时候,我就在思考如何能让我们的研究直接帮助国家解决现实问题。我觉得,我们不能光是嘴上说说,更要去行动。最近我们还真探索出一些有趣的东西。"徐宗本兴奋地说。

"老百姓看病难、看病贵,根源在哪儿?在于我们国家的优质医疗资源有限,而且分布不均衡。大型医院聚集了大量优秀的医疗人才和先进的医疗设备,这直接导致大型医院人满为患,基层医院门可罗雀,尤其一些偏远地区的医疗机构连一台CT机都没有。而我们正在做的事情,就是利用大数据的手段实现CT机等高级医疗设备的普及化,以及医疗队伍的智能共享。CT机、核磁共振成像设备等的核心技术大多由国外公司垄断,设备购买价格昂贵。我们现在研发的技术叫'分部式医学影像技术'。这项技术将CT检查分成了三个部分,'CT终端机'负责信息采集,'CT成像中心'负责成像,'大数据中心'将所有的CT病例资料汇总并进行智能诊断,给出病情分析和治疗

> 我在思考如何能让我们的研究直接帮助国家解决现实问题。我觉得我们不能光是嘴上说说,更要去行动。
> ——徐宗本

> 做学问就是心系国家，服务大局。我们唯一能做的事情就是在科学上对国家有所贡献，用我们的技术为人民服务。
>
> ——徐宗本

建议。将CT机'分解'之后，一个市，甚至一个省只需要建立一所'分部式医学影像技术中心'，就足以处理辖区内所有上传的数据。而CT终端机构造简单，成本较低，很容易实现普及化。到那时候，我们的CT终端机就可以到偏远农村去，甚至可以装配到每一辆120救护车上。而我们的大数据智能诊断系统也将大大减少因为医生读错片子导致误诊的现象。同理，核磁共振等设备的普及，也可以借鉴这个模式。可以预见，这项技术对于逐步实现'人工智能医疗'，甚至'无人医疗'意义重大。"徐宗本说。

他提出的L二分之一正则化理论，被广泛应用于雷达数据采集、军事侦测，以及地球遥感等重大领域中。去年在他的倡议下大数据算法与分析技术国家工程实验室落户西安交大，为我国的创新发展和人才培养提供了有力支撑。

"我们的价值就在于用科研成果服务国家需要，支撑国家计划。"在谈到科研探索路上的艰辛时徐宗本说，"创新大致可以分为两种：技术创新和知识创新。其中，知识创新大多是根本性的、革命性的、颠覆性的。大数据就属于知识创新的范畴，这样的创新更加需要基础研究的支撑和推进。如何用好大数据这种新型的生产资料？这是前人从未走过的路。在探索过程中，遭遇失败是很正常的现象，并不是每一次尝试都会取得成功。我们科研人要做的就是大胆假设，细心求证。"

徐宗本院士长期坚持在教学科研第一线，四十年如一日，在承担和完成繁重的教学科研任务的同时，坚持以科学普及为己任，教书育人，服务社会。他说："老一代人那种扎扎实实、淡泊名利、不求回报的品质，我觉得做学问特别需要的就是这种精神，做学问就是心系国家，服务大局。我们唯一能做的事情，就是在科学上对国家有所贡献，用我们的技术为人民服务。"

徐宗本院士说："听完党的十九大报告，我感到十分振奋。作为科技工作者，我们前进的路径已经清楚，接下来就需要我们每个人扎实工作，共同努力，在中国共产党的领导下，真正实现中华民族的伟大复兴。"

已经在国际数学界小有成就的徐宗本还在孜孜不倦地推广数学科学，带领团队继续在数学应用的道路上不断创新。他说，作为新时代的科研工作者，更应该扎实践行习近平总书记的指示要求，传承西迁精神，攀登科学高峰，服务国家建设。

西迁回忆故事

史维祥

回忆西迁事　永驻情怀梦

人物小传

史维祥（1928— ），江苏省溧阳市人。1949年初在交通大学机械系读书期间秘密加入中国共产党，1952年毕业留校。1956—1960年赴苏联加里宁工学院攻读副博士，毕业后回到西安交通大学工作。他是我国著名的液压传动及控制专家、国务院学位委员会委员、流体传动与控制学会及全国教学指导委员会主任委员。曾兼任西安交通大学机械系主任、教务处处长、副校长等职，1984年任西安交通大学校长，为西安交通大学的发展倾其毕生精力，做出较大贡献。

交大革命熔炉历练

1928年，我出生在江苏溧阳的一个书香门第，父亲毕业于苏州农业专科学校，后回乡发展蚕桑事业，闻名乡里。我是家中长子，父亲从小就告诫我要努力读书。我的小学、中学阶段正值日本法西斯残忍欺凌中国，我读书时断时续，1944年才从光华中学毕业。光华中学由新四军支持创办，校长周宗姬是中共地下党员，对我特别关心，常讲革命道理于我，我的革命思想由此启蒙。1948年考入交通大学机械系。不久，我与张寿同志（经我介绍入党，后任国家计委副主任等职）共同负责学生工作。我们积极响应贯彻学生自治会的各项号召，宣传进步思想，学习革命理论，发展党的外围组织成员。交大素有沪上"民主堡垒"之誉，面对国民党反动派的压迫，在学校党组织的领导下，我们一群二十岁左右的青年学生，发起了一次又一次声势浩大的学生运动（如"反饥饿，反内战，反迫害"斗争和"反美抗日运动"），在第二条战线上沉重地打击了国民党的统治，使国民党政府焦头烂额，狼狈不堪。国统区的学生是英勇的，我们地下共产党员爱国爱民、追求真理、甘愿牺牲、英勇战斗的革命实践至今仍历历在目。1949年初，我与张寿同志先后被批准成为共产党员。回顾交大求学生涯，除业务学习外，党组织关心我的政治成长，引导我走上革命道路，这对我后来的发展轨迹产生了决定性的影响。

1949年5月上海解放，交大地下共产党员亦从白色恐怖中得以"解放"，从被通缉的对象变为国家的主人。从此，我们转入如火如荼的社会主义建设新征程中。1952年7月毕业后，我被分配到交大力学教研室，担任著名力学教授楼鸿棣老师助教。楼老师的授课技艺，我至今难忘。上课了，他拿一支粉笔，语言精练，讲解问题由浅入深，牵引着学生的思维打开一扇又一扇学问之门。听他的课确为一种享受，我暗下决心努力学习，以后讲课也要达到这样高超的水平。一年后，我被调入机械系机制专业，有幸担任郑兆益教授的助教。郑教授早年留学德国，获得双博士学位。他学问造诣很深，这为我进行科学研究提供了很好的机会。又一年后，组织安排我登台讲课，担任主讲教师。这是我第一次正式站上三尺讲台，紧张之情难以言表。令我倍感不安的是，与我同讲一门课的是我之前的老师，一位老教授。相较之下，我极有可能被赶下台。为此我战战兢兢，一方面，虚心向教研室有经验的老师学习，全身心投入，准备讲稿；一方面，我还通过班上的学生党员（当时我是系党总支书记）深入了解情况，认真听取学生的反映与要求，不断改进教学内容与教学方法。经过不懈努力，我总算在讲台上站稳了脚跟。1956年，由于培养青年教师的需要，我被派往苏联留学。在交大的4年教学生涯，使我在业务上得到了很大的锻炼与提高，我懂得了怎样做一名大学教师，怎样才能成为一名受学生欢迎的好老师。

党的决定　就是我们的行动

1953年，我国开始实施"一五"计划，目的是建立社会主义工业化基础，核心是苏联援建的156项重点工程。西部是"一五"建设的重心，156项重点工程中有一半以上集中在此，其中，陕西省有24项，是全国重点建设省份。为支援西北工业国防建设并立足经济文化长远发展的需要，同时考虑到沿海的紧张局势，高教部党组在1955年3月上书国务院，请求将交通大学内迁西安，承担建设西北之国家战略。这一报告经周恩来总理等中央第一代七位核心领导审阅后，由毛泽东主席签发通告全国。4月初，彭康校长接到高教部电话通知，要求交大西迁。彭校长随即向校务委员会与常委会做了紧急通报，并积极着手西迁基建及思想动员等准备工作。交通大学扎根上海60年，经历了社会巨变，见证了黑暗与光明；而在浓郁革命传统中成长的交大师生，无不为中央的信任而自豪雀跃，一致认为"国家的需要，就是我们的志向""党的决定，就是我们的行动"，决心去西北建家创业。

西迁时，我担任机械系党总支书记。根据学校党委要求，系总支要充分了解每位教师的情况，做好每位教师的思想工作。与"孑然一身"的大多数青年教师不同，一批老教授的事业和家庭都深深扎根在沪上，迁校困难超乎寻常，如迥然各异的气候饮食、夫人孩子工作就学等尚且容易解决，最难割舍的是理不清、扯不断的亲情与故旧。大多数老教授都克服重重困难，用实际行动支持西迁，建设大西北，如钟兆琳、陈大燮、周惠久、陈学俊等，他们大都处理掉上海住房，举家西迁。这种无私奉献的精神，令我非常感动。另外，像铸工教研室主任吴之凤教授，更是身先示范，带头西迁。他的夫人作为家属委员会干部，亦认真细致做好每位教师家属工作，使铸工专业顺利迁到西安。切削教研室金精老师，早年毕业于交大，1950年不顾朝鲜战争前线危险，积极去哈工大进修和研究，听闻祖国建设西北需要，主动回校报名西迁。奶奶坚决与他并肩而行，一声"哪里的黄土不埋人"感动了很多人。电机系的陈世坤老师，夫人在上海公检法工作，迁来西安后，因无合适岗位，后改行做了一名小学教师。交大西迁是很不容易的，特别是我们的老师辈，他们往往是祖孙三代都做出了牺牲与奉献。与交大内迁西安同时，交大的电讯系同期调往成都，成立电讯工程学院。我的爱人蔡祖端和黄席椿教授等同赴成都支援一年后，因彭康校长决定恢复无线电系，1957年两人又迁来西安。由于当时我在国外学习，家人同蔡老师一起迁到西安。

交大西迁之所以成功，最主要的原因有三点。

一是共产党的知识分子政策和思想教育的伟大胜利。1949年到1952年的思想改造，使老一辈知识分子对共产党的宗旨、共产主义思想和建立民主富强新中国等观念的认识有了很大提高，思想面貌发生了很大转变。

二是共产党的威信很高。上海解放时，我们清晨起来发现解放军都抱着枪，守在老百姓家门外，不进民宅。共产党的干部非常清廉，风清气正，密切联系群众。这些行动深刻触动了知识分子，他们决心服从党的号召，到党

弘扬传统，艰苦创业。

最需要的地方工作。

三是周恩来等中央领导的英明领导。1956年《论十大关系》发表，沿海建设提上日程，上海也需要交大支持，交大西迁讨论随之陷入骑虎难下的局面。周总理亲自出面，邀请沪、陕两地师生代表同赴中南海座谈。在深入了解迁校困难的基础上，他主持召开专题会议，通过积极引导，并委派高教部杨秀峰部长和刘皑峰副部长分赴沪、陕主持讨论落实，为最终实现交大主体西迁的历史使命提供了坚定支持。当然，交通大学西迁成功与以彭校长为首的校党委正确领导是分不开的。

弘扬传统　再续辉煌

迁校时期陈毅副总理曾深刻地指出："迁校成功与否，十年后再下定论。"中共中央、国务院要求交通大学搬到西北来，是要交大成为西部高教事业的排头兵、领头羊，为西部大开发发挥不可替代的作用。这也就是说，交通大学这棵大树搬到西安来，不只是要存活下来，而且要保持原有水平，甚至创造更高水平，否则，就意味着迁校的失败。西迁精神的"弘扬传统，艰苦创业"内容诠释的实质，就是我们西迁六十年的奋斗历程，是我们广大西迁教职工努力建设西安交大的伟大精神。实事求是地讲，半个世纪前要做到这一点非常不容易。相比上海，西安的条件艰苦，交大要保持原来的水平，必须付出之前的三五倍努力。当时的青年教师上讲台，必须过几关，由资深教师手把手指导，预讲多遍合格后才可以。为上好一堂课，寒冬腊月，每天晚上我们都要备课到深夜。那时没有暖气，天气又冷，只能披着大衣苦苦坚持。作为理工大学，要保持国家一流水平，交大必须与国内一流企业合作，而我们机械系能对接的距离最近的洛阳拖拉机厂，离学校也有几百公里。暑假带学生实习，晚上我们老师直接与学生一起睡在洛阳中学的地板上。为准备次日的讲课内容，晚上必须先熟悉工厂生产实际，通宵达旦在所难免。为改善西安民用工业落后对西安交大发展的影响，交大教师只好去上海、重庆、哈尔滨等地与当地一些国有大厂联系对接，全国"四面八方跑"是我们西迁创业的真实经历。我们的孩子当时都没时间照顾，周一送幼儿园，周六晚上才领回来。"皇天不负有心人"，在彭康校长带领下，广大西迁师生携手并进，砥砺奋斗，开创了迁校后交大发展的一个新篇章，"文革"前就建立了全国仅有的"绝缘材料研究室""金属强度研究室"和"振动测试基点"等科研基地。老教授周惠久白手起家，1965年创新研发的"小能量多次冲击力量"与"人工合成胰岛素"并列被评为中国高校科研的"五朵金花"。陈大燮、张鸿等老教授，为西安交大教学质量保持高水准做出了重要贡献。1962年，在党委领导下，老教授们研讨总结了老交大"起点高、基础厚、要求严、重实践"的办学传统，并身先示范，一以贯之，使优良育人传统承续至今。大家都认为，交通大学的传统在西安真正扎根落实了。

1956年7月，我被送到苏联列宁格勒加里宁工学院机床教研室攻读副博士。该工学院是当时苏联最著名的三大工学院之一。这里的教师除了必须上教学一线外，还必须从事科学研究，我后来的科研基础就是在这里打下的。国内留学来此的都是清华、交大等著名大学挑选出来的教师或刚毕业的大学生，除少数年龄较大的进修教师外，大多数是派来攻读副博士的。新中国刚刚成立，社会主义工业化建设急需科学技术人才，我们留学人员深知使命艰巨，机会难得，所以夜以继日、废寝忘食地投入学习当中，力争多掌握先进思想，早点毕业报效祖国。在苏联，攻读副博士学位有一套严格的制度，先要通过几门考试，合格后才能做学位论文。学位论文要求较高，其中不仅要有较高水平的理论分析，还涉及大量的试验工作，苏联人一般要三年多才能做完论文。为准备论文，我每天都一头扎进图书馆，阅读国际上的大量相关学术资料，奋战实验室，直至深夜才休息。每次回住处，经常感觉身心俱疲，爬三楼都甚感费劲。我的论文是流体传动与控制方面的，因在国内当过数年教师，加上勤奋努力，两年多就完成了副博士论文研究工作。同期，还担任着该校留学研究生党支部书记，曾获我国驻苏大使馆表扬。1960年回国后，我在一些重要杂志上发表了多篇学术论文，出版了一本40多万字的著作，在业界影响较大。

携手并肩　再谱新章

改革开放，百废待兴。许多西迁老教授虽已入暮年，但他们仍以时不我待的精神，继续坚守在教学科研一线，积极投入交大的复兴和祖国的社会主义建设。1980年，由中共中央安排，我担任学校主管教学工作的副校长，1984年任校长，1990年卸任。这段时期，在校党委领导下，我们紧跟中央改革开放的步伐，坚持面向国民经济建设主战场，以学科建设为龙头，立足人才培养，以科学研究为根本，在继承老交大办学传统的基础上，实施育人体制与方式的全面深入改革，率先在国内提出并实施了一系列深有影响的重大举措，相继入选国家"七五""八五"重点项目，成为高等学校当之无愧的"国家队"。办学方面：一是紧扣世界管理学大发展之势，应工程技术管理实践所需，在国内率先倡导建立了管理工程一级学科，并在1984年恢复建成了国内仅有的管理学院；二是重点推动专业结构调整，创办生物医学工程、企业管理、工商管理等新兴专业，开创理工管文相结合的办学全新局面；三是探索研究生教育创新工作，建立国内首批研究生院，提出按一级学科招收培养硕士的新理念及开办工程类型硕士新举措，着重打造一批颇具实力且独具特色的研究生学位课程；四是坚持人才培养体制创新，率先提出并实施"一门进，五门出"的培养模式，积极探索教改班、少年班等优异生培养模式和新疆班等少数民族学生培养方式，同时主动借鉴电化教育和计算机辅助等现代化手段推动教学模式创新，成为全国教育教学改革的示范单位。科学研究方面，我们瞄准企业技术发展的难点和重点，依托调查研究，深入工厂企业一线，产出了一批极具社会效益和经济效益的重大成果。像周惠久院士的低碳马氏体理论研究与实践，1987年荣获国家科技进步一等奖，形成的社会经济效益累计达3亿多元；像汪应洛等的"2000年的中国"、蒋正华等的"人口系统定量研究及其应用"项目，也荣获国家科技进步一等奖。这一时期，全体师生员工发扬西迁精神，艰苦奋斗，工作蒸蒸日上，学校步入西迁后兴旺发达的一个新时期，教学科研等各方面进步显著。国家教委每年的教学科研评奖，西安交大总是名列前茅。如《文汇报》在1990年5月24日以题为"西安交大教学科研双获'国优'"报道："西安交通大学双喜临门，四十年来全国第一次评选优秀教学成果奖中，荣获特等奖2项、优秀奖7项，名列高校榜首；在1989年度国家教委科技进步奖中，共获奖16项，其中一等奖8项、二等奖13项，获奖数在国家教育部直属高校中继1987年后再次夺魁。"

"人才培养是根本，师资队伍建设是关键。"我们一直将此作为学校的首要工作来抓。当然，改革开放后，市场经济观念的引入，大学教育受到很强的冲击，很多高校出现了不重视本科生教学的倾向。对此，我在《人民日报》（1986年11月17日）上刊发《忽视本科教学的倾向亟待纠正》一文。西安交大在这方面的措施比较得力，我们创设了教学三大奖（教材奖、教学奖和教学改革奖）来引导教师安心教学育人。同时，专门筹措经费用于基础技术课实验室建设，改善学生实践和锻炼条件。围绕师资队伍建设，我在《文汇报》（1990年3月9日）发表了《解决师资断层问题要有切实措施》一文。任期内，我始终贯彻党的"德智体全面发展"的教育方针，注重传承和创新老交大"起点高、基础厚、要求严、重实践"的办学传统，通过不断深入教学科研管理一线，解决师生发展中的主要矛盾，努力营造一个长期稳定的秩序，一个让广大教师可以专心致志培养人才、聚精会神搞好学术研究的环境。

2017年11月，我们已退休的15位教授给习总书记写了一封信，汇报学习党的十九大的体会和交大西迁后几代人的奋斗成绩。习总书记不久就给我们回了信，中央办公厅给我们的信上说："近日，西安交通大学的史维祥等15位老教授给习近平总书记写信，请转告他们，来信收到了，总书记向当年响应国家号召，献身大西北建设的交大老同志致以崇高的敬意。祝大家健康长寿，晚年幸福。也希望西安交大师生传承好西迁精神，为西部发展国家建设贡献智慧和力量。"总书记的回信给我们全校师生员工极大的鼓励，亦给我们提出了新的时代任务，我们老同志都十分感动。迁校60年，在党委领导下，在老一辈教师的带领下，经过几代人的努力，交大这棵大树在西北大地根深叶茂，共计为祖国培养了25万名毕业生，其中近40%留在西北创业，造就了33位院士；取得了超过8.9万项科研成果，其中获国家三大奖的有220项。近年来，西安交大又建设了西部创新港，打造了西部地区发展创新的高地，建立了"新丝绸之路大学联盟"。以上成绩得到了陕西省及教育部的高度赞扬。我们可以自豪地说，西安交大很好地完成了国家交给我们的西迁任务，没有辜负国家和人民对我们的期望。我今年已90岁，除最初在交通大学（上海）工作的6年外，其他时间都在西安交大从事教学科研及行政工作，为交大奋斗了一辈子。习总书记前后三次讲到了交大西迁，人民日报、中央电视台等各种媒体都对比进行了广泛深入的报道，这极大提高了西安交大的地位，也给了我们很大的鼓励与信心。我是党和国家培养的，努力践行西迁精神，为国家为交大做出了应有的贡献。我的理念是为国家多做贡献，少索取，一身正气，两袖清风。在进入90周岁之际，忆往昔，我问心无愧。

张肇民

漫谈西迁精神

人物小传

张肇民（1929— ），汉族，祖籍山东省招远市。毕业于中央党校师资部。1945年2月在招远县参加革命工作，1945年8月加入中国共产党。抗战期间，在招北县任区青年抗日救国会干事、会长等。解放战争期间，任县民政科员、胶东建设学校中队长等，任支援鲁南大会战运输队副教导员，荣立二等功。1949年后曾任华东人民革命大学教育助理、副股长；交通大学（上海）政治辅导员；西安交通大学政治辅导员，马列教研室副主任，系党总支书记，校办主任，校务部副部长，部长、副校长，党委常委；陕西师范大学党委书记；1987年任西安交通大学校级调研员等。1989年离休，后一直担任老干部党支部书记、离退休党总支副书记、离退休党委委员、校关工委主任和消费者协会顾问等职务。

西迁不是地理方位问题

白驹过隙。1956年8月,我从北京中央党校毕业后直接到西安。之后半个多世纪,就一直生活、工作、奋斗在西部。

西迁对交大人是一次严峻的考验。交大人不仅出色地完成了任务,而且经过艰苦努力,创造了西安交通大学的辉煌业绩。西迁之所以成功,离不开那一代交大人的努力,离不开全体师生员工的艰苦奋斗,离不开党和人民政府的关怀,更离不开上海和陕西省、西安市全力以赴的支持。当年许多教师、干部放弃了上海优越的生活和工作环境,来到比较艰苦的大西北,几十年如一日,兢兢业业、艰苦奋斗。

比如,钟兆琳教授,他在迁校之初起了积极带头的作用,在重病之后毅然回到西安交通大学,继续从事教学科研工作;还有唐照千教授,在"文革"结束,得到平反后,依然矢志不渝,坚持教学和研究,并争取他在海外的哥哥唐翔千先生资助学校建设。可惜的是,唐照千教授自己不幸患癌,经一再劝说才去上海治疗。在病情晚期,他仍念念不忘科研仪器设备、资料等。正是因为那一代交大人具有高度的爱国主义精神、社会主义觉悟,以及为教学科研事业奋斗终生的目标和理想,最终才使交通大学在西安落地生根,进而枝繁叶茂。

西安交大地处西北,要同东部沿海的大学"自由竞争"。实际上,这其中已经潜藏着地理环境和投资数量等的不平等条件。因此,教育事业、高等学校的发展,没有国家和地方的政策倾斜、支持,要攀登高峰是非常困难的,甚至可以说是很难实现的。

我们一定要头脑清醒,坚定信心,成竹在胸,突出重点,克服难点。相信在习近平新时代中国特色社会主义思想指引下,在校党委领导下,上下团结一致,努力拼搏,西安交大的明天一定会更美好,我们的宏伟目标一定能实现。

西迁后的困难及交大后勤保障问题

（一）西迁后的困难

交通大学从上海迁到西安，搬迁的工作量非常大，不仅包括学校本身的文书档案、图书资料、仪器设备等，还包括教职工的举家搬迁任务。

搬迁完成后遇到的困难，主要有两个方面。

一是上海和西安两地的经济、社会发展水平不同。如生活条件、物资供应、基础设施等差距很大。那时，在上海做饭已用上管道煤气，而在西安煤球都供不应求，要自己动手做煤饼；在上海能订到鲜牛奶、酸奶，还送到家，而西安连供给幼儿园所需的牛奶都很困难。刚迁校时，学校周边还是一片麦田、荒野和坟地，有一句顺口溜形容当时的情形：电话不灵，电灯不明，道路不平。学校通往城里的道路是"晴天扬灰路，雨天水泥路"。

二是南北方生活习惯不同。南方人主食是大米，当时西安大米很少，主食是面食，而且当时粮食实行定量供应，30%细粮，70%粗粮。上海晚稻大米属粗粮，而西安大米属细粮，还供不应求。到了西安，一日三餐突然发生如此大的变化，困难不言而喻。就连理发也要进城，交通不便，不得不从上海迁来理发店。诸如此类，点点滴滴述说不尽。

西迁的同志们不仅克服了诸多困难，还做出了许多个人牺牲：有些同志把上海的房产交公或赠送亲友；有些同志把老人托付给亲友照管；有些同志扶老携幼举家西迁；不少同志放弃了在上海的工作岗位和优厚待遇，随同交大的爱人一起西迁。其中有些同志的困难是相当大的，但为了社会主义建设事业，为了支援大西北，他们义无反顾。为国家，为大家，舍小家，不计较个人得失，无私奉献。

比如，蒋大宗教授西迁时，上有年迈的老母亲，下有一个六岁完全瘫痪在床的儿子和三个正在读书的女儿，他和在上海一家医院工作的黄宗心教授毅然决然响应号召，举家西迁。

再如，沈德贤教授的爱人陈国光当时在上海一家工厂担任要职，工资高于沈德贤，但他自愿支持和配合沈德贤教授一起举家西迁，并在交大任职。还有一大批当时的中青年教师、职工举家西迁。

西迁的那一代交大人，他们有自己的信仰和人生观、世界观，他们把爱党爱国、敬业奉献、艰苦奋斗看作是自己应尽的义务和义不容辞的责任。

（二）后勤保障问题

中央决定交通大学西迁西安后，彭康校长就想到了后勤保障的问题。经与陕西省及西安市联系得知，在西安本地招募后勤人员很困难，清洁工和保姆都很难招到。

比如，当时从上海搬来的交大幼儿园有教员和保育员。那时，将保育员叫作阿姨。刚开始招了一批后勤人员，其中有一位分配到幼儿园当保育员，起初她非常高兴，回家之后被别人嘲笑就是个抱孩子的，尔后就不干了。

其间，彭康校长针对实际情况，即刻与上海的党政领导及有关部门联系商定，在上海及周边招收一批后勤人员、教学辅助人员。其中，包括理发店老板和老板娘、当地的农民、配钥匙的、做煤球的。这样，西安部分就有了足够数量的后勤人员，连蜂窝煤炉子也是从上海搬过来的。

后勤的骨干以总务长任梦林为首，还有陈树楠、张宗仁、于珍甫等同志。革命战争时期，他们都是曾在山东渤海军区根据地做过后勤工作的老干部。任梦林总务长曾担任过军区被服厂厂长等职务，后勤工作经验丰富。后勤部门除福利部（福利部当时是列在学校编外的）外，总务处下设总务科、膳食科、卫生科、印刷厂。

总务科包括木、瓦、水、电、漆工，还有配钥匙的师傅，司机组、绿化组、公务班等。膳食科重点负责几个教工食堂和学生食堂。卫生科（校医院的前身）由上海搬迁过来的私营诊所组建而成。

后勤机构与系统不仅保障了搬迁工作管理有序，服务周到，而且为西安交通大学的长远发展建成了完备的后勤管理机构和队伍。之后，在任梦林总务长领导下，陈树楠、张宗仁、于珍甫同志等均担任过总务处副处长，是总务长的得力助手。彭康校长知人善任，善于发挥干部的特长。他对后勤总务工作提出的方针是"为教学科研服务，为师生员工生活服务"。同时，他要求后勤工作也要以育人为中心，"要服务育人"。西安交通大学的后勤工作在整个高教系统也是出类拔萃的，这使西安交通大学有了教学科研、师生员工基本生活需求的坚实保障。

例如，在一段时期内，财务处曾做到把工资送到各系、各科室。总务科管办公用品的也是如此。因为后勤工作管理严格、服务周到，所以，西安交通大学曾被赞誉为"小上海"。这个"小上海"的说法，既是本校西迁同志知足常乐的满足感和荣誉感，也是其他西迁单位同志的羡慕和赞叹。

（三）从食堂开始的后勤改革

半个世纪以后，改革开放初期，人们的生活需求是不仅要吃饱而且要吃好，后勤部门的改革就从食堂开始。我们组织膳食科的几位同志赴天津财经学院学习取经。那时的主管人是王有志等同志，他开始试行"承包制"，打破"铁饭碗"：食堂自负盈亏，优劣竞争，多劳多得，少劳少得。这是一项非常复杂细致的工作，而且思想阻力很大，食堂的员工想不通，领导顾虑大。经过思想动员，有领导自愿地进行摊点组合，制订方案和饭菜花样、质量、价格等的具体指标管理细则。最后经校长办公会和党委常委会批准后开始试行，在试行中又进行修改完善。此后，学校食堂就一直实行这种自负盈亏的承包制，在西安，我校是先行者。承包后，各路厨师"八仙过海"，各显身手，各种面点、菜肴一应俱全。

马列教研室的根源与发展

李培南带领我们去交通大学以后，首先成立政治辅导处，政治辅导处向各个系派政治辅导员。彭康上任之后，为了拥护党的领导，加强马克思列宁主义的指导地位，加强意识形态工作，建立了马列教研室。开始发展大批党员，

> "思想活跃、学习活跃、生活活跃"成为学生工作的基本思想。它集中体现了学校的育人导向，也是对交大传统精神的丰富和升华。

上党课，进行党的组织建设及思想建设，改变教师的管理组织制度。

在学习苏联进行教学改革的几年中，对于教师的管理发生了很大的变化。过去没组织没领导，比如，给老师派的课是45分钟，上完课就可以走了。后来建立了教研室，有了教学任务，要集体备课，要拟教学大纲，要统一教材，逐渐有了纪律的要求，教师的教学科研都是有组织、有纪律地进行。

彭康校长也给马列教研室上课，但有几个问题是明确抵制的。比如，教师包括业务课教师在讲课之前，都必须先念一句最高指示，然后再开始讲课；学生上体育课做引体向上做不上去，也必须念一句最高指示。彭康校长认为，这是对毛泽东思想的简单化。因此，他比较重视马克思主义基础理论的教育，强调基础理论的完整性、系统性和逻辑性。

在彭康校长任交大党委书记和校长期间，建立了党委领导下的校务委员会负责制，开设了马克思主义理论课体系，建立了学生思想政治教育制度、教学管理制度，为建设社会主义的教育事业、促进西安交通大学的发展做出了不懈的努力。

关于彭康校长提出的"三活跃"问题

彭康校长在任的那些年，中国的高等教育正处于社会主义建设的摸索时期，经历了教学改革、教育革命、试行"高教六十条"等几个阶段。

他从社会主义建设全局出发，带领交通大学西迁；从中国长远发展的战略高度定位高等教育的目标与方向，坚持为社会主义建设培养高质量的科技人才，坚持实事求是与调查研究，尊重教育的客观规律，注重师资培养和思想道德建设，为西安交通大学的发展奠定了雄厚的基础。

他关心青年学生的成长，曾在多个场合强调整个学校的思想氛围、学术氛围、文化氛围都要活跃起来，所培养的人才是"政治坚定、思想活跃、业务较好、身体健康、有创造精神的革命者……不是思想简单、没有创造精神的书呆子"。学校要努力为学生们"营造一个生动活泼的教育局面，使学生德智体等方面生动、活泼、主动地得到发展"；"要表现出青年人朝气蓬勃、生动活泼、团结友爱、互相帮助的精神"，"要让学生看各种书，思想才不会僵化"。思想活跃的同时，学习也要活跃起来，还要有活跃的课余生活。

为此，他在教学方面提出改革设想，使学校在因材施教、培养拔尖人才方面迈出了大胆探索的步伐。1961年，学校召开第十届共青团员代表大会。彭校长特别指出，团组织首先要活跃起来，要"团结全校青年，努力做到思想活跃、学习活跃、生活活跃，树立认真读书、刻苦钻研的优良学风，并发扬独立思考、追求真理的精神，为大力提高教学质量创造更好的条件"。

"思想活跃、学习活跃、生活活跃"成为学生工作的基本思想，至今仍具有广泛影响，但要牢记彭康校长的"三活跃"是一定政治环境下的"三活跃"，不是无条件的"三活跃"。它集中体现了学校的育人导向，也是对交大传统精神的丰富和升华。

关于交通大学西迁的那段历史和西迁精神问题，本人也有若干篇拙作，之后看看总有些不满意。所以，更希望交大人以马克思主义、毛泽东思想和习近平新时代中国特色社会主义思想为指导，运用马克思主义的辩证唯物主义历史观、认识论，用科学的立场、观点和方法，进一步做一些深入的调查和理论研究。

为了说明我的想法，请允许我引证中国共产党新闻网"中国领导干部资料库"中毛泽东1963年5月写的一篇《人的正确思想是从哪里来的》文章中的一段话："人的正确思想是从哪里来的？是从天上掉下来的吗？不是。是自己头脑里固有的吗？不是。人的正确思想只能从社会实践中来。""人们的社会存在决定人们的思想。而代表先进阶级的正确思想一旦被群众掌握，就会变成改造社会、改造世界的物质力量。"

按照这篇文章提出的问题，我们不妨也自问一句：交通大学的西迁精神是哪里来的？是天上掉下来的吗？不是。是人们头脑里固有的吗？不是。依照马克思主义辩证唯物主义历史观观察问题，我们就应该把西迁放在当时我国社会历史的大背景下去分析，去判断。也就是说，要认清当时的"社会存在"

> 西迁精神离不开那个时代，它是时代的产物，是时代精神、时代的潮流。

张肇民副校长
会见佐佐木

是什么。脱离开社会存在孤立地看交大西迁，那西迁精神就成了无源之水、无本之木了。简而言之，西迁精神离不开那个时代，它是时代的产物，是时代精神、时代的潮流。

20世纪50年代交大西迁之时，也正是新中国建国之初。我党领导的新民主主义革命的胜利及中华人民共和国的成立，标志着半封建半殖民地旧社会的终结和社会主义新中国的诞生。中国人民站起来了，真正实现了独立。在党的领导下，自己决定选择走自己的道路。什么路？社会主义制度的路。人民在党的领导下创造历史，人民在改造客观世界的同时，也改造自己的主观世界。

1981年，时任高教部部长的蒋南翔同志在纪念交大建校85周年暨迁校25周年的讲话时说，西迁精神是"社会主义觉悟"的表现。什么是社会主义觉悟？就是响应党的号召，跟党走社会主义道路，为了建设新中国"哪里需要就到哪里去"的觉悟。

我认为，交通大学的西迁历史及西迁精神，不是往"东"走或往"西"迁的问题，不是地理方位问题。因为当时也有很多单位或个人往东、往北、往南转移和调遣的。至于部队和根据地的干部调动，那东南西北都有。当时根据地的部队、干部调遣到东北去的人数很多。本人就是同许多同志由山东根据地南下苏州的。无论往哪个方向迁，都体现了新中国建国初期，那一代人爱国爱党，响应党的号召和服从调遣，为新中国无私奉献的精神，是时代精神。时代变了，旧貌换新颜，人的精神面貌也发生了根本性的变化，这是全国普遍的情况。

而交通大学的那一段西迁历史和西迁精神与一般情况不同，有其独特之处，是一个突出的典型。这就是根据当时的形势和国家经济建设的需要，党和国家决定要把一所工科类的著名高等学府（不是部队或行政单位等，更不等同于个人调动工作）成功地整体迁到西安，其中有许多宝贵的经验和那一代人高尚的精神境界。一声号令，集体行动。特别是那些年迈而又久居上海的老教授举家西迁或离家单身西迁，义无反顾。中青年人更是积极响应党的号召，在西安奋斗终生。因此，交大西迁曾被赞誉为"整体西迁的成功范例"。历史是一面镜子，回顾过去是为了向前看，满怀信心地走好以后的路。

新时代需要新精神，西迁精神是交通大学经过西迁而得以升华的宝贵精神财富，增添了新的内容与活力，有了新的发展，当前已得到更好的传承与发扬。这是西安交通大学文化的一大特色，愿西迁精神永照千秋。希望新一代的交大人肩负起新的历史使命，既要继承和发扬历史的优良传统，更要在继承的基础上与时俱进，解放思想，大胆创新，做西迁精神新传人，共创交大美好的未来！

陈 瀚

赤子之心永不悔

人物小传

陈瀚（1930— ），汉族，江苏省南通市人。1950年考入交通大学，1953年机械制造系毕业，留校任力学教研室助教。1956年晋升讲师，1979年晋升副教授，1983年调入土木系任教，1986年晋升教授，1992年退休。曾先后任第二届校学位委员会委员，陕西社会主义学院副院长，陕西省第七届人民代表大会代表，九三学社陕西省委员会第五、六、七届常委，九三学社西安交大委员会第二、三届主委，陕西省机械设计学会理事，全国机械设计学会理事，《陕西九三》主编、顾问，《应用力学学报》副主编。

追忆成长　常怀感恩

回忆起我们那一代人的童年时代，那时真是亡国奴的日子呀。1938年3月，日本侵略军侵占了我的家乡南通城。日本人来后非常猖狂，烧杀抢掠，无恶不作，我很多亲戚家里都被烧得一干二净。那时我快八岁了，正是上小学的时候，可哪有什么平静的日子上学？做什么事都做不成，在逃难中过着亡国奴的生活。在日本人站岗的地方，不管男女老少都要向他鞠躬。你要是不鞠躬，马上刺刀就刺向你，哪怕像我现在（88岁）一样年纪的老人，也得向人家鞠躬，这就是亡国奴的样子。但是，等到解放，那种前后对比的感受是完全不一样的。而且那个时候人们对共产党的信任度非常高。举个例子来说，1949年5月25号正值上海解放，我当时也身在上海，24号晚上我们几个人在房间里，还能听见很远处传来的一些零零落落的炮声。到了25号早上开门一看，解放军已经一堆一堆地聚在一起，围在步枪周围休息。他们都穿着淡黄的布衣服，戴着五角星的帽子，也认不得哪个是长官哪个是士兵。当时一开门就看到了这样的解放军，原来这就是解放军，跟以往国民党军队完全不一样。国民党的军队，只要是排长以上级别的都可以带家属。但是，国民政府是不允许家属住营房的，所以就强占老百姓的民房，要是有人就把人赶走，水电也不会给你交钱。再反观当时的解放军，为了不打扰民众的休息，悄无声息地就在马路上休息，真的是亲眼看过、体会过才知道。我们都是从那个时代苦过来的人，看到党在一步步带领大家过上有尊严又安定的平稳生活，从内心深处对党十分信任。从那个时候，感恩的种子就深深埋藏在我的心中。

1950年从南通中学毕业。南通中学给我开具"贫寒学生"证明，街道居委会干部替我去南通市政府开出了"贫寒家庭"证明。带着这两份证明，我走进了交通大学。交大免了我的学杂费，只需要交纳实验费（1952年秋开始大学生伙食费、实验费全免）。但学校为了照顾家庭贫困的学生，入学注册时可以打欠条，待毕业工作后再偿还。

> 留在交大的那一刻，我就把我整个人生奉献给了交大，把我的心留在了教师岗位上。
> ——陈瀚

> 人是应该有感恩之心的，更是要有人生追求的，而追求的真谛在于精神上的攀登，在于将自己的人生价值奉献给国家和人民。
> ——陈瀚

1953年我顺利毕业，在填写毕业分配志愿表时，为报恩，我毫不犹豫地填写了前往抗美援朝前线，最后由于种种原因未能实现。学校亦需要教师，我在校时表现还算比较优秀，就留校任教了。当时只想着国家哪里最需要人，我就去哪里，不仅是我如此，大部分同学都是如此：服从组织分配，哪里艰苦，就去哪里。

交大对我各方面的关怀和照顾，使我顺利读完了大学本科。从那时起，感恩之心便根深蒂固地生长在我的心底。我由衷地感谢党、感谢就读的交通大学，是党和交大给予了我无限恩泽，让我完成了学业，还让我走上了能够用知识报效祖国、回馈社会的人生道路。

教书育人　求真求实

留在交大的那一刻，我就把我整个人生奉献给了交大，把我的心留在了教师岗位上。交大的教风是非常严谨的，我主讲材料力学大班课时，彭康校长经常出现在课堂里。一位大学校长到教室里听我讲课，而且神情非常专注。在上百人的阶梯大教室里，他总站在教室前门与讲台之间的那块空间，细心地听我讲课，看我板书，我的一举一动都在校长的视线之内，而且学生听课的举止、表情，他也看得十分清楚，这自然让我产生了一种神圣感和使命感。起初，我还有些紧张，走下讲台请他坐下。他仍坚持站着，并示意我继续讲课。后来，我心情就慢慢地平静下来，情绪也放松了。在被戴上"右派分子"的帽子后（1957年反右扩大化后，被误认为"右派"，1962年冬摘除"右"的帽子，1979年2月，得到平反），我思想上的压力是难以言表的，一举一动、一言一行，都要慎之又慎。这时，彭校长仍然来听我讲课，这对我的鼓舞实在是太大了。记得一天中午，我下课回家，彭校长恰巧下班，共同走在一二〇〇大教室校园正东门口的大道上（就是现在的"虹桥路"），我们各走一边。彭校长看见我了，举起左手跟我打招呼，我怯生生地走过去。出乎我的意料，他对几天前我讲课的内容还记忆犹新。我每提出一个新问题或概念时，总是从常见实物或结构构件为何如此设计来启发学生,彭校长表示完全赞同。他接着询问我板书安排是否为课前精心考虑好的。他知道我备课认真并注重教学方法,鼓励我继续努力,做好献身于人民教育事业的思想准备。就在这样短的时间里,他给我留下了终生难忘的印象。一位大学校长、级别很高的高级干部,经常深入课堂,站着听课,还不时地注视着学生们的表情,彭校长的治学精神始终激励着我们这一代人,使我久久难以忘怀。

除了传授知识外,我认为,教师还须学会育人,这也是更为重要的一点。

为此,我会主动与学生交流,课余时还经常出入学生宿舍,一是可以了解我的教学效果和学生要求;二是也可交流一下各自对某些问题的看法,就是涉及世界观、人生观和价值观的问题。我往往是纵向比较,即新旧社会对比、改革开放前后对比、新旧交大对比,以此突出现在的来之不易;而学生们多半是横向比较,即与欧美比较。我们祖国由一个贫穷落后、

陈瀚(前排右一)与他指导的力学系1977级毕业学生在一起

遭强国掠夺蹂躏的贫国、弱国,走到今日国强民富的地步,确实来之不易,尤其是从旧社会过来的人,体会特别深。但青年学生缺乏感性认识,我们有责任和义务把自己当年的见闻介绍给他们,同时,我也把自己感恩的心情带给了他们。我始终认为,人是应该有感恩之心的,更是要有人生追求的,而追求的真谛在于精神上的攀登,在于将自己的人生价值奉献给国家和人民。

一路向西 无怨无悔

1955年4月8日,交大举办了建校六十周年庆祝大会。之所以要提前一

> 听党的话，与党同心、同向同行，在我看来这些就是"西迁精神"！
> ——陈瀚

年举办庆典活动，源于学校方面向社会各界郑重宣布：明年（即1956年）学校将集中全部精力西迁，向世人表明交大人西迁的决心和态度，展示交大近六十年的教学、科研的成果，也是同上海市民告别。当时，根据国家需求和国内外的局势，党和国家决定交大从上海西迁到西安。其实"去"和"留"是人们私下思考的问题，有些同志上有老下有小，西迁确实很困难。但是，对于我来说不存在"去和留"问题，一方面是我年轻，没什么负担和顾虑；另一方面，也因为我是从那个时候苦过来的人，本来家里就穷，是没有机会上大学的，全是凭借着党和交大给我的两份证明，才让我有了改变命运的机会。所以，我毫不犹豫地选择随校西迁，成了第一批到达西安的交大人。

最近因为我们15位老同志给总书记的一封信，让世人的目光又注意到了交大，大家似乎觉得我们这一代人在西迁当中是功勋人物。其实，我听了以后，一方面，很感谢总书记对我们的关怀和体贴，也感恩于党和交大给予了我们一个幸福快乐的晚年；另一方面，确实觉得受之有愧，最有贡献的应该是我们的上一代人，包括我们的校领导和各级干部、当时的后勤人员，以及一大批在学术上颇有造诣的一级、二级教授。他们当时真的是起了一个非常好的表率作用，我们应该牢牢地记住他们。

在确定西迁方案后，每个教研组的工作都是做得很细的，会挨家挨户地去跟老师们谈话，了解他们的情况。对于老教师、副教授以上的政策相对宽一点，不要求他们一定要随校西迁；对于年轻的教师是鼓励，尽量动员他们过来。当然，这些教师自己也是爱党爱国的，觉得自己要在思想境界上有个升华。所以我觉得，老一辈的爱国之情相对于现在年轻人来说，是更浓的，因为他们知道1949年以前是怎样的，更知道在党的带领下新中国又是如何的。例如沈尚贤，在留学德国期间，他渴望工业救国，振兴中华，提出"德国有西门子，我们要办中国的东门子"的宏伟设想，但在当时是根本不可能实现的。随着新中国成立，他看到国家工业、商业、教育等行业都在蓬勃发展，学校的规模也越来越大，所以，他义无反顾地跟随学校来到西安。做出决定后，他随即把妹妹沈德贤和妹夫陈国光叫到身边。妹妹听到后随即决定也要一起西迁，她说："上海这个地段找个老师是非常容易的，大家都愿意到上海来，而在西安找个老师是相对困难的，那边更需要老师，所以我一定要去。"沈德贤时任交大理论力学教研组讲师，因其丈夫还在上海某企业身居要职，学校决定让其留下来。但沈德贤老师不仅自己坚决要去，还当场说服自己的丈夫随自己一起到更需要人才的西部。要知道，陈国光当时在上海的工资非常高，但一家人不仅放弃了上海的优裕生活，更是把自己在四川北路的一套房子捐给政府。我曾去过他们家里，那是很豪华、很高级的房子。除了沈尚贤教授一家，交大还有很多像他一样德高望重的教授，如钟兆琳、陈大燮、张鸿、赵富鑫、黄席椿、严晙、周惠久、陈学俊、陆庆乐等人都积极响应西迁。他们的坚定立场和言传身教，处处影响着青年教师。

1956年8月23日，我和妻子到达交大一村，很快就找到了总务部门，领取了预先分配给我的住房。开门一看——天哪！房间打扫得干干净净，托运的几件行李整齐地摆放在墙边，必备的家具一应俱全，厨房里还放了一些煤球和引火的木柴。刚坐下不久，就有一位干部提着热水瓶和两个茶杯过来，并通知我去洗澡。那时，教工食堂正在建造，大家称之为"草棚食堂"。建筑虽简陋，但供应的伙食却很丰富。另外还在一村一四宿舍一〇一室开了一个小灶，专供讲师以上的人员用餐，都是按个人的口味点菜现炒，且价格特别低廉。在生活上，彭康校长对西迁教职工特别关心照顾，总务长任梦林还亲自指示总务后勤一定要把大家的生活安排好。

迁校之初，学校的很多基础设施还不完善，都是土路，旁边还有准备埋管道的深坑，一到雨天就是"水泥路"，晴天就是"扬灰路"。有次下雨天我赶着去上课，不小心摔倒，溅了满身泥浆，稍微整理了一下便赶着上课去了。学生们看着满身泥浆的老师很是疑惑，听了原因后都被逗乐了。那时，生活虽然清苦些，但师生间却很团结，共同建设学校，大家思想也都很单纯。人人心中都有一个共同的信念与追求：一定要把学校办好，不仅要使"交通大学"这所名牌高校屹立于祖国大地，还要努力争取创建世界一流大学。同志们也都明白，只有交大有前途，教职工个人才有前途，学校的兴衰决定着个人事业的成败！

那时候，虽然有很多的困难和艰辛，但校领导干部与大家共命运、同呼

> 要多想想国家，多想想集体。只想着自己的理想，是万万要不得的。
>
> ——陈瀚

吸，无怨无悔，一起克服暂时的困难。名教授更是以身作则，稳住了人心；后勤服务人员也是尽心尽力，保障大家的日常生活；大家也都恪守岗位，干劲十足。学校很快就走上了正轨。听党的话，与党同心、同向同行，在我看来，这些就是"西迁精神"！正是有了老一辈的坚持与奋斗，才有了今日的交大，而我校的青年一辈，更是要继续把老一代人的爱国、奋斗的精神传承下去。在思考自己命运的同时，要多想想国家，多想想集体。只想着自己的理想，是万万要不得的。

肝胆相照　荣辱与共

在我看来，九三学社的老一辈西迁人一生有五爱：爱国、爱党、爱校、爱九三学社、爱岗敬业。其实，这"五爱"于我们来说都是相通的，特别是爱党和九三学社，我自己也在朝着这"五爱"努力践行。我于20世纪80年代初加入九三学社，但早在这之前，九三学社的名字就常常出现在我的生活中，对我的人生产生了很大的影响。在学校决定西迁之际，众多起到表率作用的知名教授都来自九三学社。例如，当时已经是一级教授的陈大燮（1903—1978），来的时候患有糖尿病，他却毅然决然地来到西安。我们现在治疗这种病的药物是很有效且相对便宜的，但在当时没有这样性价比较高的药物。在上海的医疗环境可能还好些，西安这个地方当时是比较落后的，糖尿病治疗起来也是困难重重，所以他是非常不容易的。更不要说，西迁后他除了忙学校教务事宜，还要亲自上本科生的热力学课程。还有当时的二级教授张鸿（党委常委、副校长、九三学社中央委员），来西安时夫人患了鼻癌不能工作，生活上也不能自理，但当时也请不了保姆，他除了忙工作，剩下的精力都放在了照顾其夫人上。我们时常能看见他一天三顿排着队在教工食堂打饭回家，我觉得，在那个年代是非常不容易的。张先生只活了59岁，便因胃癌去世了。其他的像是赵富鑫、严畯、沈尚贤、陈季丹、黄席椿、周惠久、陈学俊、陆振国等人，都积极支持西迁，在这片黄土地上奉献了自己的一生。

我加入九三学社之初就常听到赵富鑫、沈尚贤、陆庆乐等前辈人士讲，迁校不久，交大西安部分就建立了九三学社交大（西安部分）支社，每月过两次组织生活，都安排在夜间，地点在一村三〇宿舍阅报室内。当时，彭康校长经常往返于上海和西安两地之间。如果彭校长人在西安，他必定会参加九三支社的活动，与大家共同讨论议题。如果彭校长外出，就由苏庄副校长（党委副书记兼副校长）参加。两位校长都一再声明"三不政策"，即"不抓辫子，不戴帽子，不打棍子"。每次会议记录都由九三学社成员、时任教学行政科科长的胡斯星担任。为了消除大家的顾虑，彭校长建议，记录只记事由，不记发言人姓名。即使当时政治活动频繁，在两位校长的鼓励下，大家依然做到畅所欲言，为学校建设提出了许多积极的建议。如若会上提到学校哪个部门工作需要改进时，彭校长或苏副校长在次日上班时就及时安排改进意见，立即见效。校领导尊重知识分子、尊重民主党派人士的建言，老一辈知识分子都特别敬佩他们。

张鸿经常将学校拟要出台的决策方案初稿安排在九三学社组织会上听取大家的建言。"文革"前，学校各系主任大多数为九三学社成员。用张鸿的话来讲，这叫作"先走一步"，"在九三学社会议上大家充分酝酿通过了，此后召开全校系主任会议时，会议效率就高多了"。张鸿还鼓励大家开动脑筋，不受限制，多提不同意见，不限于学校的初步方案，不急于马上施行，即使会后也可以继续建言献策，然后，从诸多方案中选最佳的一个。这样的工作程序，张鸿常笑称："思想积极，行动稳妥。"决策者的大度由此可见。

九三学社秉承民主与科学的理念，从西迁到西安交大蓬勃发展，都发挥着重要作用。不仅在科学事业上，更是在祖国的发展、民族伟大复兴的进程中，与党和国家共进退。1989年，受当时外界环境的影响，我兼职的陕西社会主义学院的学员们情绪非常激动，也要求上街游行，大横幅和标语口号都已准备好，只等行动。这一期的学员都是来自高等学校和事业单位的民主党派人士，其中多数为原单位的基层干部。

当时，学院的一位主要负责人打电话跟我谈了这事，并让我赶快到学校来，劝学员们不要上街，安定下来。当时全体学员都在学院内的广场上，正等待着出发的命令。我劝学员们先冷静下来，去大教室让我讲几句话。这时，有一位学员高喊:"你是搞政治的,我们不听你那一套说教!我们要民主!"我说:"你们不能只允许自己民主,不让别人民主啊!要允许别人讲话这才是民主啊!"于是大家同意回大教室了。我站在讲台上心平气和地讲:"你们过高地估计我了。我是西安交大教固体力学的教师,哪儿有那么多的政治理论来说教啊!"顿时,大家的情绪安静下来了,学员们感到很突然。

我接着说:"我教的课程有材料力学、结构力学、板壳理论等。如果不信,可以当场考我,但只限本科生的教学内容。"随即一位学员站起来说:"'有限单元法'英文名怎么写的?"当我在黑板上写下"Finite Elements Method"时,气氛一下缓和了。接着又有两位学员问了力学的一个简单公式和基本理论,我都一一做了回答。于是,一位学员站起来说:"陈院长,真是搞科技专业的,咱们自己人。请你和我们坐一起吧!"我和大家坐在一起,气氛很融洽。

陈瀚教授(左)接受马克思主义学院老师的采访

我说:"咱民主党派和中国共产党同乘一条大船,同舟共济。如果这大船翻沉了,咱民主党派也完了。想当年,蒋介石不容许民主党派存在,是中国共产党的支持和1948年'五一号召'召开的全国第一次政治协商会议,组成了各民主党派都参加的中央人民政府,才有我们的今天啊。"

这时有一位学员说:"是啊!我们经常讲政党史,讲爱国爱党,讲肝胆相照、荣辱与共,如果我们上街了,岂不是在给党施加压力了!"接着许多人提议:"不去了,不去了!"大家走出大教室,拆除了横幅和标语口号牌。前后不到一个小时,一切都平静了。我深深感到,只要相信党,与群众打成一片,和大家心连心,推心置腹地讲清道理,群众会乐意接受的。

宋余九

厚积薄发　奉献西部

人物小传

宋余九（1933— ），辽宁省海城市人，1953年大学本科毕业，之后被保送到哈尔滨工业大学攻读研究生，进入金属材料及热处理专业学习，成为新中国第一批国家研究生。1955年，宋余九硕士毕业，受高教部派遣，到交通大学执教。1956年随校西迁，成为西安交通大学的一员。尔后兢兢业业五十余载，把自己的青春和梦想奉献给了西安交通大学。时至今日，宋余九虽已86岁高龄，仍耳聪目明，步伐稳健。

党叫我们到哪里去　我们就到哪里去

据宋余九教授回忆，接到西迁的通知，他本人没有任何震惊，也没有一丝犹豫和迟疑，而是以非常平静的、以绝对支持的态度加入了这场大迁移的运动。他说："我是一名党员，1949年8月入团，1956年入党。作为党员就应该听党组织，听党召唤，党叫我们到哪里去，我们就到哪里去。我们没有什么犹豫的地方，因为党的需要就是我们的一切，国家全面发展需要人才。所以，大家也都是高高兴兴地同意并愿意到西安去，愿意迁校。"

当时的新中国，东西南北发展很不平衡、不均衡。经济发展的不平衡势必会影响其他领域的不平衡。东部明显比西部内陆占据更多优势，南部相较北部而言，也是具有天然的优势。因此，国家做出决定，教育要向大西北倾斜。强国必先强人，强人必先强教育，支援大西北，建设教育新天地，交通大学师生响应祖国西迁号召，踏上了支援西部建设的新征程。西迁不仅仅是一个通知，更是切切实实的行动，必须要落实到具体的实践和行动上。

迈出西迁第一步往往很难，因为有太多不确定性和未知性。但当时接到交通大学要西迁的通知时，宋余九却没有一丝迟疑和退却，而是大力支持，并用自己的实际行动支持西迁计划。宋余九对交通大学的西迁有自己的认识和理解。他说："我拥护党中央关于交通大学西迁的决定，赞成西迁。从国际形势及国家经济发展考虑，交通大学西迁是正确的，这是大局。个人的困难是小事，小事要服从大局，个人多吃点儿苦、受点儿累都能克服。"

西迁之路漫长艰辛，不仅涉及人的西迁，更涉及物的西迁。如何完整无损地将仪器和设备运送到西安并继续投入使用，也是一门技术活。1957年上半年，交通大学金相教研组决定派宋余九教授负责金相实验室第一批仪器设备的搬迁任务，到西安后负责实验室管理。宋余九愉快地接受了该任务，他和几位实验员一起设计和筹集包装箱、装卸设备等。第一批搬迁的设备仪器中有大量金相显微镜和热处理炉等。其中显微镜是精密仪器，大都是从德国、苏联进口的，非常昂贵，必须特别注意安全，不能破损，否则教学工作就无法展开。为做好这项工作，宋余九细心地为仪器设备定做包装箱，确保仪器设备被安全无损地运送到西安。有一台大型卧式显微镜的显微硬度计是从德国进口的，极易受震动而变得不精确。宋余九在整个搬迁过程中，一直非常注意这个仪器，甚至把它提到来西安火车的卧铺上，放在自己的身边严加保护。宋教授回忆起这段西迁往事时说，认真负责既是对自己工作的尊重，也是对学校及国家财产的珍视。

来到西安后，校区仅有西二楼、中心楼、东一楼、东二楼等几栋孤立的建筑，宋余九等人将西二楼金相实验室内的建筑垃圾清理干净，安装好仪器设备，做好教学实验的准备。之后，西安交通大学的教学、科研和实验工作都逐步走向正轨。

什么困难都能克服

60多年前，上海和西安相比，物质条件天差地别。上海物资丰富，大西北一片荒凉。宋余九教授回忆说："学校周围，到处是麦田、苹果园和沙丘，没有房子，物资不足，没有商店，还不通车，需要步行到很远的地方才能买到自己需要的东西。"回忆起这些，宋余九调侃地说，当时就是"马路不平，电灯不明，电话不灵"。另外，还有"买菜没有菜店，买东西没有商店，去城里没有汽车"。宋余九还谈起了他"换大米"的趣事。从上海过来，地域差距和饮食文化差别也是很大的，上海那边吃饭都吃大米，在西安都吃面条。自己不会做馒头，也不会擀面条，这就比较困难，只好骑脚踏车去附近农户家用面粉换大米。

尽管环境艰苦，但宋余九首先想着的是怎么把实验室建好，把课上好。西安的环境的确和上海没法比，但是这些都可以克服。在宋余九看来，当时大家一心一意地只想把工作做好，就觉得什么困难都能克服。只要是西迁来的人，都不后悔来西安，大家高高兴兴地一起上课。而且，当时的教学任务比在上海的时候还重，交通大学金相教研室当时已经有20多位教师，来到西安后不够

> 作为党员就应该听党组织，听党召唤，党叫我们到哪里去，我们就到哪里去。我们没有什么犹豫的地方，因为党的需要就是我们的一切。
>
> ——宋余九

10个人，课业繁重，开设的课程门数也挺多，再加上其他的实验室工作，任务很重，老师们都忙得不得了。晚上12点之前睡觉的老师很少，都是忙到大半夜，但是第二天还是照常给学生上课，做实验。大家很辛苦，但是都不觉得有什么。

即便条件艰苦，宋余九也不忘记学习，尤其是对学习外语十分痴迷。宋教授会英、俄、日三门外语。他说："一是我本身喜欢外语；二是当时我们国家科技落后，多学一门外语，可以多了解外国的情况。"宋余九在哈尔滨工业大学上研究生的时候，授课的都是苏联的教授，要求研究生必须掌握俄语；而且他们去商店买东西都是用俄语跟人交流的，因为商店是苏联人开的。因此，宋余九熟练掌握了俄语，做到了听、说、读、写"四会"。后来，宋余九去日本东京大学做访问学者，学习了日语。宋余九说："我的日语很流利。那时候，日本学者来讲学，都是我来做翻译。"

> 宋教授回忆起这段西迁往事时说，认真负责既是对自己工作的尊重，也是对学校及国家财产的珍视。

厚积薄发　奉献西部

20世纪70年代中后期，西安交通大学的教学、科研等一切工作步入正轨，科研氛围变得浓厚。宋余九也积极投身于科研事业中，培养研究人才的同时，解决地方的实际困难，先后承担"低淬透性钢及低淬透性钢系列研究""中低碳钢复相组织的强度与断裂""无公害快速气体碳氟共渗研究""海洋石油平台用钢强度与断裂研究""石油钻杆腐蚀疲劳研究""金属基复合材料研究"及"25MnTiBr齿轮用钢研究"7个国家级及省市级科研项目，按时保质完成任务，并先后获得14项国家和省、部级科技奖。

这些科研成果，不仅在国内外具有较高的学术理论价值，在生产中也产生了十分可观的经济效益。

例如，提高石油钻杆腐蚀疲劳寿命研究，年经济效益达亿元以上。那个时候国家的石油资源不太丰富，开采率很低，钻杆断得很厉害。宝鸡石油机械厂找到了宋余九，看能不能提高钻杆的寿命，宋余九欣然接受了这个任务。工厂和学校一起研究解决这个问题，经过了两三年的努力取得了成功，年经济效益达到了上亿元，相当可观。宋余九本人也获得陕西省人民政府颁发的陕西省科学技术奖。

再比如，无公害快速气体碳氟共渗研究，这项研究大大提高了纺纱机钢领寿命，年经济效益达千万元以上。1977年，宋余九去昆明开热处理专业的会议。开会的时候，纺织部一个管技术的领导找到了宋余九，看能不能解决纺纱机钢领圈寿命短的问题，宋余九考虑了一下说可以。接受了这个任务后，宋余九和自己的研究生，以及生产钢领圈工厂的技术人员组成团队一起研究这个技术。经过两年的研究取得了成功。纺纱机钢领圈寿命提高了4倍，效果非常好，赶上了日本的产品质量，大幅度提升了经济效益，达到了每年上千万元的利润，解决了纺纱机在实际生产过程中的大问题。该技术获得陕西省人民政府颁发的陕西省科学技术研究成果二等奖。

任何科研成果的取得都不是偶然的，都要付出很多艰辛和努力，但宋教授说："这都是理所当然的，只有勤于进取，不断贡献，才能不负国家的培养，也给自己一个对专业极致热爱的答卷。"另外，宋余九出版专业著作及教材7部。其中，他主编的《金属材料的设计·选用·预测》

> 当代青年学生要利用时代发展的有利契机，发挥自身价值，为国家发展、为人民幸福做贡献。始终心系国家，心系人民。
>
> ——宋余九

这本教材是机械工业出版社高水平著作出版基金资助项目。宋余九还在国内外学术期刊发表论文150余篇。他科研成果显著，为科研事业做出了突出的贡献，推动机械类专业发展的同时，也解决了诸多的实际问题。

做实实在在的事情

西安交通大学63年来的发展，与西迁教师们刻苦、认真、拼搏的精神密不可分。西迁老教授们将青春奉献给西部建设事业，将热血洒入西部教育建设事业之中。没有老一辈人的艰苦奋斗和无私奉献，就没有西安交通大学的今天。正是他们的努力付出和踏实肯干的韧劲，才成就了西安交通大学今日的辉煌。

宋余九殷切希望西安交通大学的师生能够踏踏实实做事情，做好每一件事情，认真细致，做到专一，不能半途而废。同时，教学与科研并重。教学是理论学习，科研是实践学习，两手抓，两手都要硬，不可偏废。科研就是要解决具体问题，提升经济效益，解决关键领域的技术问题、重大问题，做实实在在的事情。

宋余九也寄语今日之青年，当不忘初心，方得始终。生活上要低标准，但是工作上必须要高标准。不可贪图享受，要踏实认真。现在时代发展了，青年学生要利用时代发展的有利契机，享受时代发展的红利。同时，应该发挥自身价值，为国家发展、为人民幸福做贡献。要有工匠精神、专一、认真、踏实、勤奋，兢兢业业，勤勤恳恳，始终心系国家，心系人民。作为党员同志，更要恪尽职守，全心全意地为人民服务，严于修身，严于律己。

> 祝
> 西安交通大学马克思主义学院取得更多更好成绩，为我们祖国做出更多成绩和成果。
>
> 宋余九
> 2018年2月1日

宋余九教授寄语青年学子

朱钰鹏

一入交大门 一生交大人

人物小传

朱钰鹏（1931— ），江苏省苏州市人。副校级调研员。1951年6月参加革命工作，1952年9月至1956年7月就读于交通大学内燃机专业，毕业后留校任教。1954年3月加入中国共产党。1957年随校西迁来到西安，任动力机械系专业课教师。1965年因职务调整，担任西安交通大学人事处副处长，此后长期从事人事工作。改革开放后，担任西安交通大学人事处处长。

党要我们去哪里　我们背起行囊就去哪里

> 交大人自始至终都有着爱国爱校的光荣革命传统，能顾全大局，以国家利益为重。

66年前，我从家乡苏州来到交通大学动力机械系内燃机专业学习。1954年3月加入中国共产党。1955年春天，为了适应国内外形势和国家建设合理布局的需要，国务院决定交通大学从上海迁往西安。

经过宣传动员，统一认识，学校方面坚决贯彻中央的决定，一切迁校准备工作顺利推进。一年时间，西安新校基本建成，第一批师生如期迁往西安。1956年9月新生报到，学校正式开学上课。但是，到了1957年初，围绕交通大学迁校问题，校内外存在很大争议，有人表示赞同，有人持不同意见，更有人表示反对，辩论甚为激烈。

众所周知，交通大学在上海已有60年校史，大部分教职工的家都在上海，甚至很多人自幼就在上海长大，祖祖辈辈长期生活在这里。一旦要从上海迁至西安，一方面，生活和工作环境发生改变，自身能否适应是一个问题；另一方面，举家搬迁还是孤身前往，抑或两地奔波，均值得斟酌。加上对西安的情况不甚了解，不免有很多思想顾虑和困难。

值得庆幸的是，交大人自始至终都有着爱国爱校的光荣革命传统，能顾全大局，以国家利益为重。此外，在校党委的领导下，很多知名教师、领导干部包括一大批党团员及青年教师积极响应，大大鼓舞了全校师生并激发了西迁的积极性。

记得那个时候，我正在吉林长春第一汽车厂带领毕业班学生进行实习，当接到动力机械系党总支的电报，要我尽快返回上海进行关于交大西迁事宜的讨论时，我便将学生委托给工厂设计科相关负责人带领，收拾行李即刻启程。回到学校，动力机械系召开全系教师大会，校工会召开了全校辩论大会，同时，各教研室也进行了多次讨论，广泛征求大家意见，充分发扬民主讨论的优良作风。党总支书记要求党员同志要以身作则，充分发挥党员的模范带头作用，积极响应国家号召。我们教研室的党员都积极响应国家号召，服从学校安排，同意迁校，而且还自发地做了很多党外人士的思想工作。但是，由于交大迁校问题情况复杂，牵涉面广，影响较大，争论频发，僵持不下，最后还是周恩来总理亲自出面处理解决的，他做出交通大学分设西安、上海两地的折中方案。当时，我所在的动力机械系按上级指示全部迁往西安。

条件愈苦　我心愈坚

我是1956年7月毕业的，毕业后有幸留校任教。因为从事内燃机专业课的教学辅导，所以是在1957年暑假到西安的，是我们动力机械系第一批西迁成员当中的一分子。

当时我离别故乡，告别家人亲友只身来到大西安。相对而言，系领导陈学俊教授的情况就不一样了，他和夫人袁旦庆带着四个孩子，全家由上海来到了西安，并将全部家具及行李带了过来。记得他们当时义无反顾，临行前就将自己购置的房产交给了上海市房管部门，并一再表示，既然已经决定去西安，扎根西北的黄土地，就不应该再对上海的房子有所牵挂。其实，我们一行人中，有很多同事的家庭条件都是非常不错的，生活也很富裕，但当决定随校西迁后，便毅然决然地将房屋上交国家，义无反顾地响应国家号召，支援西北建设。

来到西安后，困难的确是存在的，西安的发展水平与繁华的上海差距较大。学校坐落于田野之中，马路不平，电灯不亮，到西安城区又没有公交车通行。因此，我们基本上都是在校内活动，极少去市区。但是，我们也知道，眼前的这些困难相对于1956年第一批到西安的师生来说，当真是"小巫见大巫"。他们当时所遇到的窘境比我们艰苦得多，困难得多，但他们也都坚持下来了。我想，别人可以，我也是没问题的。尽管在饮食上很不习惯，但这都是可以克服的。

交大新校址坐落在西安市近郊原唐代兴庆宫遗址的对面，占地一千多亩。北边是西安市已规划兴建的一座公园，即今日的兴庆宫公园；南边是

> 陈学俊教授当时义无反顾，临行前就将自己购置的房产交给了上海市房管部门，并一再表示，既然已经决定去西安，扎根西北的黄土地，就不应该再对上海的房子有所牵挂。

> 作为一名中共党员,时刻谨记党需要我们做什么,我们就做什么这一要求。
>
> ——朱钰鹏

唐代建成的青龙寺,西边是市区。其中,兴庆公园的整修与建设,是离不开交大师生的辛勤劳动的。当时,全员劳动建校,提倡"知识分子劳动化",施工机器很少,基本上都是依靠人力。

记得我有次正在兴庆公园工地上劳动,烈日之下,酷暑难耐,干了一半就觉得胸闷头晕,以致中暑昏倒。幸亏周围同事们帮助,将晕倒的我扶到树荫底下,把带来的水给我饮用,用草帽给我扇风散热,就这样持续了很长一段时间,我才逐渐恢复意识。差不多好了之后,我又开始抓起工具干活儿。就这样,尽管酷暑难耐,我们的施工进度硬是一点儿也没落下。

其间身体状况稍差的同事,间或出现过头晕或体力不支的状况,稍做休息调整之后,转而继续劳动。也许正是因为如此,这才有了今日的兴庆公园。而今,每当在兴庆公园中闲游时,我都会感到非常欣慰和自豪。

今日交大 如"你"所愿

1955年,中央决定交通大学西迁后,高教部部长杨秀峰曾再三表示:"交通大学到西安,将担负起在上海不能担负的任务。""中央是把重大任务交给交大。"

时隔25年,1981年4月,教育部部长蒋南翔在西安交大校庆大会上发表讲话时指出:"交通大学的迁校,是我国在调整高等教育战略布局方面一个成功的范例。"

老校长彭康同志是交大西迁的卓越领导者、组织者和实施者,当之无愧为"胸怀大局、无私奉献、弘扬传统、艰苦创业"西迁精神的杰出典范。他以前瞻性的战略眼光、无私的奉献

> 传承西迁精神,
> 祝西安交大在人才培养和科技创新方面作出更大贡献。
>
> 朱钰鹏
> 2018年2月1日

朱钰鹏教授寄语青年学子

精神，带领着交大师生奔赴祖国西部，开辟出一片崭新的事业，以实际行动支援了大西北建设；他是西安交大卓越的奠基人，是西部高等教育发展的开拓者，更是交大辉煌事业的领头人。正是他展现了卓越的领导力，发挥了超强的管理智慧，妥善筹划了交大分设两地的方案，并搭建好上海、西安两所交大的发展平台，规划了两校的发展目标。

彭康校长非常重视教师队伍的培养和建设。

他曾说："在学校中，恐怕就是两条：一条是党的领导，一条是教师队伍。有这两条，就可以很好完成国家给我们的任务。"

正是在这种情况下，适逢人事处的一位副处长上调到教育部工作。组织部门领导就找我谈话，让我"双肩挑"：一面做教学工作，一面做党政管理工作。作为一名中共党员，时刻谨记党需要我们做什么，我们就做什么这一要求，我坚决服从组织的安排。鉴于人事处的任命须得到省委宣传部的正式审批，因而1964年开始到人事处工作时，我担任的是教师科科长一职。工作时间不到一年，省委宣传部的正式批文下来了，我当即被任命为人事处副处长，主要分管教师队伍。

接手人事处工作的时候，学校已经制定了一个关于师资培养的三年规划并正在运作当中。它采用普遍培养与重点培养相结合，双管齐下提升教师队伍的政治与业务素质。这是由彭康校长亲自听取汇报，定期检查，并亲自督导我们落实的培养措施。彭康校长深入细致的工作作风，对我后期工作影响非常大。

在学科建设方面，彭康校长注重学科创新，在重视发展传统学科的基础上，鼓励支持发展新学科。交大的传统学科主要有三个：一是机械工程学科，二是动力工程学科，三是电机工程学科。这些学科在学校发展过程中一直都受到很好的保护和支持。与此同时，学校还相继开设有工程力学系、工程物理系、无线电系，迅速新建计算机、核技术等一批国家急需的尖端领域新专业。

此外，在编写高水平教材、拟定全国高校多门课程教学大纲、制订多个专业教学计划草案等方面，彭康校长都做出了突出贡献。为了吸收更多优秀生源，他也组织派遣留学生开展国际访学交流项目活动。这些举措为交大后期发展奠定了深厚的基础。

顾大局、讲奉献，千辛万苦在所不辞、勇于克服艰难险阻的精神，筑成西迁精神丰碑，世世代代给人以教育和启迪。

如今看到学校的发展现状，教师队伍规模和质量大幅度提升，我很是高兴。学校抓住国家"一带一路"的发展机遇，建设中国西部科技创新港，近日学校领导还奔赴国家发改委、教育部，积极主动争取支持，都是好消息。就目前的态势而观，我自己对交大未来的发展充满信心。我想，彭康校长如若在世，看到今日交大的这番模样，定会倍感欣慰。

在迁校以及新校建设发展历程中，张鸿、陈大燮、钟兆琳、赵富鑫、周惠久、黄席椿、沈尚贤、严晙等许多教授、专家，同样为西安交通大学的建设发展鞠躬尽瘁，直至生命最后一息。这种师生员工开拓奋进、备尝艰辛、顾大局、讲奉献，千辛万苦在所不辞、勇于克服艰难险阻的精神，充分体现了交大人的崇高风范。无数可歌可泣的事迹，筑成西迁精神丰碑，世世代代给人以教育和启迪。

多方协调　助力西迁

62年前，交通大学以彭康为主的主要领导力量转移到了西安。1955年1月，学校首届党员大会选举出的党委委员14人中，有10人迁往西安工作，其中就包括后来在改革开放新时期担任学校主要领导的史维祥、潘季等。1956年迁校中，学校党委常委共有7位，即彭康、苏庄、杨文、祖振铨、吴镇东、林星、邓旭初，其中前6位迁往西安工作。邓旭初副书记同样为迁校付出了艰辛和努力，后因工作需要留在上海，曾任上海交通大学党委书记。

高教部部长杨秀峰是非常赞同交通大学西迁的。1956年交通大学（西安）面向全国招生，1959年被列为全国重点大学，都是在杨秀峰任内进行的。1983年，也就是杨秀峰主席（时任全国政协副主席）去世当年，他仍为交大进入国家重点建设项目做出了很大的努力。

陕西省和西安市政府为交大迁校付出巨大努力，地要多少给多少，要哪里给哪里，一切特事特办。1955年5月选校建址，10月就动工兴建，工地安排了数千名建筑工人日夜交班施工。1956年迁校后，西安市特别照顾我们南方人，供应给我们大米、鱼、鸡，各种蔬菜和副食品。为解决交大教职工家属就业、子女上学问题，他们也是做了很多工作，尽很大的努力帮扶。

上海市从陈毅任市长时就赞成交通大学西迁，开设专列，组织动员，将许多服务行业的人员和配套设施送往西安。正如杨秀峰部长当时所说："上海市委考虑支援内地，中央考虑要照顾上海。"将支援内地和照顾上海紧密结合起来，既立足于长远，高度重视大西北建设，又充分发挥沿海优势和潜力，就成为一校两地新迁校方案的基本指导思想，是完全符合中央和国务院要求的。

西迁无悔

韶华易逝，当年的热血青年如今已是耄耋老人。但是，西迁精神早已渗透到我的血脉里。在西安交通大学工作的岁月里，我不忘初心，牢记使命，奋力拼搏，不敢懈怠，为学校和西部建设发展竭尽微薄之力。西安已是我的第二故乡，我热恋这片热土，热爱西安交通大学，并为西安交通大学而自豪。

现在，学校建设中国西部科技创新港，开始了我们开拓创新的第二次西迁第三次创业，令我无比振奋。老骥伏枥，也想要发挥余热，关心学校建设发展，让西迁精神代代相传。所谓西迁精神，其实就是在1956年交通大学由上海迁往西安的过程中，所形成的一种宝贵的精神财富。它是我们西安交大人的骄傲！

虽然这些都已经成为历史，但历史与未来相连接。经过60多年的艰苦奋斗，如今的西安交通大学累计为国育才25万多人，培养出的33名院士中，有近一半在西部工作。2017年9月，西安交通大学入选国家一流大学A类建设名单，8个学科入选一流学科建设名单，成为中国西部地区首屈一指的科教高地。

可以预见，在今后的新丝绸之路建设中，在实现中国梦的道路上，西安交大必将承担起更加重要的使命与责任，留下历史印记，做出新的更大的贡献！

卢烈英

最好的年华献给最需要的地方

人物小传

卢烈英（1932—），上海市人。西安交通大学教授，从事政治学专业教育。1953年中国人民大学研究生班毕业，任系主任、研究所所长、硕士研究生导师、教学指导委员会委员、教学研究会会长等。在理论教育、思想政治教育学科建设、人才培养方面做出较大贡献。作为学科带头人，曾被评为优秀教师。出版专著、教材9本，获省级优秀成果奖4项、国家级优秀成果奖2项，国务院政府特殊津贴专家。

到祖国最需要的地方去

"向科学进军,建设大西北。"1956年7月,满载交大师生的专列缓缓驶离上海。师生们目光坚毅,心潮澎湃,年仅25岁的卢烈英也是其中一位。

时光荏苒,岁月如梭,63年转瞬即逝,当年激情澎湃的小伙子如今已经变成一位白发苍苍、温和慈祥的耄耋老人。虽然卢烈英已经87岁高龄了,但抖擞的精神掩盖了岁月的痕迹,谈到当年的西迁往事,卢烈英仍然按捺不住心中的热情:"跟着党走,到祖国最需要的地方去。"

时间穿起岁月,走过了繁华摩登的都市上海,走过了黄土漫漫的大西北,也走过了一代人的芳华岁月。

卢烈英是地地道道的上海人,1932年10月出生于上海的一个知识分子家庭。1950年考入复旦大学新闻系,两年后,因服从国家建设需要提前毕业,并抽调至中国人民大学马克思主义研究生班。一年后完成学业进入交通大学任教,成为国家第一批马克思主义宣传员。"那时在交通大学任教,学生都非常刻苦,都希望能够为国家的建设和发展出一份力。我们青年教师当然也尽力把所学全部传授给学生,让他们尽快成长成才。"卢烈英回忆道。

1955年,国务院做出了交通大学内迁西安的决定,这个决定也令当年的卢烈英陷入重重焦虑之中。"我父亲去世得早,两个姐姐也已嫁人,作为家里唯一的男丁,我在工作之余还需要照料母亲。"年事渐高的母亲对当时的西北有些许恐惧,再加之生活条件艰苦、语言不通,坚决不同意卢烈英跟随西迁,"我家人当时住在上海最繁华的街道,生活也算是丰富多彩。如果我跟随西迁,自己的下一代就成了西北人。因此,家人并不同意"。

面对种种现实困难,作为家中独子的卢烈英选择服从国家的安排,坚定着"党让我们去哪里,我们就背上行囊去哪里"的信念,放弃在上海的优越生活,说服了母亲只身西迁,作为第一批西迁教工,踏上了西行的列车。

采访中,卢烈英也为我们讲述了钟兆琳教授的故事。钟兆琳教授始终走

坚定"跟着党走,到祖国最需要的地方去;党让我们去哪里,我们就背上行囊去哪里"的信念。

> 这辈子最大的成就，是推动了交通大学人文学科的发展。
>
> ——卢烈英

在交通大学西迁的最前列，他从20世纪40年代起就担任久负盛名的电机系主任。作为一级教授、系主任，他始终是交通大学西迁最坚定的支持者。他虽然自幼生长在江浙，但对建设大西北极为热心。妻子卧病在床，他就一个人来西安，天天在集体食堂吃饭，全然不顾自己已是花甲老人。连周总理都曾表示："钟先生年纪大了，以留在上海为好。"但他还是满怀豪情地带头来西安，在一片荒地上建起电机实验室。

"刚到西安，没有礼堂，所以西迁后第一届开学典礼是在西安人民大厦举行的。"卢烈英清楚地记得，开学典礼上，听惯了江浙评弹的师生们着实被西北的粗犷吓了一跳："秦腔一吼，老师跑了。"这也成为广为流传的一件趣事。

1956年的交通大学校园，周边都是麦田，环境十分艰苦，学校设施还不完善，但是，第一批西迁的交大人并未因此而畏惧，他们积极调整心态，在这片土地上开始了宏大而意义深远的工程。"我们自己修操场，修公路，修花园，兴庆公园的湖就是交大师生挖的，挖出的土方堆成了山。为了解决师生开大会的困难，我们就用竹子盖起一座能容纳几千人的临时大礼堂。冬天的大礼堂冷风刺骨，但是，我们的心却始终火热。"说到这里，卢烈英的脸上洋溢着幸福的微笑。

千里西迁挥翰墨　数年星斗焕文章

西去列车风驰电掣，滚滚车轮带动历史前行。交通大学自1956年迁校始，老一辈西迁人就一直扎根西部，在艰苦的条件下长期工作生活。作为西迁的交大人，卢烈英一生致力于教书育人，把自己的全部心血献给西迁后的交大事业。

"迁校初期，马列学科作为一个新兴的学科，在学生心中没有很好的地位，更无法与工科专业匹敌。"作为青年教师，卢烈英深知人文学科对高校建设和社会发展的重要作用。那时，彭康校长亲自参与备课，卢烈英响应号召，始终坚持"7·11"工作制，积极探索学科发展道路，亲自编写课程教材，担任马列主义教研室党支部书记的他,为学生讲授马克思主义基础、哲学、联共(布)党史等课程。此外,卢烈英不仅关注学生成长,更是主动融入学生,与学生同吃同住,也因此被评为优秀教师。

西迁后的第三个十年,西安交通大学被列入全国重点建设高校,卢烈英果断抓住这一机遇,开始了学科的跨越式发展。卢烈英活跃于马列主义教学与研究领域,为马列教研室集聚了一批学养深厚的马列主义教师,形成了一支优秀的学术团队,奠定了后来的发展基础。1978年,举办本科类的马列主义师资班,后来又相继举办马列主义理论专修班、哲学和政治经济学助教进修班等。1984年,学校建立研究生院,次年开始授予博士学位。在理工科教育大步发展的同时,西安交通大学恢复了管理学院,交通大学理、工、管相结合的传统优势重现校园。1987年,社会科学系和社会科学研究所成立,他担任系主任兼研究所所长,长期活跃于马列主义的教学与研究领域,后来成立的人文学院、管理学院、法学院、公管学院等人文学科,都与卢烈英带领的马列教研室的孕育密不可分。用卢烈英自己的话来说就是:"这辈子最大的成就,是推动了交通大学人文学科的发展。"

化作春泥更护花

"我当了一辈子老师,我爱我的工作,我喜欢和学生在一起。"

虽然年事已高,但是,卢烈英依旧用自己的行动关心着交通大学的发展,关爱着学生的成长。1995年,卢烈英退休后随即被返聘为专家督导组成员,长期为青年教师提供教学经验指导,帮助青年教师更好更快地融入教学工作。2015年,卢烈英从工作岗位上完全退下来,但他仍然积极参加各项校园文化活动,给青年学生讲述当年西迁的岁月和往事。

2017年10月,党的十九大胜利召开。站在西安交通大学第三个甲子的新征程上,卢烈英为新时代而振奋,连同另外14位西迁老教授将对党和国家的热爱、对教育事业的热情、对奉献报国的思考写信呈寄给习近平总书记。

> 没有讨价还价,扎根西部,无怨无悔,西迁的交大人用自己的一生诠释了"胸怀大局、无私奉献、弘扬传统、艰苦创业"的西迁精神。

在卢烈英看来，西迁的本质就是到祖国最需要的地方去，帮助西北地区发展教育、文化、科技事业，消除不平衡、不充分的短板。

2018年新年前夕，习近平总书记对西安交通大学15位老教授来信做出重要指示，并通过新年贺词再次肯定西安交通大学的西迁精神。对此，卢烈英激动地说："总书记的新年贺词我仔仔细细看了数遍，总书记如此记挂我们，我们心里倍感亲切温暖。西安交通大学这棵大树扎根西部，开枝散叶，服务西部建设发展，这累累硕果都是靠交大人的拼搏奋斗得来的。"

采访中，当卢烈英得知前来看望他的学生来自马克思主义学院时，他倍感亲切，与学生们唠家常，并寄语他们："我希望你们能争做西迁精神的新传人，不忘初心，牢记使命，坚持理论自信、学科自信、专业自信，做坚定的马克思主义传播者。"

在卢烈英看来，西迁的本质就是到祖国最需要的地方去，帮助西北地区发展教育、文化、科技事业，消除不平衡、不充分的短板，"大树西迁，我的愿望就是交通大学这棵大树能够茁壮成长，永远长青"。

没有犹豫，没有讨价还价，扎根西部，无怨无悔，西迁的交大人用自己的一生诠释了"胸怀大局、无私奉献、弘扬传统、艰苦创业"的西迁精神。

如今，86岁高龄的卢烈英与夫人一同生活在交大二村家属院。遇上合适的天气，他喜欢漫步在梧桐大道，看着那些沉淀岁月的历史建筑和来来往往的青春学子，脸上露出欣慰的笑容。

60余年的兢兢业业，60余年的勤勤恳恳，站在三尺讲台上，卢烈英不忘自己是一名西迁教师。曾经的激情已融为西迁的精髓，曾经的芳华也已化为时代的强音。落花无声，岁月有情，西迁的一幕幕已经渐行渐远。如果时光可以重来，卢烈英依旧会选择踏上西行的列车，选择这个需要他倾注一生、奉献一生的地方。

李怀祖

呕心沥血建学科　循循善诱育学生

人物小传

李怀祖（1933— ），江西省抚州市临川区人。管理学家，中国决策科学的开拓者与倡导者之一。1955年毕业于上海交通大学机械制造系并留校任教，1958年随校西迁，先后在西安交通大学机械制造系、系统工程研究所和管理学院任教，曾担任加拿大阿尔贝塔商学院兼职教授。致力于研究生教学与培养工作，参与了我国MBA、EMBA专业学位教育开创时期的筹备工作，开设有"决策分析""系统工程""生产计划与控制"等多门课程。1984年以来，担任西安交通大学管理学院副院长、教授、博士生导师，主要从事决策科学、系统工程等方面的研究工作，主持或参加科研课题20余项，为中加管理教育合作（CIDA）项目协调人。自1980年至今已培养博士60余名、硕士30余名，2011年设立李怀祖奖学金。20世纪以来，在各种学术刊物上发表《谈企业领导者的工作》《质量管理审核专家系统研制》《科技成果转化的认识误区和体系创新》等百余篇论文。编著有《决策理论导引》《管理研究方法论》《生产计划与控制》《系统工程理论、方法及应用》等著作。

向科学进军　满怀奋斗豪情

1951年,我考入交通大学机械系,那时各个大学还是分开招生,到了第二年才开始全国统招。1952年,院系调整,我被分配到机械制造专业学习。1955年夏天毕业时,学校让填工作志愿,那时候年轻,加上还是团干部,我毫不犹豫地填了四个大字——服从分配。

那个时候,毕业生都是学校统一分配工作,也没有提供可选择的地区和单位。后来,我被留在交通大学机械制造系生产组织教研室担任助教。

1955年,彭康校长在交大文治堂做报告,我还清楚记得他传达中央关于交大西迁决定时的会场情景。

印象中,迁校有两个原因:一是上海地处战争前线,当时国民党虽退据台湾,但还不时对福建等沿海地带进行骚扰;二是中国第一个五年计划刚开始,有156个苏联援建项目,许多都放在西北,西北需要人才。

大家听过报告后,情绪没有太大波动。那时年轻教师都深受全国展开大规模国家建设的鼓舞,积极响应"向科学进军"的口号,立志当经济建设的工程师,感到为国家建设做贡献理所应当,去支援西部建设义不容辞。当时,我们的确是抱着国家哪里需要,就往哪里去的心理,生活条件与工作待遇等根本就不去考虑。

> 传承弘扬爱国奋斗的西迁精神
>
> 李怀祖
> 2018.4

李怀祖教授寄语青年学子

1956年开始,交大师生迁往西安,1958年搬迁工作基本结束。那时,交大校门先后换成了南洋工学院和上海造船学院的校牌。学校是连人带物一道搬迁,实验室的设备,包括二三十年代的进口机器,以及当时尚属先进的程控机床、图书馆的图书和档案资料、教室和办公室的桌椅板凳都装箱运往西安。

最重要的是，学校教师除了少数老教师，中青年教师几乎全部西迁来到了西安。陈学俊院士当时不到40岁已是教授，像陈院士这样有海外留学经历的一大批中年教授、副教授都随校西迁。这批人才迁到西安可不容易，我们这些没有成家的年轻教师，没有拖累，说走就走。他们在上海较舒适的生活环境下度过许多年，有自己的家产，上有老下有小。而且，如果要求留上海，领导会考虑照顾这样的高级知识分子，即使不来，也能在上海找到工作，但他们都积极响应国家号召，义无反顾地携老带幼前往西安。

这60多位教授、副教授带来了交大"起点高、基础厚、要求严、重实践"的教学传统，保证了西迁后持续的高质量教学和学术水平，使西安交大享有良好的社会声誉。

当年，大学各专业都是全国统一制订的教学计划，计划中规定的各门课程又有统编教材。为了制订教学计划和统编教材，教育部成立由各校知名教师组成的专业教学指导委员会和课程教材编写组。在20世纪五六十年代，西安交大就有20多位教师担任这些委员会和编写组的主任（组长）或副主任（副组长）。

1956年，第一批西迁的都是一些基础学科，如物理、化学、数学、力学等教研室，我们机械制造系的各专业到1958年才随教研室迁过来。

1958年的交大教学区、生活区基本上已经建成了，但第一批西迁过来的人，生活条件还是很艰苦的。那个时候，图书馆后面有一个大坑，下雨的时候走路一不小心就会陷到泥坑里，学校周围也非常空旷，都是大片的麦田。

西安市政府为照顾交大师生的生活习惯，每个月都特许给每人供应几斤大米。彭康校长考虑周到，建立了一套完善的后勤服务系统。吃饭问题最重要，从上海招来一批食堂和清真食堂的厨师，其中有梅龙镇名厨，交大教工和学生食堂长期供应上海口味的小菜，如青菜大排、青菜狮子头等。许多校友毕业多年后，还对这些特色菜记忆犹新。

洗衣店、理发店、牙科诊所等，都连人带设备从上海搬过来。绿化工作更是受到彭校长的重视，不仅规划好校园，还操心实施细节，从上海用火车运来松柏树、法国梧桐和草皮，并专门请来上海有经验的老花匠。彭康校长经常在吃饭时间到学生食堂巡视。学生宿舍、课堂和运动场也不时能看到校长的身影。

谈起五六十年代那个时期学生的精神面貌，我至今难忘。

那时生活条件无法和现在相比，西安冬天零下十几度，还没有暖气，夏天高温近四十度也没有空调。学生八个人一个房间，上下铺，条件艰苦，但学生没有抱怨什么。

学生们很踏实，学风非常好，每天早晨八点准时上课，没有一个人迟到。上课人人认真记笔记，这种听课记笔记的好传统，现在好像被忽视了，真是可惜。不做与学习无关的其他事，课堂睡觉被认为是大事情，旷课更是罕见。中午下课后急忙赶去食堂，拿着两个碗一双筷子，排上几十个人的长队，没有人插队。三个单元都是学习，一周只有周日是休息日。即便是休息日，图书馆和教室仍随处可见来上自习的学生。加上60年代教育部有规定，校园里包括大学校园不能谈恋爱，所以那个时候交大学生生活朴素，学风踏实。

这种踏实勤奋的学风，有形无形地延续到现在。有些用人单位和名校招研究生，喜欢录取西安交大的学生，就是看上他们踏实勤奋。

教师的住宿条件差，同样没有暖气，一套房子住两三家，有的一家人住集体宿舍单间房。没有煤气，用的是蜂窝煤炉，集体浴室每周开放一次，开水靠锅炉房集中供应。大部分教工到食堂排队就餐。

当年政治学习时间多，每天都按三个单元安排工作学习。如果第二天早上有课，那晚上一定要备课到深夜。星期天工作或开会，则是常事。教师的生活条件差，但一直保持着奋发图强的精神面貌，尽职尽责，认真地完成教学工作。

那时没有计算机，每位教师都有备课本，手写详细的讲稿。现在，校史馆还展出了当年的教师讲稿。不论这门课讲过多少遍，上课头天晚上一定要再花几个小时备课。少花一两个小时备课，学生未必觉察得到讲课效果的差异，但教师的责任感驱使自己不放过课程内容和课堂的每一个细节。年轻助教要跟班听课，被前辈辅导几遍并试讲合格以后，方可上讲台独立讲课，这充分体现了交大"要求严"的传统。

1956年第一批西迁来的教师基本上没有任何休息与调整，一来到新环境就在尚未完全完工的教室里开始上课。虽然当时迁校任务极其繁重，但师生们都认真地学习，一丝不苟地进行实验和实习，一切都井井有条，大家在各自的工作岗位上埋头苦干，没有任何抱怨与不满。

西迁师生员工们在艰苦岁月的磨砺中创造了崭新的业绩——西安交大没有因为迁校而推迟一天开学，没有因为迁校而少开一门课程，也没有因为迁校而耽误原定的教学计划和实验项目，这的确是一个奇迹！

扎根西北　开拓管理学科

1952年，全国大学院系调整，主要是学习苏联设置专业的教学模式，管理学科和管理教育由于涉及生产关系和意识形态，基本上被取消，只是按苏联的教学计划，留下了"生产组织与计划"这门课程，可以说是管理学科和教育的"独苗"。

交通大学于1955年在机械系设立了生产组织教研室。教研室的负责人是曾留学美国的周志诚教授，刚从哈尔滨工业大学由苏联专家执教培养的工业经济研究生班毕业的汪应洛是教研室秘书。1958年教研室十几位教师随校西迁。

经历了二十多年的变迁后，1984年，当年管理学科的"独苗"发展到成立管理学院。全国的管理学科和教育也由当年基本消失的状态，发展成为与理、工、农等并列的十二大学科门类之一。

在管理学科和教育恢复、重建和发展的过程中，西安交大虽地处西北，却一直在全国起到先锋作用。西安交大的工商管理、管理科学与工程一级学科在历次学科评估中都名处前列。西安交大管理学科的带头人汪应洛在20世纪八九十年代一直是教育部管理教学指导委员会、全国管理教育学位委员会、自然科学基金委员会管理学部评审专家组的召集人之一，并于2005年当选为中国工程院工程管理学部院士。

西安交大管理学科能够发展壮大，在全国享有较高声誉，不能不提汪应洛院士的突出贡献。

学校迁到西安后，他便担任生产组织教研室主任，后来担任机械系副主任和学校生产处副处长，但是，一直没有脱离教研室的教学和科研活动。"文革"停顿了几年,改革开放后又重整旧部,带领大家重建和开拓管理教育学科。他先后担任系统工程研究所副所长、管理工程系主任、管理学院院长,现在是名誉院长,前后经历一个甲子。我有幸从1955年开始与他成为同事,60年来基本上都在他领导下工作。管理学院重建时,我作为他的副手,担任副院长长达十年。所以,我对于汪应洛院士在这一甲子期间如何执着坚持发展管理学科和教育的事迹比较了解,这真是一个克服重重困难、艰苦奋斗的过程。现在取得的卓越成果是靠奋斗得来的。

汪应洛院士在管理学科和教育发展中遇到困难和挫折的时候,能正确把握方向,采取得力措施,坚守阵地。

1955年,全国的工科大学都按照苏联教学计划设置"生产组织与计划",并将其作为工科各专业的必修课,教材是从俄文同名教材翻译过来的。内容是"一长制"的企业组织和计划经济体制下的各种规章制度。课程开设三年后,正值"大跃进"运动时期,毛主席提出"鞍钢宪法",要求"两参一改三结合":"两参"是干部参加生产劳动,工人参加企业管理;"一改"是改革企业中不合理的规章制度;"三结合"即企业领导干部、技术人员、工人三结合,强调群众运动,批判苏联企业管理中遵循的"马钢宪法"。于是,这门课的内容与当时中国的形势不相吻合,企业管理的现实与教材内容格格不入。许多大学"生产组织与计划"这门课由必修课改成选修课,有的学校顶不住压力,就取消了这门课,教师也转行到其他教研室。

针对这种势态,汪应洛采取两方面的措施。一是组织教研室教师编写结合中国企业管理实际的"生产组织与计划"教材。我记得当时纸张供应短缺,学校印刷厂用发灰的再生纸印出教材,看起来很费力。由于有了自编教材,这门课程作为选修课面向全校推出,一直到"文革"期间大学停课为止。另一项措施更具有战略意义,那就是投入管理学科研究,把学科发展和教学结合起来。

1955年,"生产组织"教研室成立之初,学校教师都集中精力于教学,汪应洛却注意研究中国管理的实际问题。1956年,学校与机械工业部的生产组织研究院合作,承担课题,组织教研室教师到东北等地企业调查研究。

1959年开始开展全国性的技术创新活动，学校也在彭康校长的建议下建立了计算机、无线电、原子能等新技术专业。汪应洛适时地提出创办"自动化生产组织"的新专业，并得到教育部的批准。为此，派出教研室几位教师去中科院进修当年尚属新学科的运筹学，筹备新专业的课程。该专业办了两年以后，国家进入三年困难时期，全国高校大幅度压缩规模。这个专业虽被取消，但为后续的研究和学科发展做好了准备工作。后来与自动控制和系统工程领域学者的合作，便是基于这时打下的基础。

"大跃进"时期大搞"技术革新、技术革命"的群众运动，许多机械制造企业"土洋并举"，建起了流水线、自动线。1962年中央提出"调整、巩固、充实、提高"八字方针后，第一机械工业部按照经济效益的要求，整顿运动中的各种自动化项目。在此背景下，汪应洛从一机部承接了"自动化生产技术经济分析"课题，教研室大部分教师都参与了该课题在大连机床厂等地的调查研究工作，向一机部提交了研究报告。

另一项研究课题是从1964年开始的。那时，化工部试点应用计算机控制生产过程，这是全国各行业中最早应用计算机的研究项目。由中国科学院自动化研究所、化工部化工研究院和西安交大共同组成研究队，在兰州化肥厂实施。其中"技术经济分析"的子课题由汪应洛负责，"生产组织"教研室六七位教师参加，日夜现场跟班劳动，观测记录生产运行的各种数据。经过一年多的工作，我们提出了技术经济分析报告，还根据现场实验结果，写了有关兰化五号变换炉生产优化的论文，发表在《西安交通大学学报》上。华罗庚于1968年提倡的全国范围推广的"优选法"，其中正交试验法正是我们1964年应用的方法。后来这项课题扩大，兰州炼油厂也试点常减压塔的计算机控制项目，我校自动控制、计算机和生产组织教研室的师生参加。1966年6月初，正当四五十人的队伍投入工作时，"文革"运动开始，工作组入住学校，将所有师生撤回学校，研究工作被迫中止。不过，1971年，兰州化肥厂仍然邀请我们"技术经济分析"课题组的人员去工厂工作了一段时间。

坚持结合实际进行科学研究，产生了良好效果。在校内，生产组织教研室的工作得到校系领导的肯定，而"文革"前夕，全国不少工科大学的生产组织教研室或专业已经解散；在校外，与国家工业管理部门，以及"自动化"相关的学术单位建立了广泛联系，地处西部的大学向外开拓，在当时是较难做到的，也是十分必要的。

汪应洛院士在管理学科和教育发展中，还能敏锐地抓住机遇，开拓事业新局面。最重要的一次机遇发生在1978年秋季。钱学森、许国志、王云寿在《文汇报》发表了《组织管理的技术——系统工程》长文。这篇文章叙述了多年无人敢提的西方从"工时定额""计划协调技术"开始的管理科学的形成和发展过程，将系统工程作为先进的管理思想和方法介绍给大家，并建议提出恢复工程院校的工业企业管理课程，举办理工结合的组织管理的科技大学。该文在社会上引起了很大反响。因为"文革"刚结束，十一届三中全会还没有召开，宏观政治环境仍然遵循"以阶级斗争为纲"，管理教育仍属禁区。这篇文章犹如一声春雷，惊动了学术界。

汪应洛很快做出反应，邀请大连工学院王众托、天津大学的刘豹、华中工学院的陈珽和我校的胡保生等这些全国自动控制学科知名教授，在西安交大行政楼会议室座谈如何响应钱学森的倡议。座谈会后，这四所大学和清华大学率先成立系统工程研究所。这成为管理学科重建的前奏，这五所大学后来都是全国首批建立管理学院的高校。这时，汪应洛将已分散到其他工作岗位的原"生产组织"教研室的教师又抽调回来，会聚在系统工程研究所。

由于系统工程得到认可，起到"破冰"的作用，1979年，清华大学、西安交通大学等11所工科大学申请成立"管理工程"专业，作为工程教育的组成部分，得到教育部的批准。1984年，全国工科大学第一批管理学院成立。工科大学在管理学科和教育恢复的过程中走在前列，这是有中国特色的发展路径，和钱学森文章强调工科也有关系。

在上述系统工程学科兴起，管理学科恢复重建的过程中，汪应洛在全国大学中始终起到倡导和协调作用，根据中国国情，抓住每个契机，推动管理学科发展。他的工作深受同行认可，有关校际的各种管理学科的协调指导组织，他总是被推举为召集人。

管理学科和教育不断发展，先是本科教育，后来设立硕士教育点、博士教育点、MBA、EMBA、博士后工作站等，西安交大管理学院也都不失时机，搭上第一班车。教育部在1983年组织的中国加拿大管理教育合作项目，西安交大也是牵头学校之一，所做工作在校际间产生了良好的影响。

交大西迁后，不少工科专业艰苦奋斗，不断发展，也处于全国前列。不过，这些专业原本就是棵大树，迁来后适应水土，生根发芽，苗壮成长，这符合预期；而管理学科有些不同，西迁时只是一株幼苗，几十年来还经受种种风雨濒临消失，能发展成现在这样的大树，当年是料想不到的。良好的宏观环境固然重要，但毕竟是在汪应洛院士的带领下，管理学院师生传承西迁精神，克服种种困难，抓住时机，艰苦奋斗得来的成果。

薪火传递蕴情怀

西迁时，生产组织教研室当年只是承担一门课，十来个人，几间办公室；现在，管理学院在校师生两千多人，承担各个层次的管理教育。虽然地处西部，学校的管理学科和教育却在全国享有声誉。我亲历了发展的全过程，而且自己从22岁开始工作到70岁退休，一辈子都服务在交大管理教育岗位，面对这么大的变化和成绩，不能不感到欣慰，看到了自己为之付出精力的成果，也为自己能在国家建设需要的西安交通大学工作一辈子而感到自豪。

作为教师，最能让自己喜悦的莫过于看到学生毕业后事业有成。管理学院恢复建院以来已有30多年，校友们为社会已做出了很大贡献。我从1983年开始指导硕士生，1991年开始指导博士生。我指导的学生中，毕业并取得学位的博士生60余名、硕士生30余名。这些毕业生中，在学术教育界的大都是教授、副教授，有几位已是大学的校长或党委书记；在商界的，有四五位是大企业的董事长，其中有全国知名的奇虎360公司的周鸿祎。周鸿祎上学的时候就非同一般，从本校少年班考入系统工程硕士研究生。他不是一个循规蹈矩的学生，他有志向，在校期间便下定决心"这一辈子一定要在计算机行业里面干出些名堂"。他热衷于创新，动手实干，那时就研发软件杀毒卡，把我们办公室变成了他的创业车间。我们下班，他们上班干通宵，后来还出了产品Master卡。在政界的，也有好几位达到副省级和厅级职位。

这些毕业生都很重师生情谊，不时送来问候，有的在管理学院设立以我名字命名的奖学金。周鸿祎还写文章表达他对读研时指导教师的感激之情，这让我沾光扬名了。他们的才能是整个教育体系培养出来的，我哪有能力教他们像现在这样创大业做大事？只不过是一种缘分，我在他们的最后学习阶段成了他们的指导教师。师生情谊使自己感到世间温馨。

我在西安交大从事管理教育工作一辈子，交大，特别是管理学院，就像是自己的家，我为交大和管理学院取得的每项成绩和进展都感到高兴，为交大和管理学院遇到的困难和挫折而担忧。现在，全国上下都在弘扬西迁精神，这是对西安交大全体师生和校友的极大鼓励，也是学校发展的极好契机。西迁精神是我们的传家宝，要传承和发扬。我理解，西迁精神的核心是爱国、奋斗。当年交大教工，特别是一些中老年教师，服从国家需要，放弃上海舒适的生活条件，义无反顾地迁到西安。现在和当年比较也有类似之处，这里和沿海一带生活和工作条件还是有差距，那里较高的待遇和较好的教学研究条件还是吸引人的。我们理应把国家需要放在第一位，扎根西安交大。

前面说到的西安交大管理学科和一些工科能够地处西北，却享有全国声誉，就是靠奋斗得来的。过去60多年，学校有许多艰苦奋斗的活榜样和具体事例，我们有比别人更好的条件去传承。

相信学校和管理学院领导一定会抓住目前难得的发展机遇，带领全体师生，传承和发扬西迁精神，在教学、研究和育人各方面获得新的成就，向世界一流大学迈进。

潘 季

随校西迁 感觉人生有意义

人物小传

潘季(1934—),江苏省常熟市人,教授。1957年毕业于交通大学电机系,曾任西安交通大学电机系主任、副校长党委书记,八届全国人大常务委员会委员。1985—1996年担任西安交大党委书记期间,努力推进学校改革与事业发展、思想政治工作与精神文明建设。西安交大图书馆经党中央批准,命名为"钱学森图书馆",树《四大发明》群雕,建白居易"东亭"、学生思源活动中心、宪梓堂,创作校园歌曲《爱我交大》。在电机学、超导电工技术、高等教育、高校党建等方面均有较深的研究,曾在国内外学术期刊上发表多篇论文,1989年荣获中组部授予的"全国优秀党务工作者"称号。

交大西迁之时，潘季年仅23岁，是个刚毕业的青年教师，现已在交大学习从教一辈子。讲起交大西迁这段往事的点点滴滴，潘季更是如数家珍，满怀激情，喜悦之情溢于言表，言辞之间尽显作为交大人的自豪和骄傲，因为这是交大人奋斗的地方，留着青春和生命的印迹。以下是潘季的口述故事。

行动坚决　速度快

对于交大西迁，"行动坚决，速度快"是我最深刻的体悟。

1955年4月，中央根据当时国内外形势及国家的长远发展规划做出了交通大学内迁西安的决策。彭康校长即带领团队到西安选定了新校址，仅用了一年时间，交大的新校区就在西安东郊的麦田里拔地而起。在彭康校长带领下，1956年学校党委17个委员中，除了一人因工作需要留于上海外，其他16个委员都来到了西安，广大教职工积极响应国家支援大西北建设的号召搬迁至西安，交通大学的校牌、图书档案、仪器设备大部分也都搬过来了。1956年秋，一、二年级几千名学生已经在新教室开始上课了。高教部部长杨秀峰1957年在上海新文治堂的师生大会上讲述交通大学西迁对西部发展和国家建设的重要意义，循循善诱地动员交大西迁。彭校长激动的话语，广大师生热情鼓掌的情景，至今回忆起来还历历在目！

迁校63年来，学校的学科发展、教学科研、实验基地、校园建设等各个方面都取得了巨大的进展，教育部多次称赞西安交大是迁校成功的典范，交大在国家西部大开发中，很好地担负起了国家重点骨干大学的责任和使命。20世纪80年代中期，国务院最初曾决定特别加强五所大学的建设，西安交大是西部唯一的一所。西安交大爱国奋斗的西迁精神是其优良传统，在实现中国梦的伟大事业中，要遵循习总书记的指示，传承交通大学西迁精神，在西部发展、国家建设中贡献智慧和力量，取得更加优异的成绩！

传统优良　学风浓厚

我们要感谢彭康校长为西安交大选了这么好的一个校址：北临兴庆宫公

仅用了一年时间，西安交通大学的新校区就在西安东郊的麦田里拔地而起。这棵大树深植在沉淀着中华灿烂古文化的土地上茁壮成长。

潘季教授接受西安交通大学西迁采访

园，南靠青龙寺；冬有雪松，夏有梧桐，春有樱花，秋有银杏，一派芬芳满园、生机盎然的景象。交通大学这棵大树深植在沉淀着中华灿烂古文化的土地上，茁壮成长。在我印象中，交大有几大老传统是值得称道的。首先是交大刻苦学习的氛围，那时校园里流传着"一年级买蜡烛，二年级买眼镜……"的歌谣，有的同学甚至认真到把整部英语字典都背下来的程度。其次，交大也重视基础和实践。在我念书时，微积分用的是莫斯科大学斯米尔诺夫的理科教材，给我们上课的是周铭、黄席椿、钟兆琳等知名教授。四年的求学时光，我们要三次下工厂进行实践，学校聘请老师也会问其会不会操作机器，注重考察实践技能。重视本科教学也是交大的传统。在1996年教育部对本科教学的评审工作中，西安交通大学是第一所被评为"本科教学工作优秀"的学校，材料学科周惠久教授的"小能量多冲理论"被誉为教育部系统重大科研成果的"五朵金花"之一。最后，交通大学也一直重视对学生的思想教育。学校从青年人的特点出发，对品学兼优的学生予以表扬，通过正面教育在校园里营造积极上进的氛围，并率先采用现代媒体对交大人的事迹进行宣传教育，发挥身边先进人物的榜样作用。此外，交大丰富多彩的校园生活更是令我难以忘怀，我记得世界顶尖芭蕾舞大师乌兰诺娃与交大学子相聚于新文治堂的热烈情景；记得交大篮球队在上海数一数二的辉煌成绩；记得上海拆运过来的实验设备一到，不管是主任、助教，也不论年龄大小，大家抢着去实验室开箱安装的场景；尤其难忘的是班级同学促膝围坐在图书馆前面绿油油的草坪上，谈理想谈进步的纯真友谊。

精勤求学　敦笃励志

百年校庆期间，我们在校园文化建设方面推进了几项重大工程。一是钱学森图书馆的命名。我们向中央申请,并征求了钱学森老学长的意见,将西安交大的图书馆命名为"钱学森图书馆"。1995年5月4日,中央发文同意了学校的申请。馆藏有钱学森在交大学习时的成绩单和他的著作、笔记等资料,都是弥足珍贵的原稿。二是四大发明广场。我国第一次申奥前,交通大学人文学院贾濯非老师为北京奥运会会场四周创作了《四大发明》雕塑,后来由于申奥未成功,我们就把这个作品竖立在了钱学森图书馆前面的广场上。这组雕塑极大地增强了交通大学的校园文化底蕴,也成为西安交大的标志性建筑。三是思源活动中心。这也是百年校庆时期建立的,江泽民同志还专门为中心题了馆名。四是宪梓堂。由全国人大常委会委员、香港著名爱国人士曾宪梓先生捐款建造。百年校庆之前,西安交大一直没有礼堂,迁校西安的第一次开学典礼是借西安人民大厦礼堂举行的。后来搭建了一个草棚大礼堂,用了好多年,虽然简陋,但是在交大人心目中却是令人怀念至深的。五是东亭的修建。西安交大大学生老宿舍区曾经是唐代的"东亭",白居易在东亭住过两年。我们重新建造了东亭这个纪念性建筑,特请中国当代著名书法家启功题名,古代建筑学家张锦秋院士指导建设,并请中国唐诗学会会长霍松林镌刻了白居易居住东亭时写下的《养竹记》,希望以此勉励西安交大人像竹子一样有气节,当政者像爱护竹子一样养护文人,这很适合我们西安交大的校园文化。六是千秋石。百年校庆前我们带队访问了长江三峡建设工地,并请求用坝址最底层的坚岩在交大校园里建立纪念碑,以彰扬在这个千秋大业工程中奋战的工程技术人员和西安交大校友,同时也借此弘扬西安交大基础厚实的优良校风。

我还想去新疆讲学

在西迁老教授中,我对钟兆琳先生最为熟悉。他是第一位讲电机学的中国人,是我们中国电机工程界的元老。在美国康奈尔大学留学毕业后,他的导师认为他有讲课的天赋,希望他能够留下来,但钟先生坚持回国。他回国后培养的学生众多,我们的老学长钱学森是他的学生。20世纪50年代,钱学长回国时曾专门去看望钟先生,其他像丁舜年、褚应璜等院士都是他的学生。

钟先生在迁校过程中非常坚定，表现出强烈的爱国情怀。他的夫人身体不好，但他一个人坚持来西安支持西部建设，是全校老教授中克服家庭困难、竭力主张西迁的著名学者。钟先生晚年生病住院，我去看望他时，他还一再讲，"等身体好了，我不仅要回西安，我还想去新疆讲学"。钟先生十分好学，在医院的病床上还坚持学习俄语，咬字非常清晰，令我印象深刻。

钟先生讲课更是生动、风趣，与同学们非常亲近，上课前他有时会先讲一点点关心同学生活方面的话题。比如说，如何戴眼镜的问题，拉近与同学之间的距离，讲完之后再讲电机学的内容。他不会把每一章每一节都讲，但是，会把关键章节讲透彻，讲课内容少而精，物理概念讲得非常清晰。他的记忆力超强，几十年前学生的名字他都记得很清楚。每次上课他都会点几名同学回答问题，如果某个同学紧张或者回答得不理想，他会让学得好的同学再回答一遍，这样就起到一个很好的表率作用，也让大家感到课堂气氛比较轻松。所有听过钟先生上课的院士、教授都有许多有趣的回忆。虽然钟先生是全国著名的高级教授，但是他为人随和、平易近人，与学生之间没有距离感。他非常爱学生，不仅在课堂上讲授电机学专业知识，而且经常在各种场合教学生做人的道理。每一次毕业典礼，他除了讲"好男儿志在四方"，还一定亲自唱毕业歌"同学们在校桃李芬芳，毕业后做国家栋梁"——这是一首能激动人心的歌。从钟先生身上，我们可以看到中国古代士大夫的优良遗风，令人如沐春风，肃然起敬。

钟先生是竭力主张西迁的著名学者。晚年生病住院的他还一再讲，"等身体好了，我不仅要回西安，我还想去新疆讲学"。

何新楷

追忆西迁　感恩祖国

人物小传

何新楷（1934— ），江苏青浦（今属上海）人。1957年从交通大学毕业后开始在内燃机教研组工作。曾赴柬埔寨援建磅湛王家大学，后赴法国南锡矿院进行疲劳裂纹的萌生与扩张研究。历任动力系党总支副书记、中国内燃机协会成员、陕西省机械工程协会成员，曾主管交大内燃机实验室20年。对12V400型柴油机整体球铁活塞研究和疲劳裂纹的萌生与扩张研究均做出了创造性的重大贡献。参与编写《中国汽车百科全书》《内燃机动力装置》等。

三代交大人　扎根大西北

我出生在一个普通的家庭，兄弟姊妹五人，我排行老三。父亲是上海小学的一名教师，母亲是一个勤勤恳恳的家庭妇女。父亲的工资是全家唯一的收入，负担着七个人的开支，所以常常入不敷出，要借钱以维持生活。尽管如此，父亲非常重视子女的教育问题，日子过得再穷也要供孩子上学。

青年何新楷

我大哥早年就读于交大管理学院。二哥为了早点儿工作帮助家里减轻负担，选择就读中专学校——上海国立高机。我弟弟在华东师范大学读到研究生，曾经在中国科学院高原生物研究所工作，后调回上海。妹妹从北京化工学院毕业后在汉沽化工厂工作。1950年抗美援朝战争爆发，二哥响应国家号召毅然参军，后来开赴朝鲜战场，负责炮兵观察和指挥。二哥的决心和行动对我触动很大，这也成为影响我后来无论如何都要建设西北的重要因素。在这种情况下，大哥不得不辍学，提前工作，帮助负担整个家庭。

我中学就读于上海敬业中学，爱好琵琶和三弦，进入交大之后曾有幸得到杰出民族乐器演奏家卫仲乐先生的指点，多次参与大型演出。1953年，考入交通大学内燃机专业之后，我邂逅了妻子郑丽芬。她是浙江宁波人，交大机械系毕业后担任理论力学教师。我谈恋爱有一个要求，就是那个人一定要愿意跟我一起吃苦，因为我不会改变自己到艰苦的地方工作的意志。幸运的是，我爱人有着同样的想法，她跟随我从黄浦江畔来到兴庆湖边，从繁华的上海迁到古都。1958年，我和妻子完成了婚姻大事。当时的婚礼非常简单，在她的教研室举行了一个小型的会议，我们提前买好喜糖分给两边教研室的同事。婚后我从单身宿舍搬到了新的宿舍，但是只有13平方米。后来有了孩子，宿舍显得更加拥挤，只能摆得下一张床和一张桌子，我们只能等小孩儿做完功课，大约10点以后才能开始备课。

> 我不会改变自己到艰苦的地方工作的意志。
> ——何新楷

我爱人十分谦逊低调，不愿意张扬。记得当时21寸电视机刚刚兴起，我们毕业工作后是有条件购买的，但是她坚持等到周围家庭都有之后才愿意去买。从柬埔寨回来时，我要给她买涤纶、腈纶的花布做衣服，她也等到市面上花布比较普遍时才肯去做。对于教育孩子，我们也有同样的理念，坚决反对武力教育孩子，坚持和孩子讲道理。我们认为武力教育只能代表家长的力气比孩子大，而不能真正达到教育的目的。爱人去世后，我一直居住在这个老房子里不愿意搬离，因为身体状况不允许我折腾，我也不愿意给子女增添麻烦。更重要的是，这里满载着温馨与回忆。爱人在世时的陈列我也没有改变过，十分怀念从前的那些岁月。我的女儿何望云于1978年参加高考，那是恢复高考的第二年，竞争异常激烈，女儿不负众望取得了优异的成绩。面对众多的选择，她毫不犹豫地选择了西安交大动力系低温专业。紧随其后，儿子何润云考入西安交通大学电气系绝缘专业。女儿何望云后来嫁入了一个类似的西迁家庭，外孙女和自己的母亲一样，从"西迁后代"光荣成为交大学子，现为交通大学机械学院的一名博士生。

成立陈大燮奖学金

在交大求学和西迁过程中，有些老师给我留下了深刻的印象。

一位是陈大燮。陈老师讲课逻辑性很强，深受学生喜欢，很多学生都会去旁听他的课，我也不例外。陈老师一丝不苟，对学术十分严谨，不逐功名，将自己的一生献给教育事业。在去世之前，他将自己的积蓄分成两半，一半留给老伴儿过晚年生活，另一半捐赠给学校成立陈大燮奖学金。我认为，陈大燮奖学金奖金数量虽然不多，但是荣誉度很高。

还有一位老师张滋伟。他为人十分谦逊，没有一点儿架子。比如有学生问问题，有些老师就会说："这么简单的问题你还不知道啊？回去自己看书去。"他从来不会这样，而是会细心给学生讲解，遇到一时无法解答的问题，会实事求是地说："这个问题我需要回去看一下资料。"张老师的学问比我们高出很多，在这种情况下他仍能够这么谦虚，实在令人钦佩。

我的导师陆修涵十分赞同西迁。尽管身体状况不佳，但是他毅然决然地随校迁到西安。当时西安的水有比较严重的水垢,陆老师的肾脏有些问题,需要饮用干净的蒸馏水。尽管如此,陆老师依旧坚持了两年左右,后来因病情加重才不得不返回上海。

此外,还有一个是我十分敬佩的人,他不是交大的职工,是408厂设计科科长张宣诚。他曾经对我说:"要设计好一个东西,要将画好的图纸挂在墙上反复看,直到你自己认为挑不出毛病了,你才可以认为它完善了,但这还不是真正的完善,还需要别人去看,让别人继续挑毛病。"这种精益求精、不断发现问题、解决问题的精神一直影响着我。后来我常常对我的学生讲,搞科研并不仅仅是解决问题,而是在解决问题中发现更多问题,需要不断思考整个学科向前发展过程中还需要再解决哪些问题。解决问题说明你进步了,但是,发现更多问题说明你更加进步了。

随校西迁时,我家里比较拮据,除了床褥,我几乎没有什么行李。我母亲担心西安气候比较冷,将家中唯一的毛背心从我大哥身上脱下给我。迁来之后,在工作中遇到的第一关就是语言关,学会用普通话上课确实是一个不小的挑战。比如说矢量,shi 还是 si,我讲之前一定要想一想的。我通过翻字典、日常练习不停地纠正自己的口音,1960年之后差不多可以自如地运用普通话授课、交流了。在这期间,有些老师也闹过不少笑话。比如,有位老师上课跟学生说:"今天,我们讲 bi-da(上海话,皮带的意思)。"学生根本听不懂,一头雾水,但是,他认为自己已经在讲普通话了。

其实,除了气候上的差异,迁校时西安的生活起居被安排得井井有条,几乎做到与上海的生活无缝对接,感觉不到差异。我到西安以后,房间被打扫得干干净净,不需要自己再动手擦玻璃、扫地,床和桌子等家具也都一一布置好了,只要把带来的被子铺一铺就可以直接入住,让人感到十分温暖。彭康校长为了让广大师生品尝到昔日熟悉的江南风味,还特意在学校食堂供应南方菜品,口味清淡,让师生们有种虽在西安犹在上海的亲切感。

所以,我一直认为迁校能够如此成功应当归结于两点。一是中央的决心,从中央部委到陕西及上海两地政府对迁校给予了高度重视,为成功迁校做出了巨大努力。周恩来总理当时非常重视西迁工作,亲自接见学校组织的师生代表,而且跟他们讨论、谈心,分析西迁的利弊。当时派来基建的工人有

> 我们这代人,能够更加真切地感受到党的温情,心中充满对党和国家的感恩,当国家做出西迁决定时,我们都会义无反顾地积极响应。
>
> ——何新楷

2 000多人，1955年10月开始动工，不到一年的时间便可以正式上课了，这样的速度即使放在现在也十分不易。二是陕西方面也给予了很大支持。西迁过来后，大米都是由人民大厦统一供应的。除此之外，还有一些特殊的政策。一人西迁，随迁的亲属全部享受同等的待遇标准，比如，教师是软卧，那么全部亲属都可乘坐软卧，甚至有特殊需要的也允许将保姆随迁过来，产生的费用都可以在交大报销。如果没有中央的批示，以当时的财务制度是无法实现的。当时的人大多有较浓的家国情怀，服从国家的安排。我上大学的时候不需要缴纳学费，伙食费由国家承担，否则，以我的家庭状况是念不起书的。所以我们这代人能够更加真切地感受到党的温情，心中充满对党和国家的感恩，当国家做出西迁决定时，我们都会义无反顾地积极响应。

> 只有祖国强大了，才能给我们提供坚强的后盾。

西迁过来之后，校长彭康十分重视青年教师的培养及教师的思想工作。彭康校长要求每个教研室每周进行两次学习，一次是政治学习，一次是教学法学习。政治学习的主要内容是时事政治，一般由教研室或者支部组织。彭康校长有时也会到各个教研室去参与政治学习，还会对全校师生开讲哲学课。交大当时每年要吸收300多名新进教师，其间，上海交大每年也会有人过来学习，所以彭康校长十分重视青年教师的培养。这个培养过程十分严格。每一个青年教师都要看文章，撰写读书报告，在各自教研室做报告，年长的老师会对报告进行评论、辅导。青年教师授课前首先要在教研室进行试讲，由教研室的老师评定，过关后才能走上讲台教书授课。每周一次的教学法学习由教研室组织，主要研究每一章怎么讲才能收到更好的效果，让学生更加容易接受，探讨学生在学习的过程中将会产生以及已经产生的问题，并讨论如何去解决这些问题。我认为，在这样的方法和氛围下，年轻教师成长得比较快。

实践出真知　援建柬埔寨

1964年底到1965年初，柬埔寨国王西哈努克访问中国，周恩来总理亲自会见。当时柬埔寨国内的高等教育还比较滞后，西哈努克国王请求中国帮助援建大学。国家随后便在全国大学中抽调各个较好的学科专家，开始筹备援建磅湛王家大学。清华大学负责机械系，北京大学负责物理系，中山大学负责生物系，我们交大负责动力系和材料力学，还有天津大学、华东师范大学等国内众多知名高校共同参与。被抽调的专家组成员首先需要奔赴北京大学学习法语，比较遗憾的是由于某些原因，原本预计两年的法语学习没有学完，援建专家组就提前奔赴柬埔寨。除了学习法语，去柬埔寨之前我们还需要做大量准备工作，磅湛王家大学是从无到有的建设过程，所以我们从实验室建材到教学材料，事无巨细，都需要精心准备。我们需要采购设备，设计图纸到工厂订制辅助器材，然后发送到柬埔寨，等我们过去之后再进行组装。援建的磅湛王家大学位于柬埔寨东南角磅湛市，距离首都金边70余公里，援建专家组首先乘坐飞机抵达金边，然后坐汽车去往磅湛。

在援建过程中，专家组非常注重实践与理论的结合。每一个援建专家都是经过严格挑选的，每个人都具有过硬的理论功底和丰富的实践经验。中山大学援建生物系所需的动植物标本等，都是在柬埔寨当地现抓现做的。为了让学生了解老鼠的胆囊及其他内部身体构造，我们发动全部老师抓老鼠，抓到之后在课堂上当场解剖，大大加深了学生的理解和记忆。为了教会柬方学生抓蛇，生物系的老师将蛇的毒牙拔掉，然后在课堂上亲自示范。内燃机方面，柬方的一个实验室主任表示他曾在美国学习两年，但是根本无法接触到柴油机的机密部件，所以收获甚少。我们援建专家组则是无私的，通过机器拆开、组装的反复操作和讲解，将知识毫无保留地教给柬埔寨教师。中国教师注重实践的教学方法取得了良好的效果，引起了热烈的反响。当时柬埔寨当地政府还聘请了一些法国教师进行教学，对比之下，柬埔寨学生纷纷"造反"，要求只让中国教师教学。后来，法国教师也都强烈要求加入中国老师的实践教学环节中。

援建磅湛王家大学是从国家大局出发而做出的重大决定，凝结着一行40多人的无私奉献和艰苦奋斗，这与"胸怀大局、无私奉献、弘扬传统、艰苦创业"的西迁精神在本质上是相通的，是西迁精神的延伸和发展。在援建过程中，我感慨颇多：只有祖国强大了，才能给我们提供坚强的后盾。当时柬埔寨的华侨地位普遍偏低，读书只让读到小学，中学就不让读了，因为他们认为掌握的知识越多，将来管理起来难度越大。还有很多职业华侨是不能做的。

譬如，因为理发师用的工具便于搞暗杀活动，所以当地的华侨不能从事理发行业，很多都只能从事商业，那个时候才真正体会到需要祖国做坚强的后盾。援建工作一直持续到1970年，该年3月，柬埔寨前首相兼武装部队司令朗诺趁西哈努克出国治疗和进行国事访问的机会发动政变，宣布废黜西哈努克国家元首的职位。政变发生之后，学校附近也发生过死亡和流血事件，人心惶惶，援建工作不得不中止。在国内的统一部署下，我们分批撤离柬埔寨。当时决定留下七名相对沉着冷静、处变不惊的教师作为最后一批撤离人员，而我就是这七个人之一。

1987年后，我赴法国南锡矿院交流访问，主要进行疲劳裂纹的萌生与扩展研究。当时研究的高速冷凝铝合金是宇航工业上用的新材料。我从材料制造、机械性能、材料的微观组织分析，一直到疲劳强度，开展了一系列卓有成效的研究工作，研究成果在国际第二届铝合金会议上得到认可。多年的教学经验和实践经历使我明白，一个学校要建设好，仅靠论文是不够的，强化实践教学非常有必要，国家建设离开这些实践人才是万万不行的。我希望现在的交大学子能够不忘初心，不忘我们建设西北的初心，牢记使命，艰苦奋斗，继续把西北建设好，建设富，建设强。

何新楷教授参加第二届西安交大内燃机校友专业论坛

陈听宽

党员与新生代的楷模

人物小传

陈听宽（1934— ），江苏省常州市人。1956年获得西安交通大学动力机械系学士学位。1960年西安交通大学研究生毕业之后留校任教，先后晋升西安交通大学副教授、教授、博士生导师。1972—1984年任锅炉教研室主任。1984—1992年任多相流与传热研究室主任。1993—1997年任动力工程多相流国家重点实验室副主任。1998—2003年任动力工程多相流国家重点实验室主任。1993—2002年为动力工程多相流国家重点实验室学术委员会委员。2006年3月从实验室退休。陕西省优秀教师及先进教育工作者、陕西省科技精英、国务院特殊津贴专家、国家级有突出贡献专家。曾长期从事热能工程、多相流与传热、节能技术等方面的教学与研究工作，特别是在高温高压汽液两相流与传热的研究方面，以及超（超）临界锅炉研究领域做出了重大的创造性成就与贡献。

忆往昔峥嵘岁月稠

众所周知，当时交大西迁是为了应对东南沿海的紧张局势，促进西部地区的发展。因此，交大师生都是在响应国家"向科学进军"的号召下支援西部建设的。当问到陈教授对于西迁的最初想法时，他告诉我们："那时候，我是学生，学校是1955年定的迁校，我是1956年本科毕业的。当决定迁校时，我已经留校了，所以这和我们也有很大关系。另外，我是1955年入的党，同年为了纪念'一二·九'运动20周年，学校召开了大规模的表彰学生的大会，在这次大会上我被评为'三好全优生'，全校大概表彰了30余位。所以在那样的情况下学校决定迁校，而我们作为年轻的学生，后来毕业以后成为年轻的教师，同时，作为党员，当然是全力支持党和国家的号召。当时由于国家大力宣传支援内地建设，因此西迁的气氛是很热烈的。同时由于西安是国家的重点建设地区，当时国家定的156项重大建设项目，西安就有17项。所以当决定迁校以后，我们学校就组织了参观团到西安访问，访问回来后还为我们做了介绍，大家普遍都很支持。陈学俊院士是我的导师，他热情很高，也很支持交大西迁。另外，当时的很多年轻学生并不觉得留在上海是最好的，而都愿意去参加东北和西北的建设，并以此为荣，毕业以后到东北和西部工作的学生有很多。在那样的情况下，我们只是觉得年轻人有义务遵循党的要求，在当时这是一种出于内心的真诚愿望。"

陈教授谈到他所在的动力系由不迁到全迁的伟大抉择，言语中透露着骄傲之情，那是对动力系师生支援西部的肯定，是对集体的高度认同。他说："我们动力系还有一个特殊情况：当时第一批定的西迁院系不包括我们动力系，因为当时考虑到动力系主要是搞火力发电的专业特征，当时，西安的发展重点不在这方面，而上海是国家规划的动力方面的基地。所以，上海和西安协调以后，决定动力系是不迁的，1956年第一批迁校的学生中不包括我们动力系的学生。当时来的是另外一个系，叫运起系，也就是运输起重，他们的学生来了。但是,1956年对于西迁决定做出了重新讨论,在这个大讨论中就出现了反复:我们动力系的教授和主要教师都支持西迁,而运起系的教师他们不太赞成。所以经过1956年全校的大讨论以后,就修改了原定的迁校方案,我们动力系全部迁往西安。这说明我们动力系的教授对西迁支持的程度是比较强烈的,对响应党的号召比较坚决。机械和电气等其他系都是一部分留在上海,一部分迁到西安,我们动力系本来是全留上海,又变成全迁西安,因此,我们到西安比其他系要迟一点儿,我们专业的学生是1957年才过来的,而教师大部分是1957年的暑假后到西安。我因为要读研究生,要上高等数学、高等物理等课程,所以在上海逗留了一个学期,是1958年的寒假以后到西安的。"

或许在现在的我们看来,什么系迁往西安差别并不是很大,但是,对于当时的动力系来说,这就意味着将会面对更多困难,这将会是一个艰难前行的历程。动力系的迁校过程,正反映出当时在执行西迁计划时人们的犹豫与彷徨,但是,由不迁到全迁的巨大转变,让今天的我们为之赞叹。也正是这种不畏艰难困苦、敢于挑战自我、勇于承担使命的精神,成就了今天的西安交通大学能源与动力工程学院。

如今的西安车水马龙,灯火辉煌,呈现着如大唐盛世般的繁华与热闹。60多年前,国家的发展水平普遍还很低,地处西部的西安市更是相对闭塞与落后。在我们收集到的西迁老照片中,许多都是以麦田和荒草地为背景。但是,在谈到初到西安的感受时,陈教授说:"当时学校的安排很好,在迁校过程中给每个人发放箱子,把所要带的行李打包好放在原宿舍里就不用管了,寒假以后我们到西安时,行李已经放在新宿舍里了。初到西安时,各方面条件都不错,因为当时我还是单身,就在食堂吃饭。食堂厨工都是上海来的,所以在伙食上跟上海没有什么区别。在工作和生活环境上,我们刚来的时候,因为动力系决定西迁的时间较迟,所以现在动力系所在的东三楼还没有盖好,我们就在一进校门的中心楼上班。学校里的梧桐树是一九六几年栽的,那时候南京原来的一位市长被调到西安来当市长,他把南京的经验移到西安来,在西安种法国梧桐,交大也就种了。当时的马路还没有现在这么好,柏油马路很少,基本都是石子路。兴庆路还没有现在这么宽,都还是比较窄的。交

"我们觉得年轻人有义务遵循党的要求,在当时这是一种出于内心的真诚愿望。"

在执行西迁计划时，正是这种不畏艰难困苦、敢于挑战自我、勇于承担使命的精神成就了今天的西安交通大学能动学院。

通当然没有上海发达，路上走的都是用来运东西的大马车，卡车是很少的。在气候上，冬天还是冷一些，另外干燥一点儿、灰多一点儿，因为那时候没有暖气，大概到1990年才有暖气，所以我们刚来一到冬天是有些不习惯。1960年的时候，国家还是很困难的，那个时候学校周边都是荒地，再远一点儿都是农村，老师们礼拜天还会拿着猎枪到纬十街打野兔子……"在和陈教授谈到过去的生活时，他说的最多的就是"这没有什么"，不仅是说他对于东西部的生活差异感到没有什么，更是说他对于当时所面对的困难也感到没有什么。对于我们而言，这寥寥几个字是历经艰难困苦后最真切的人生感悟。过去，苦是苦点儿，但是如今西安交大所取得的成就、西安市所取得的发展，是令人欣慰的，其中必然包含了交大师生的努力与奉献。"这没有什么"是苦尽甘来以后的平静与淡然。

勇于挑战自我　　勇于承担使命

陈学俊院士是陈听宽教授的老师。据了解，陈学俊院士当时是促使动力系全迁西安的主要力量，他对祖国的热爱和甘于奉献的精神也深深地影响着他的学生，包括陈教授。而陈教授在后来做了教师以后，这种一脉相传的精神也成为他的学生扎根西部的重要支撑。所谓师者不仅在于传道授业解惑，更在于培养有理想、有道德的人。当问到陈教授他的学生留在西部的情况时，陈教授对动力系的学生充满了自豪感。他说："留在西部的学生是蛮多的，像兰州、银川、西宁及新疆等地，都有我们的学生。那个时候学生毕业的工作都是国家分配的，主要为满足国家的计划。我是1958年来到西安，来了以后就当了教研室的党支部书记，后来就一直担任教研室主任，所以学生分配的工作我参加了很多，跟学生也是相处得最多的……我们锅炉专业有个好处，因为与锅炉有关的单位起码是在省会城市，所以跟其他专业相比，比如，跟机械系，它的这个专业到'文革'以后，学生分到大一点儿的城市是很不容易的，好多都是到下面去，而我们到下面去的都是挺大的单位，最小的都是到锅炉厂,基本上都是在省会城市工作,所以同学们都比较乐意去,因此我们专业的学生在就业方面没有太大的问题。很有趣的是,我们锅炉专业的学生进校的时候,一听锅炉专业,学生都不愿意去,因为觉得这个专业主要是做锅炉工人,但到毕业的时候大家都很开心,因为就业前景比较乐观。锅炉专业是陈学俊院士在上海成立的,后来经历了1952年的院系调整,成为全国动力专业的重点,动力系是我们学校最强的。此外,还有哈尔滨工业大学,清华、浙大也有,但规模没有我们这么大……另外,陈先生对动力系的影响很大,他个人的活动能力很强,一有什么重要的会、国家定什么规划,陈先生是必到的专家之一,所以他很有发言权,同时他代表交大,因此动力系在全国也得到了认可。锅炉专业在全国一直很强,在科研方面都是走在前列的,后来成立了动力工程多相流国家重点实验室,成立以后我们的重点实验室每次评估,都属于优秀的重点实验室。到20世纪八九十年代,我们专业的科研经费在全校都是第一名,得奖也是很多的。今年国家大奖全校7项,能动学院是4项,我们锅炉是2项。在参加省里的学科评估时,人家一听锅炉专业就会说这是交大第一专业,今年的评估我们能动学院是A+。"和前面提到的"这没有什么"相比,陈教授在谈到动力系时充满了高度的学科认同感,提到最多的一句就是"我们动力系是很强的"。陈教授所具有的学科认同感值得我们学习。正是这种认同感成就了动力系如今辉煌的学科建设成就,也正是这巨大的成就使得动力系的师生为之骄傲与自豪。

或许是工科的专业特点使然,陈教授既是一个对母校充满深情的学子,更是一个具有理性判断力、不骄不躁的学者;他既能看到动力系和交大这么多年取得的成绩,也能用客观的态度评价西安交大在过去发展中的不足。

对于地处西部制约交大发展这一观点,陈教授说:"地处西部对交大的发展当然有影响,因为东部发展还是快一点儿。但交大的发展主要受制于学科的设置,因为交大经过1952年的院系调整以后,以机械、动力和电气这三个强的学科为发展重点,当时国家学苏联体制,在专业设置上更强调专业化,因此学科很少,但这三个学科应该说是很强的。但是,后来上海经济发展较快,重视引进人才等,因此在发展速度上可能快于西安,但工科方面总的来说还

八十多岁高龄的陈听宽教授仍然时时关注交大的发展,并对她未来的腾飞充满希望。

是差不多。上海交大后来并进医科,上海的瑞金医院和上海第二医科大学为主,而我们西安交大并进西安医科大学。上海交大的医科在国际上的地位很高,为上海交大创造的效应很大。西安交大在西安应该算是强的学校,原有学科的总名气在全国属于一类,但西安医科肯定算不上,那么一平均以后就造成西安交大弱于上海交大,因为上海医科属于一类,同时它也并进去其他学科,所以上海的平均水平肯定比西安要高。浙江大学也是这样,因为浙大本来的工科专业跟我们应该差不多,在原来的评估中,浙大的名次位于我们西安交大的下面,但是,它并进了浙江医科大学,比我们西安的也要强。包括后来四川大学超过我们也不是靠它原来的学科,而是靠华西医科大学,一下就把名次升上去了。此外,后面我们西安交大还成立了哲学系、法学系等,其他文科专业我们也都逐步成立起来了,当然现在也都赶上去了,并且在力争上游……"像陈教授这一辈人应该是随着西安交大的发展而成长起来的,他们既看到了西安交大从最初的蹒跚学步到后来的飞速跃进,又看到了由于发展条件不足所经历的艰难。正如中国是从深重苦难中站起来的一样,西安交大的发展也是在试错中逐步发展起来的,即使是摸着石头过河,我们也完成得很出色。陈教授的话既教会我们不怕落后,奋勇争先,也教会我们正视不足,勇往直前。

畅想未来绘蓝图

陈教授为我们细致地介绍了西安交大的发展历程,使我们深刻地认识到交大的发展并非一帆风顺。我们经历过挫折,也丧失过机遇,但这却恰恰铸就了交大人的坚韧与勤奋。虽然陈教授今年已经80多岁的高龄了,但他仍然时时关注交大的发展,并对它未来的腾飞充满希望。

如今,习总书记十分重视弘扬西迁精神,要求我们新时代的青年学子要向老一辈学习爱国、学习奉献、学习奋斗。陈教授说:"现在习主席都在说西迁精神,把我们宣传了。还说现在只是前期做些准备和宣传,后面还会有文件，也会到我们学校来拍交大西迁的专题片，它的主题就是'幸福是奋斗出来的'，意思是我们已经经历了这个艰苦期，所以现在要体现出我们幸福的感受。我们确实是很幸福，来的时候只有一间房子，而现在已经住进这样的房子里，所以觉得挺好的，拿着东部的工资，享受西部的生活。另外这么多年西安的气候也可以，已经适应了。"陈教授的夫人吴教授也说："我们现在还是感觉到很幸福的。党中央和习主席都认可我们，说明我们的迁校是成功的，党的决定也是正确的。我们响应党的号召过来建设大西北，西安现在比我们来的时候变化大得多，整个社会都在发展前进，我们也觉得很高兴；因为我们也出了力了，中央这样重视，我们也更高兴。"

2018年2月1日摄于陈听宽教授家中，右为陈听宽教授的夫人吴教授

这一番话，说得很真实。在说这段话时，陈教授和吴教授好像又变成了两位普通的老人。他们的笑容让我相信他们是幸福的，这种幸福是对生命价值的回味，是对祖国的深情，现在该我们了！

胡奈赛

用行动传承西迁精神

人物小传

胡奈赛（1934— ），江苏省无锡市人。1952年考入交通大学机械制造系。毕业后留校任教并随校西迁，从事金属材料专业的教学和科研，历任助教、讲师、副教授、教授。除教学科研外，曾任西安交通大学教务处副处长。在职期间，曾荣获国家教委及省级的科研成果和教学成果奖，享受政府特殊津贴。退休后继续担任学校督导组专家和教师教学发展中心专家教师。目前负责指导教师教学发展中心教学活动的组织工作，并作为四个工科学院的联系专家，负责青年教师的跟踪培养。

开发西部是我的责任

我在上海长大,从懂事起就知道英、法租界的地段是外国人统治的,它不属于中国人管辖。1937年日本军队占领上海,我们就成了亡国奴。小学生要学日语,过苏州河要向日本人鞠躬。日本统治者会用各种理由(如日本兵被枪杀等)对居民住的弄堂、马路进行封锁、戒严。有一次封锁时间较长,邻居家两三岁的小弟弟得了肺炎无法医治就死在了家中。有些居民不能出去工作,失去了生活来源,甚至揭不开锅,是大学生们从外面翻墙又从屋顶下到我们里弄,从衣服里拿出烧饼送给挨饿的人们。

我小时候最害怕的就是空袭和枪声。中华人民共和国成立后,我深感和平年代来之不易,立下了为建设祖国而好好学习的目标。1952年高中毕业报考大学时,考虑到1953年第一个五年计划建设的重点是机械、冶金之类的重工业,就决定报

1957年4月铸造21班(52级)留校任基础课教师,第一批来西安的4人在西安交大中一楼前合影。左起:龚剑耀(机械原理)、陈婉艺(金属工艺)、胡奈赛(大学物理)、洪起超(理论力学)

> 我想,幅员辽阔的国家需要有知识的青年去开发,我是个螺丝钉,把我安哪儿我就在哪儿,开发西部是我们年轻人的责任。
> ——胡奈赛

对于西迁，老师们主动响应国家号召，放弃上海优渥的生活，克服困难，面对祖国支援大西北建设的召唤，他们表现出来的是对事业、理想的热爱以及胸怀大局的家国情怀。

胡奈赛在教学督导组撰写听课笔记

考交通大学机械类。我如愿考上了交通大学，1953年加入了中国共产党，在校学习期间曾任机械制造系的团总支书记。

1956年第一批师生西迁，基础课缺助教，人事处问我是否愿意去西安物理或材料力学教研室，我表示都可以。很快，我就收到了物理教研室主任殷大钧先生用毛笔写给我的信，表示欢迎我到物理教研室工作。1957年春，我来到了西安。我不是学物理的，真正到了工作岗位，才发现自己对物理知识的掌握远远不能够满足教学的需要。我被分配到陈楷老师主讲的大班担任习题课、批改作业、带实验和答疑。每周给学生答疑前，我都要到陈老师家，先请他给我答疑。每次我会提出很多问题，他答疑时我会认真记录。他每次还会问我不少问题（同学容易出现的问题），并告诉我回答不出不要紧，记下问题和学生的班级姓名，下周再给他们回答。每次晚上答疑回来，我都要整理、记录学生提出的问题，以及我回答不出的问题等。

退休后我担任学校本科教学督导组专家。后来在教师教学发展中心专家组工作时，在新讲师的试讲或讲课后，我都会认真记录他们的问题并和他们交流讨论。

扎根创业圆梦

交大人始终与党和国家的发展同向同行。在校园里流传着一句话:党让我们去哪里,我们背起行囊就去哪里!一批德高望重的老教师就是克服了极大的家庭困难,来到西安扎根创业的。

我的老师周惠久院士(1909—1999)生于沈阳,家境贫寒,靠勤工俭学完成大学学业。1931年毕业于唐山交通大学后回沈阳东北大学任教。9月1日报到后,不到20天发生了"九一八事变",他不愿当亡国奴,离家南下。1935年考上公费留美,1938年在美获力学、冶金两个硕士学位。得知国内发生"七七事变",周先生和几位爱国青年提前回国(还有一年奖学金),辗转到大后方,在昆明西南联大任教。1958年,周老一家六口从上海迁到西

周惠久院士(左一)在多次冲击试验机前进行科研

> 无怨无悔是我们交大西迁精神的重要内容。

> 西迁精神并不是交通大学在西迁过程中直接形成的,它是交通大学自建校以来,在中国革命、建设的历史长河中衍生、传承、凝结与创新所得。
>
> ——胡奈赛

安。20年前的第一次西迁是为了抗日救国,20年后的西迁是为了建设新中国,开发大西北。这次西迁,在西安的40年也圆了周老年轻时工业救国、科学报国的梦想。

1965年在北京举办的全国高教部直属高校科研成果展览上,周先生的团队创立的"多次冲击抗力"理论与北大的人工合成胰岛素、清华的核反应堆等被列为五项重大的科研成果,被誉为"五朵金花"。

从20世纪60年代到80年代,经过20多年的努力,周先生领导的"低碳马氏体强化理论和应用研究"项目达到了国际先进水平。在应用方

1954年夏,机制二乙班党小组在史霄雯、穆汉祥烈士墓前开会。前排左起:潘先觉(我国1960年2月发射的第一枚探空火箭的按钮人),黄良余、赵秉铨(两位是中共地下党员,我们的入党介绍人)。后排是胡奈赛、郭晓平(曾在延安召开的中共七大会上代表烈属子女发言)、孙正道

面通过校企合作，研制低碳马氏体的新钢种，在石油钻井的吊具上应用，提高了强度，减轻了重量，延长了使用寿命，降低了石油工人的劳动强度。在煤矿机械、汽车螺栓等领域应用，产生的经济效益在当时达到 3 亿多元人民币。1987 年该研究荣获"国家科技进步一等奖"，这是西安交大迁校 30 年后获得的首个一等奖。

让薪火相传　继续奋斗在新时代

胡奈赛说："我们这个年龄的人，有三分之一已经走了，还有三分之一生活都不能自理了。我们还能说，还能走，所以我们有责任弘扬西迁精神，让薪火相传，继续奋斗在新时代。"西迁精神是交大的优良传统在 20 世纪 50 年代特定的历史条件下的传承和发展，而交大的优良传统就是爱国爱校、追求真理、无私奉献。胡奈赛常为学生们讲解饮水思源的校园文化。她说交大有着良好的革命传统，第一位革命烈士是民主革命时期的白毓昆，牺牲于 1912 年，1913 年交大在上海徐家汇的老校区就为他建立了纪念碑。这位烈士原来是交大师范学院的学生，毕业后当教员，参加革命。他是李大钊的老师（李大钊的回忆录中有记载）。在上海徐家汇校区内有史霄雯、穆汉祥两位烈士的墓。他们是在黎明前的战斗中为了新中国成立而牺牲的交大学子，就在 1949 年 5 月 20 日（当时市区已经能听到解放军的枪声，苏州已经解放），在上海宋公园（今闸北公园）被反动派枪杀。5 月 25 日，上海解放。

交通大学因史而生，因势而迁，每一项变革都与国家大事关联。"胸怀大局、无私奉献、弘扬传统、艰苦创业"的西迁精神是交通大学的优良传统。胡奈赛教授勉励青年教师和学子传承好、发扬好西迁精神，用自己的实际行动去创造更加辉煌的未来。

丘大谋
西迁精神点亮西部发展之光

人物小传

丘大谋（1934— ），祖籍江西。1955年毕业留校，现任西安交通大学机械学院教授，研究领域为机械设计及理论，长期从事机械设计、润滑理论及轴承技术和转子动力学、状态监测及故障诊断、磁悬浮轴承等研究。迁校时任机械零件教研室教师。

63年前，为改变我国高等教育和文化发展严重不平衡的状况，国家需要在工业建设和科学教育事业上，为大西北部署一所高水平的工业大学。因此，党中央决定交通大学主体由上海迁至西安（后国务院将交通大学西安部分改为西安交通大学，上海部分改为上海交通大学）。这是一次意义非凡的迁徙，是我国调整高等教育战略布局的重大举措，影响巨大，意义深远，是中国高等教育史上浓墨重彩的一笔。

迁校63年来，西安交通大学秉承西迁精神，人才培养质量和科学研究水平都有了极大的提高。弘扬西迁精神，旨在让我们铭记西迁历史，致敬西迁前辈，为中华民族伟大复兴贡献力量。

在迁校中，丘大谋教授做出表率，带头随校西迁，任教至今。

努力定会有收获

丘大谋教授谈起西迁话题，仍激情满怀说："西迁是时代的呼唤，是国家的需要。虽然现在看来，在物质方面与很多当年留在上海的同学相比，有一定差距，但是，我从来没有后悔。因为那时候大部分人都有一种精神，即为了国家的富强不顾一切去奋斗的精神。"

丘大谋教授于1955年毕业于交通大学内燃机专业，留校任机械零件教研室教师。他说："在交通大学这四年，我们受到了非常好的教育，而且我们全部都享受国家助学金，享受公费医疗。我们当时上大学不需要付一分钱的学费，但饮食各方面条件都非常好。"丘大谋教授回忆说，因为当时大西北不管是从经济上还是从物质上，与上海相比都比较落后，工业基础薄弱，因此，国家需要大批的人才建设大西北。"我自己感到作为一个年轻人，是国家培养了我，现在国家有需要的时候，一定要积极响应国家的号召，到西安来参加大西北的建设，做大西北的排头兵。"于是，他作为首批西迁教师中的一员，义不容辞地奔赴西安，率领大家去祖国最需要的地方贡献自己的智慧与力量。

迁校初期，不少教师曾担心原先交通大学的教学、科研力量会因西迁有

迁校西安后，丘大谋教授和谢友柏教授的团队克服了种种困难，在艰苦环境中建设实验室，主动寻找科研机遇，把一个研究小组发展成为国内外知名的研究所。"这归功于大家都有一种忘我精神"。

> 西迁是时代的呼唤，是国家的需要。那时候大部分人都有一种精神，即为了国家的富强，不顾一切去奋斗的精神。

所削弱和分散，"大树西迁"后，无法在西北的土地上"存活"，但很快"这种担心，更多地转化为工作动力，大家拿出百倍干劲，一心要在大西北做出成绩来"。将困难化作前进的动力无疑需要很大的决心、信心和毅力，他们这一代人的身体力行留给我们的是坚持不懈，是不抛弃、不放弃，是努力定会有收获的精神。

丘大谋教授说："当时学校一边建设新校舍，一边在简易大教室为学生上课。""我们的力学课是面向全校一、二年级授课的，任务繁重，教师数量也很少，但学校各科目的教学工作却丝毫没有被耽误，这要归功于大家都有一种忘我精神。当时师生间的交流非常密切，感情也非常好，有利于教学相长，形成了良好的教学和学习氛围。"

人活着就要有点精神

西迁后，他们在缺乏经费的条件下自力更生，克服种种难关，创造条件开展科研工作。丘大谋教授回忆说，1957年夏天，他来到西安打头阵，一同来到西安的还有谢友柏老师。当时机械学院教研室没有搞科研，没有实验室，创业困难很大。因此，他们就找到了一本苏联中央工艺研究院的小册子，按照上面的图自己动手设计实验室，建轴承试验台，设计，做调试，进行齿轮转数实验，测试及开展核电站反应堆研究等。恰逢国家论证怎样建设长江三峡水电站。这是一个很大的机组，其中最大的挑战就是推力轴承，刚好与他的专业相投，所以丘大谋教授与谢友柏教授的团队积极参加了这个项目的研究。他们几天都不睡觉，没日没夜地研究，太累太困就把木板铺在实验室的地上躺一躺。这样的事情对他们来说数不胜数。

迁校西安后，丘大谋教授和谢友柏教授的团队克服了种种困难，在艰苦环境中建设实验室，主动寻找科研机遇，艰苦创业，全力创新，把一个研究小组发展成为研究室，最终成为在流体润滑理论、轴承技术和转子—轴承系统动力学领域中国内外知名的研究所。"这归功于大家都有一种忘我精神。"

回首往事，丘大谋感慨道，"交通大学西迁后能干出那么多成绩，这种精神起了很关键的作用。"所有的美好都是脚踏实地，靠一步一步努力得来的。现在，我们生活在物质生活比较充裕的时代，大多数人无法切身感受当年的艰难，甚至不了解如今美好的生活曾经是多少人付出毕生努力的成果。

西安交大"三驾马车"之一润滑理论及轴承研究所教授博导丘大谋

我们要做的就是大力弘扬西迁精神，向西迁老前辈们致敬，不忘初心，牢记使命，做好西迁新传人。

"人活着就要有点精神，有句话讲'前人栽树，后人乘凉'，站在全局的角度，站在国家的角度，自己当初的抉择是值得的，很自豪自己是迁校中的一员。总书记的重要指示更是对新一代交大人继续传承西迁精神，为西部发展、国家建设做出更大贡献的期望。希望新一代交大人担负起传承西迁精神的责任，在学校'双一流'建设和创新港建设中，在服务国家发展中做出自己的贡献。"丘大谋说，能够为西北的教育事业、科研事业发展奠定一个很好的基础，我们这一代人的付出就值了。

捧着一颗心来　不带半根草去

"近年来，在政府的支持和领导下，西安交通大学开拓进取、锐意创新，不断迎来发展的新机遇。"丘大谋教授谈道。西安交通大学开启了中国西部科技创新港的建设，这将是交大迁校后的第二次创业；发起了"丝绸之路大学联盟"，并成立新丝绸之路经济带研究协同创新中心，目前已得到包括英、法、意及中国

> 人活着就要有点精神，有句话讲"前人栽树，后人乘凉"，站在全局的角度，站在国家的角度，自己当初的抉择是值得的，很自豪自己是迁校中的一员。
> ——丘大谋

周边国家的几十所高校的响应；入选全国36所世界一流大学A类建设高校，同时，力学、机械工程、材料科学与工程等八个学科入选世界一流建设学科……

西迁之后的岁月，让许多当年风华正茂的青年变成如今的老人，他们中还有一些人的生命就终止在这里，风骨就永远地留在了这片黄土地上。这种胸怀大局的家国情怀，这种对国家和人民表现出的深情大爱，正是西迁知识分子共同的文化心理密码。交大人坚持教育为本，以无私奉献的家国情怀深深扎根在三秦大地上，培育了大量优秀人才，推动了科技的进步，传承了先进文化。通过自身发展壮大，西安交通大学已成为祖国西部的科技高地，彻底改变了中国高等教育的发展格局。

一个没有精神的民族是没有希望的，要尊崇科学规律办事，更要有追求真理的精神。从60年的经验教训来看，正是这种为国为民、前赴后继、自强不息、追求真理的精神，指引着交大人克服艰难险阻，在西部建功立业。点燃大众创新的激情，传承奋发创新的精神，则是西安交通大学腾飞的动力源泉。

致敬西迁，做西迁精神新传人。看着精神矍铄的西迁老同志们漫步在交大校园梧桐道，令人内心油然升起敬爱之情。西迁精神就是他们的脊梁精神，这是一种"苟利国家生死以，岂因祸福避趋之"的人生观，一种"哪里有爱，哪里有事业，哪里就有家"的事业观，一种"捧着一颗心来，不带半根草去"的职业观。他们就是背井离乡扎根黄土的第一批知识分子，就是胸怀大志奉献交大的西迁人，他们以爱国、爱校终生不渝，一息尚存、奋斗不已的品格风范教会吾辈青年要不忘初心，牢记使命，矢志不渝地践行西迁精神。突然意识到肩负在自己身上的使命：责任、承担、抱负、理想、信念。青年兴则国家兴。作为未来共和国建设的主力军，我们必须始终坚持与党和国家的号召同向而行，做西迁精神新传人，到祖国最需要的地方去，为中华民族伟大复兴的中国梦奉献自己的智慧与力量。

朱继洲

老骥伏枥　志在千里

人物小传

朱继洲（1935— ），上海人。核反应堆安全与核电厂事故分析领域著名专家。1952年考入交通大学机械制造系；1956年7月毕业于交通大学机械制造系，分配在机械制造工艺教研室工作；1958年9月，随学校最后一批人员从上海内迁至西安，迁校时为工程物理系教师。长期从事核反应堆运行与安全分析教学、科研工作；主编出版教材（专著）十余部，主持承担国家"七五"攻关课题、"863计划"高技术能源领域子课题、高校博士点基金课题、国家自然科学基金课题等十余项。现任国家环境保护部核安全与环境专家委员会委员、中国广东核电集团核电学院特聘教授、西安交通大学教师教学发展中心专家组成员、西安交通大学校史与大学文化研究中心专家组成员。

从铅笔书本到粉笔教鞭

1956年的夏天，朱继洲从交通大学机械制造专业毕业后便留在了机械制造工艺教研室。留校后先是担任了吴金堤教授机械制造工艺课的辅导教师，接着又赶赴哈尔滨轴承厂指导毕业实习，并随之见证了学校关于交大迁校的讨论。在机械制造系教书的日子里，年轻的朱继洲在学校安排下担任屈梁生教授的助手，负责夹具设计原理课程的辅导工作，辅导工作包括准备挂图、放幻灯片和答疑等。

回忆起这段日子，朱教授说，屈先生对他们的要求十分严格，讲课前要先写出讲稿，通过试讲；还要求在查阅文献的基础上写出读书报告。他选择的试讲章节是《车床及磨床夹具》，在屈先生的指导和修改下，该章节被编写进《夹具设计原理》一书中，该书于1960年由上海科技出版社出版。朱教授仍然记得，当初看到自己的名字印在这一本公开出版的专著上时，内心充满激动和喜悦之情。

在跟随屈先生进行教学实践时，朱教授的主要研究领域集中于气动夹具、塑料夹具和薄膜夹具等。

学校迁到西安之后，朱教授依据学校安排调动到了工程物理系核反应堆工程专业，从事核反应堆安全和核电厂事故分析领域的研究。在工程物理系任教期间，朱继洲教授十分重视教材建设，他主持编写了《核反应堆安全分析》《核电厂安全》《压水堆核电厂的运行》等该领域经典教材。其中，《压水堆核电厂的运行》历经三次编撰终于定稿；《核反应堆安全分析》《核电厂安全》这两本书是目前被广大院校和企业使用的教材，也是我国在核安全领域方面仅有的两本专著。

这些教材如今静静地躺在书架上，无声地诉说着朱教授在核工程专业上取得的成就，以及他为建设学校而艰苦创业、无私奉献的精神。

从黄浦江畔到渭水之滨

1958年9月,23岁的朱继洲作为最后一批西迁人员,挥别了上海滩的十里洋场,来到了十三朝古都西安,投身于建设大西北的浪潮中。转眼间,60年过去了,当年迁校时的情景仍然历历在目。

朱教授回忆道,在西迁之初,校党委书记把动员教职工的工作交给他,他感到压力很大。但出乎意料的是,全系86%的青年教师都积极主动报名随校西迁。有的教师把房子交给了国家,有的教师先把家人安顿好,再到西安助力西部建设,最终使得迁校进程顺利完成。这完全是教职工积极响应国家号召,舍小家而为大家的一种精神表率。

初到西安,朱教授便得知学校为了适应国家科技发展,决定兴办工程物理系、数理力学系,并恢复无线电系。因此,朱教授被调去工程物理系核反应堆工程专业,而且要去清华大学工程物理系进修一年。从清华进修回来后,朱教授便与同事们一道投入了新专业建设的紧张工作中。

1959年后,国家处于三年困难时期,这对于刚刚在西北安家落户的几千交大师生来说更是严峻的考验。即使环境艰苦,但这并没有挡住西迁师生们的建设热情。秉持着教师与国家同向同行的理想信念,大家齐心协力,想尽各种办法克服困难把教学工作搞好。在当年的交大校园里,教职员工忘我拼搏,苦干实干蔚然成风。当年随着师生从南方一路迁来的梧桐树见证了这段奋斗的岁月。

"三年困难时期,每月粮食有限,每餐饭要算着吃,副食均是凭票供应;大家经常骑自行车去当时的长安县换大米,去临潼买鸡蛋,不少人还得了浮肿病。"回忆起那段岁月,朱教授感慨万千,"那时,在教工食堂就餐的单身教工约有六七百人。买菜除了菜票外,还要凭菜证,每餐一菜,过时作废,可见供应之紧张。不时还有'突击任务',比如,去灞桥农田给食堂养的猪打猪草,去北关面粉厂背面粉送到食堂。"

除了物资缺乏,学校的环境也是十分艰苦的。那时校园内的道路还正在

> 既然祖国培养了他们,在祖国有需要的时候,他们就要服从命令,义无反顾投身于建设事业中。
>
> ——朱继洲

全系 86% 的青年教师都积极主动报名随校西迁。有的教师把房子交给了国家，有的教师先把家人安顿好，再到西安助力西部建设，最终使得迁校进程顺利完成。这完全是教职工积极响应国家号召，舍小家而为大家的一种精神表率。

铺设，晴天"扬灰路"，雨天"水泥路"，学生从宿舍生活区到教学区上课，往返都要走用竹竿和竹片搭成的"浮桥"。如此艰苦的环境并未成为朱教授和伙伴们创建新专业、备好专业课、建设实验室的障碍。他们在祖国的召唤下、在自身使命感的敦促下挥洒着青春和热血，并于1961年向国家输送了第一批原子能专业的毕业生。

当年风华正茂的少年，今天已年近耄耋。忆起奋斗岁月，他们仍旧"无悔青春""弦歌梦想"。当年离开上海时，60岁高龄的老母亲为朱教授缝制棉鞋，准备行装。母子俩深知国家对于培养人才的投入和付出，并秉持着要到祖国最需要的地方去干事、创业的信念。朱教授说，他们那一代人是非常幸福的，完全由国家培养。既然祖国培养了他们，在祖国有需要的时候，他们就要服从命令，义无反顾投身于建设事业中。不论从前、现在还是今后，只要祖国需要，他们依旧会无私奉献自己的力量。"现在有些年轻人问我，你们西迁过来的那代人牺牲了好多幸福，你们后悔吗？"朱教授随即给出了

朱继洲教授在做关于西迁精神的讲座

自己的回答，"我们牺牲了许多物质方面的幸福，但我们培养了那么多人才，在这片土地上建成一所优秀的大学。我们以国家利益为前提，用无私奉献换来了辉煌成绩，内心是安慰的。我可以肯定地说，我们无私奉献，无怨无悔。"

从三尺讲台的园丁到高等教育的探行者

除了在核工程领域中取得的科研成就之外，朱教授在高等教育领域的研究和对学校教师教学能力的培养方面也颇有建树。

20世纪90年代，朱教授被学校任命为高教所所长。那时的高教所是教育部为了研究我国高等教育体制的改革，以及与此相适应的专业设置等问题而设立的研究机构。朱教授领导的西安交大高教所经过不断的摸索、努力，在一些理论和实际问题的研究上都有所突破，圆满完成了教育部交予的各项工作。并且，在朱教授的精心准备和辛勤工作下，1995年，西安交通大学也成为首批教育部普通高等学校教学工作试点评估中唯一通过评估的学校。此次试点评估为教育部教学评估积累了实践经验，也为之后全国大规模的高校评估探索出合适的评估方案和评估制度。

2002年，随着全国高校的快速发展，高校大规模扩招、重科研轻教学等情况引起的本科教育质量下滑的问题日益凸显。为此教育部希望各学校成立教育督导专家组，关注和督促本科教学质量的问题，于是刚刚退休的朱教授被委任组建西安交大教育督导专家组。面对这一新生事物，朱教授和督导组的专家们进行了一系列的摸索和创新，终于建立了一套具有交大特色的教学督导组工作模式，在本科教学质量的稳定和提升方面发挥了重要作用。任督导组组长的两届任期里，朱教授付出了比他人更多的精力，这期间督导工作获得国家级教学成果二等奖，这也许是对他最好的肯定。

"十二五"期间，教育部在本科教学工作中明确提出，要帮助青年教师提高教学能力，改进教学方法，并使培训工作常态化，提议在高校普遍设立

> 西迁精神是西安交大师生共同的价值判断、价值选择和价值认同的结果，体现了西安交大人服务社会和造福西部的使命感与责任感，具有很强的凝聚功能、塑造功能和激励功能等。
> ——朱继洲

教师教学发展中心。2011年，西安交大教发中心成立，朱教授又被聘请为教发中心专家组的成员，负责推动、开展教发中心的工作。在教发中心，朱教授意识到，对于教学工作来说只监督是不够的，更要在发现问题后指导教师如何改进，这样才能真正帮助教师。教师发展应该更注重教师自身的的需要，起到激励和帮助他们的作用。朱教授认为，只有做好了自己的工作，才能够吸引年轻教师们来参加活动。于是，朱教授和教发中心的老专家们常常听年轻教师的试讲，饭点时大家一起吃个盒饭。这些已经80岁的老者们毫无怨言，纷纷以更大的热情投入教发中心的活动中，也强烈地激励和鼓舞了年轻教师们。除了教学方法和教学经验的传授外，朱继洲教授也会针对教学中普遍存在的问题形成专题报告，帮助年轻的教师。

作为教师教学发展中心的专家组成员，朱教授语重心长地说："西迁精神是西安交大师生共同的价值判断、价值选择和价值认同的结果，体现了西安交大人服务社会和造福西部的使命感与责任感，具有很强的凝聚功能、塑造功能和激励功能等。要充分将西迁精神贯穿到当前高校思政育人体系，将其视为校园文化的灵魂和校园文化建设的核心内容，进而让学生在这种浓厚的爱国情怀、艰苦奋斗的氛围中立志成才。"

1956年从交大机械系毕业，1958年服从国家需要调入工程物理系核反应堆工程专业，20世纪90年代服从学校安排来到高教所，2002年退休后负责督导组的工作，2011年进入教师教学发展中心专家组。一个个不同的岗位，一个个新领域，朱教授毫无怨言，他心里想的只是怎么做好自己的本职工作。朱教授说，要不是中华人民共和国成立，自己家在上海生活还是很困难的，能不能念大学还是个问题。幸运的是，他在1952年就考取了交通大学。上学四年中间，基本上享受国家的助学金，所以他感到没有共产党的领导、没有新中国，自己很难成长起来。因此他认为，学校有什么需要，那就是国家的需要，所有工作都应该认认真真地去把它做好，他也始终以这样的态度来对待自己的工作。朱继洲教授用自己的言行书写了一个共产党员知识分子的使命感与报国心。对于朱教授来说，无论已经做出了何种业绩，他仍会继续自己的征程。

鲍家元
——一路见证交大计算机专业的发展

人物小传

鲍家元（1936— ），出生于安徽省歙县。西安交通大学计算机科学与技术系教授。1957年毕业于交通大学电机系并留校任助教，1962年任讲师，1980年任副教授，1990年晋升教授，1998年退休。主要研究方向为数字系统、多微处理机系统、计算机网络及计算机信息管理系统。

曾任西安交通大学计算机教研室副主任、微机教研室主任、计算机科学与技术系副主任（1990—1996），计算机信息系统研究所所长（1987—1997），国家教育委员会高等学校计算机科学与技术教学指导委员会成员(1990—2000)。曾任陕西省计算机学会常务理事及名誉理事长、中国微计算机学会常务理事、《微机发展》编委会副主任、《计算机技术与发展》及《微型机与应用》编委，以及中德合作期刊《CHIP新电脑》专家组成员。

刻苦学习　求知若渴

鲍家元对交通大学的西迁坚决拥护，认为交通大学保存实力，支援大西北，将会有更大的发展空间。

鲍家元是安徽人，在芜湖市就读的中学是安徽省最好的学校。学校的一些教师水平较高，是从国外回国的留学生，其中的一些后来被聘请到大学任教。鲍家元在中学时学习成绩优秀，1952年芜湖的官方报纸《大众日报》刊登了关于他的一篇文章，介绍了他在各方面的优良表现，特别是他的数学题的解答方法不按常规，思路新颖，经常被老师选为课堂讲课的范例。

抗日战争时期，鲍家元家在贵州。1945年抗日战争结束，他家从贵州迁回安徽老家，途中在湖南芷江机场附近短暂停留。在这里发生了一件对他一生影响深远的事情：他和二哥去芷江机场玩，从废品堆中捡到了一个有摇动柄的红色的小东西，把它上面的两个突出端用铜线连接到电灯泡上，摇动转动柄灯泡就会发亮。这对于当时的他而言是个很神奇的事情，深深地吸引了他。后来他才知道那是一个手摇小发电机，而正是这件事让鲍家元真切地接触到了"电"，这样的启蒙使他从此与"电"结下了不解之缘。因为对电的极大兴趣，在小学时鲍家元就喜欢去当地图书馆查找有关电的书籍看，然后根据学到的知识自己制作矿石（替代二极管）收音机，在初中时就能按书本制作简易的电子管收音机了。少年时期培养的自学及实践能力，让鲍家元终身受益！

鲍家元学习成绩特别优异。考大学的时候，他有两个选择，当时就工科院校来讲，"北清华，南交大"非常出名。鲍家元之所以选择交通大学，一是具有振兴国家的情怀；二是因为他的哥哥当时也在上海，这样相互有所照应。于是，鲍家元就报考了交通大学。1954年，鲍家元考入了交通大学电机系。交通大学历来特别重视学生的基础知识学习，按教学计划，鲍家元要上两年的数学课，教材都是数学系学生专用的，而且考试要求很严，包括笔试和口试。交通大学课程安排很紧，只有星期天的下午学生可以自己支配。对鲍家元来讲，这是他最幸福的时候，因为可以去图书馆看自己喜欢的书籍。在交通大学期间，鲍家元阅读了大量的文学、艺术作品，包括俄国作家、法国作家的经典著作。

在鲍家元的成长过程中，爱读书的习惯一直坚持着。为了读书，能利用的时间他都利用了，甚至睡前半小时都用来阅读，直到前几年他眼睛不好，才被迫停下来。书籍给鲍家元打开了通往新世界的大门，开阔了他的视野。

结缘计算机　开启新大门

大二的时候鲍家元就入党了，主要是因为成绩优异，思想觉悟高，各方面表现都很突出。同时，他还在校学生会负责宣传工作。鲍家元自认为做得最满意的事情，就是组织假期科学报告会。那时候，很多学生假期都不回家，在学校里认真学习。为了丰富大家的假期生活，他组织了一系列的科学报告会，从邀请主讲老师、印发宣传单、安排场地到流程设计，鲍家元都付出了极大的努力。这些报告会都聚焦于当时最前沿的科学领域——电子计算机技术，这也成为鲍家元毕生从事教学与研究的主要方向。1957年，鲍家元提前毕业，被学校派往素有中国计算机行业"黄埔军校"之称的中国科学院计算机培训班学习，后期有幸参与了我国第一台大型数字计算机的研制工作。1958年回到西安后，鲍家元就和同事们一起紧锣密鼓地筹办西安交通大学的计算机专业。

拥护西迁决策　促进专业发展

1955年，国务院决定将交通大学由上海迁至西安。鲍家元回忆说，听到交通大学要西迁的消息后，绝大部分学生都很高兴。当时还在传，交通大学西迁后校园比上海要大多少倍，有同学还说里面都可以开火车呢。鲍家元对交通大学的西迁坚决拥护，认为交通大学保存实力，支援大西北，将会有更大的发展空间，对交大有益，交大将有更大的发展空间。1956年国家提出"向科学进军"的口号，给学生们很大的鼓舞，学生们认为，为祖国的科学事业奋斗是义不容辞的。绝大多数同学对西迁是非常积极的。

交通大学迁校工作实施后，在上海的同学们听到迁校规划内容中的一些令人兴奋的传闻，很多都非常高兴地盼望早日去西安。西迁的过程中，鲍家

当时，面对西安物资匮乏、干燥多沙等种种困难，老师们积极响应国家号召，毅然决然踏上西迁之路。在鲍家元看来，他们才是践行西迁精神——"胸怀大局、无私奉献、弘扬传统、艰苦创业"的典范。

元最崇敬的就是那些在上海已经有家庭、有住房的老教师，西迁对他们来讲真是非常不容易。不像年轻人那样没什么牵挂，他们拖家带口，举家搬迁，来到大西北。当时西安的环境和上海相比差距很大，上海物资丰富，西安物资匮乏；上海气候湿润，西安干燥多沙。对他们来讲，这是首先需要克服的困难，但这些教师积极响应国家号召，毅然决然踏上西迁之路。在鲍家元看来，他们才是践行西迁精神——"胸怀大局、无私奉献、弘扬传统、艰苦创业"的典范。

西安交通大学计算机学科的形成和发展也是从西迁后开始的。1956年党中央向全国人民发出"向科学进军"的号召，由周恩来总理领导制定我国十二年科学技术发展规划，其中"发展计算技术"作为国家的紧急任务。1956年8月成立了华罗庚任主任委员的"中科院计算机科学技术研究所"筹备委员会，至此，我国第一个计算机科学技术研究机构诞生了。当时，国家从国内一些研究所及清华大学、北京大学、交通大学抽调一些教师去中科院计算机科学技术研究所参加筹备工作。1956年，交通大学郑守淇讲师被抽调，之后学校又派于怡元副教授及胡正家讲师去中科院计算机科学技术研究所参加工作。1957年12月，学校为筹备计算机技术专业准备教师，从工企及电机制造专业抽调鲍家元、王以和、余秉钧、李全举这4名四年级学生提前毕业，留校任助教。鲍家元回忆说，自己早上还佩戴着学生的白色校徽，到了中午就换成教师的红色校徽了。随即他被派往中科院计算所进修，并参加计算所第二届训练班学习。

1958年8月，郑守淇、胡正家、王以和及鲍家元4人临时返回西安，与学校无线电系领导商讨筹建计算机专业。1958年第四季度，交通大学（西安部分）在无线电系内正式成立了计算机技术专业（当时的专业名称是采用苏联的"精密机械与计算装置"），系内的代号为"110专业"（当时无线电系为保密系，系内6个专业均用代号，如自动控制专业的代号为"230专业"，无线电技术专业为"350专业"，等等）。9名专业教师后来分别从中科院计算所、清华大学返回西安。于怡元副教授首任计算机教研室主任，副主任是郑守淇讲师。第一届计算机专业61班学生是从无线电技术专业及工企专业三年级学生中选拔了24人组成。1959年初，又从全校二年级学生中选拔了近60人组成了计算机71、72班。从1959年秋季起，交通大学（西安部分）正式对全国招收计算机专业学生。

1958年第三季度，教研室进行自行设计的"数字积分机"的研制。在于怡元、郑守淇老师的带领下，一批青年教师、进修人员及计算机61班学生，在与应用数学专业的一批教师及学生，化学教研室、机械零件教研室及校机械厂等单位的协作下，日夜奋战近三个月，完成了系统设计及用了近700个电子管、数千个晶体二极管和阻容元件组成的各种功能插件构成的四个大机柜的制造。由于技术水平尚低，工艺水平太差，整机未能运行，但参加研制的人员在系统逻辑设计、数字电路设计及调试等方面，都获得了实践锻炼并取得了技术水平的提高。这也是校内首次进行的一次跨学科、多专业、近百人的大合作科研项目。

20世纪60年代初，模拟计算机技术划归自动控制教研室，李仁厚、孙国基老师也调到自动控制教研室。1962年，胡正家老师被派往苏联原子能基地计算中心工作。1963年，计算机教研室主任于怡元副教授逝世，郑守淇老师任教研室主任。学校为充实并壮大计算机专业队伍，从电子学教研室调蒋大宗副教授到计算机教研室任无线电系副主任。在20世纪50年代至70年代，我国计算机技术方面的科研主要集中在研制第一代以电子管为主要器件、第二代以晶体管为主要器件及第三代以小规模集成电路为主要器件的各种类型计算机，教研室也经历了研制这三代计算机的全过程。

20世纪70年代，为完成计算机硬件设备的加工制造，教研室内建立了机电加工及元件测试等功能较齐全的，拥有30多位职工的计算机加工车间。70年代末，计算机教研室教师及职工人数已近70人，教研室在计算机硬件系统方面的技术水平已位于国内各高校前列。

1978年，全国科学大会在北京召开，中国又迎来了科学技术大发展的春天。计算机教研室的"光笔图形显示器"科研项目，以其创新性及填补国内空白的首创性被全国科学大会授予"全国科学大会奖"（90年代国家科委认定此奖项等同于"国家科学技术进步奖"）。这是西安交大计算机系获得的

鲍家元教授在退休前除节假日外基本上每天都要工作学习10多个小时，很少在晚上12点前睡觉。

首个国家级科研大奖。综合计算机教研室在70年代研制的小型工业控制机、701小型通用计算机、磁心测试仪及小型集成电路参数自动测试仪等科研成果，使得20世纪六七十年代西安交大计算机技术专业的综合技术水平位列全国各高校计算机专业的前列。60年代西安交大计算机技术专业毕业的学生中已有两人被评选为中科院院士，他们是中国科技大学的陈国良教授及中科院上海技术物理研究所的陈桂林研究员。

为人师表　桃李满天下

鲍家元教授在退休前除节假日外，基本上每天都要工作学习十多个小时，很少在晚上12点前睡觉。由于课堂教学方法及教学效果好，且平等、和蔼地对待学生，鲍家元教授受到学生的喜爱及尊重。他经常接到参加计算机系很多本科生及研究生组织的探讨理想、人生、做人、学习等方面主题的小型座谈会的邀请。在40多年的教学生涯中，他教过近2 000名学生，培养了50多名研究生，他的学生遍及国内外。

在教书育人方面，鲍家元教授认为，为人师表应该做到以下五个方面。

第一，有德有才。有德就是爱国、为人正直诚实、严于律己、宽以待人、有爱心，这是教师为人师表的基础；有才就是尽可能多地学习多种专业知识，博览古今中外文学、艺术、社会科学等书籍，并且有较强的理论及实践能力及勇于创新的精神。

第二，对所有学生应该一视同仁，不应该以成绩好坏、与自己的

学生们在认真地听鲍家元教授讲解学术问题

亲疏等标准来区别对待。这样，学生才能跟老师之间建立良好的师生关系。

第三，要明白学生想要听什么、想要学什么，其实学生想听的是怎么去思考问题、如何分析问题及如何解决问题，而不是仅仅想听老师讲授课本知识，所以老师应该引导学生如何去思考及解决问题。

第四，老师应该认真备课，阅读很多资料，提炼出核心内容并且自己真正地理解。老师在讲课前应该想好怎么去讲、重点讲些什么，只有做好了充足的准备，才能给学生上一节内容丰富多彩的课。鲍家元教授给本科生上课时从来不带讲稿，由于备课认真，讲授的内容已了然于心，不需要讲稿也能运用自如地讲解及发挥。

第五，鼓励学生提问题，欢迎学生质疑，希望同学不要认为老师讲的一定正确。如果同学能指出他讲课不全面或者错误的地方，无论同学说得对否，鲍家元教授必定在课堂上回答，并且表扬这些同学勇于思考及勇于提出问题的精神。如此，既可以鼓励同学们的质疑及创新精神，同时老师也会更加受到同学们的尊重！

沈亚鹏

国家需要最重要

人物小传

沈亚鹏（1936— ），上海人。固体力学、智能材料与结构和振动力学家。西安交通大学力学专业和学科的奠基人之一，机械结构强度与振动国家重点实验室创始人之一。

近30年来，沈亚鹏为粘弹性体、电磁热弹性固体和压电智能结构的数值分析和工程应用奠定了重要基础，他发展了粘弹性体有限变形分析的有限元法；建立了力、电、磁、热等多物理场耦合的势能原理、余能原理、Hu-Washizu广义变分原理、Hellinger-Riessner广义变分原理和热释电弹性介质的互等功方程；获得的压电层合板、壳等典型压电智能结构弯曲、振动和屈曲问题的解析以及三维电磁弹性方程势函数通解成为相关领域数值方法和近似理论的检验基准；提出了有效描述压电梯度结构中力—电量复杂变化规律的高阶理论；发展了压电智能结构减振降噪与损伤监控的有限元法。

曾任中国力学学会常务理事、固体力学委员会副主任，中国复合材料学会理事和陕西省力学学会副理事长。长期担任《固体力学学报》《应用数学与力学学报》《复合材料学报》《机械强度》等刊物编委。

交大求学

我 1936 年 10 月出生在上海。抗日战争爆发后，我们全家搬到苏州定居。我高中就读于江苏省立高级中学，苏中是江苏省名校，在苏州三元坊附近。1953 年，我考上交通大学机械制造系机械制造工艺专业，该专业人数最多，当年共有三个班，每班 30 人，共 90 人。交通大学机械系闻名全国，办学历史悠久，定位和要求都比较高。入校时，我们机械系庄礼庭老师告诉我们，这个专业的课程内容涵盖了机械制造加工工艺的整个流程，培养目标是总工程师。

我 1956 年加入中国共产党，1957 年上半年交通大学迁校问题大讨论的时候，我由于正在上海柴油机厂做毕业实习，没有参与西迁问题的讨论。1957 年暑期毕业后，我就直接分配留校，在机械零件与原理教研室任教。我们当时是在上海报到，然后再到西安工作。1956 年我随迁校第一批队伍来到西安。机械零件教研室是一个基础课程教研组，时任教研室主任的沈三多及张直明、华申吉等一批青年教师，大部分都过来了。

我家里兄弟姐妹很多，迁校到西北工作，家里也无法全都顾及。我是家里年纪最小的，上面有几个哥哥，其中两个哥哥当时已留在上海工作，一个哥哥 1953 年毕业，当时分配到东北工作，还有一个哥哥分到北京工作。所以我分配到西北，对于家里人来说好像也习以为常。我爱人和我是同班同学，1957 年毕业后分配到机械系工程画教研室（也是一个基础课程教研室）。虽然她是家中独女，但也积极响应国家分配来到西安，当时她的父母比较开明，只是嘱咐假期一定要回来。来到西安的第二年，我们结婚了。婚礼其实很简单，就是两人的行李安置在一起，再买点糖果，教研室同事、同学们一起聚聚就完了。

毕业分配的时候，我们班 90 个人有三分之一到了东北，三分之一到了西安。当时同学们的思想很单纯，祖国哪里需要我们，我们就去哪里。当时有些身体条件不允许的，像患有肝炎的学生就留了下来，因为外面条件还是相对比较艰

> 国家培养了你，你应该很好地为国家服务，应该为国家分担，只要国家需要，就该为国家做出贡献！
> ——沈亚鹏

苦的。当时大家真的是满腔热情。新中国成立不久，百废待兴，朝气蓬勃，我们大学生也激情万丈，学习十分刻苦，而且当时上学都是国家出钱，国家培养了你，你应该很好地为国家服务，应该为国家分担。所以，当时几乎所有人都很积极地服从国家分配。记得很清楚，毕业前我们看过一部电影，叫《桃李劫》，讲的是解放前一对知识分子恋人，大学毕业后因坚持正义而失业落魄的故事。我们当时的情况截然相反，国家各方面都需要人才，有事业让你去创造，所以是很幸福的。我毕业时只有21岁，总觉得国家培育你，只要国家需要，就该为国家做出贡献！尽管西安离上海比较远，条件也相差比较悬殊，但大家基本上没有过多考虑自己的利益。实际到西安以后，我们的生活还可以，开始基本都是在食堂吃。食堂的供应很不错，当时陕西省照顾交大，我们吃到的更多是细粮。总体而言，在西安的生活并没有感觉到有多么艰苦。

清华进修

20世纪50年代，新中国各方面建设都在蓬勃发展，特别是航空和大型机械方面涉及很多力学问题，但当时全国仅有北大有力学专业，是1952年全面学习苏联时设立的，比较偏重理论方面。当时钱学森提议要大力发展工程力学、应用力学，因为没有工程方面的力学基础，航天航空、重型机械、动力机械，以及高速旋转方面的好多问题根本没法计算解决！所以，当时高教部就提出，在少数几所实力比较好的大学里建立针对工程应用方面的力学专业，来培养可以指导设计制造或者研究工程问题的专业人才。当时，各工科院校都没有相关方面的经验和师资，所以，中科院力学所就在清华大学举办了工程力学研究班，先解决初步的师资问题。研究班从1957年开始，共办了三届，每年招一届，每届学习两年。第一届研究班是1957—1959年举办，这一届里有交大派去的唐照千、嵇醒等。他们原来是交大的教师，在清华他们的任务是双重的：他们要边学习，还要边做辅导教师。除此之外，第一届中的学生还有匡震邦、洪钟瑜等。第二届力学班是1958—1960年，交大派去胡庆康，他以教师身份进修，学成后再回到交大。当年还有作为学生分配过来的殷家驹、陈华黎等。1959年12月—1961年6月是第三届研究班，交大当时派去三个人，我是力学派去的，还有谢友柏、党锡淇，他们是理论力学教研室的。

清华大学工程力学研究班分为固体力学和流体力学两个方向，设有两个班，每个班有90多人。我们学校派去的教师主攻固体力学，兼学流体力学。当时基本上是清华大学和中科院力学所教师联合给我们上课。例如，固体力学的老师杜庆华教授给我们讲授弹性力学和振动力学，塑性力学由黄克智教授讲授。上课的形式基本跟现在的大学课堂一样，大班上课，有问题就找辅导教师。

我是机械零件教研室的，大学的力学就是材料力学和理论力学，数学只学了高等数学，所以实际上，我们当时对力学知之甚少。到了清华研究班，需要从数学开始补起，主要是高等数学二，包括矢量分析、张量、变分法、复变函数、微分方程、偏微分方程等。然后再上力学方面的专业课，像弹性力学、流体力学、振动力学等。当时，我们每个班都有班长，也有党支部。研究班对我们学业的检查非常严格，都是闭卷考试，有的时候从早上考到下午，中间吃了饭后再来考，大家都考得晕晕乎乎的。总体而言，学员学得比较吃力，但大家确实都很认真，都抓紧时间学习，形成了你追我赶的良好学习氛围。直到1962年4月，由于学校要上课、辅导，我提前回到交大，其余的学员继续学习了两个月。1962年从力学班回来之后，我就担任嵇醒老师的辅导教师，辅导应用力学这门课程。在辅导的过程中，我自己也得到了快速的成长，第二年便开始独立上这门课。

回忆工程力学专业的创建

交大工程力学教研室的成立经历了一个曲折的过程。20世纪50年代整个国家迫切需要发展国防，建设航天和原子能事业，学校根据高教部指示筹划成立了工程物理系和工程力学系。1959年3月，工程力学教研组成立，教研组主任是蒋咏秋教授，支部书记是朱继梅，学生是1957年9月招的本科生。在大学前两年的基础课程安排上，工程力学系和数学系基本是一样的。当时教研组的建设基本是空白状态，工程力学所有的培养计划、专业建设方案等都由原材料力学教研室主任朱城先生全盘统筹，但是令人十分惋惜的是，他患有肝炎，于1959年去世，年仅39岁。朱城先生算是当时整个教研室真正科班出身的，他毕业于美国麻省理工，导师邓哈托是世界振动力学的权威。应该说，朱城先生的突然去世对正在筹建中的工程力学系打击很大。当时学校态度很坚定，决心很大，一定要办下去，便把蒋咏秋教授调了过来。蒋教授原来研究土木，也涉及一些力学知识，如塑性力学、弹性力学等。此外，专业还依靠唐照千、嵇醒这样的年轻教师，他们当时已从力学班毕业归来。虽然压力很大，但是大家思想统一，分工明确，编教材的编教材，定大纲的定大纲，进修的进修，课程负责人都有明确规定。1959年下半学期就要上专业课，当时首要的任务就是要编教材，振动方面的教材就由唐照千负责，蒋咏秋、嵇醒负责弹性力学方面的教材。我们当时编订的教材，基本上是按照清华研究班的内容做的，因为清华研究班的教材相对比较成熟，值得借鉴，若重起炉灶，进度比较缓慢。后续专业教学计划的制订等问题，我们特意到北大去请教鲍曼工学院的苏联专家，计划制订好后，还专门请钱学森指导。

从1957年招生到"文革"之前，我们学校总共培养了四届工程力学的学生。这四届学生里有一些比较突出的人物。例如，1959年入学的陈惠波，1982年同时荣获国家技术发明一、二等奖两项国家奖，这是很罕见的。另外，许多同学都成为了各个行业中的佼佼者。"文革"结束以后招收的学生也非常不错，他们切实感到读书的机会来之不易，所以他们非常珍惜，都非常努力，像汤泉、高华健、锁志刚、卢天健这些人，日后都很有成就。

建设国家科研高地

1985年，国家批准我们学校建立机械强度与结构国家重点实验室，这是当时同行业中第一个全国重点实验室。实验室得以建立有一个基础，就是唐照千先生在20世纪60年代创建的国家科委直属的"振动测试"基地。唐先生动手能力很强，理论功底也很扎实，是一位全才。20世纪50年代末，他开始做一些振动测试方面的仪器，特别是频谱分析仪。当时这个仪器体形很大，价格也不菲，于是他自己动手制造了一台。另外，他也设计了好多振动台，像电磁振动台、机械振动台等；他还跟709厂（蔡家坡）合作设计了一个电动振动台。凭借这个基础，当时西安交大的振动研究搞得很不错，在全国的名声也很好，同行也很认可。如果没有这个基础和口碑，国家也不会盲目让交大来建国家重点实验室。1985年，学校派我和动力系两位教师去科技部参加会议，去汇报实验室建设思路、方案等。对于实验室的建设，我们有一个具体的规划。比如说，强度方面至少要有一个万能试验机，但是经费方面只有国家拨的300多万元，只能买很有限的设备，于是强度方面买了美国的一个10吨的MTS，这是我们实验室当时的"看家"设备了。振动方面买了一些振动测试的仪器和一台电动振动台。所以当时实验室整体比较简陋，仅仅拥有现在航院一楼大厅里面的几个房间，只有强度和振动方面，振动靠电动振动台，强度靠MTS，还有其他一些小的传感器。

国家重点实验室要求对全国开放，我们可以联系各种课题。比如说，我们实验室有强度、断裂、复合材料、智能材料等多个研究方向，我们列出很多项目，然后公开发给各个学校和科研单位，他们可以申请题目。每个实验室都有一个学术委员会，当时实验室学术委员会主任是黄克智教授，他组织评定哪些题目可以立项，然后给他们拨科研经费，经费是国家每年拨给实验室的费用。科研过程中如果需要做实验，可以用我们的设备。这样，国家重点实验室能够充分发挥职能，把全国相关领域的研究力量集合起来搞研究、做学问。实验室建成以后，一方面，我们可以自己利用仪器设备做科研，促进我们的科研工作、教育工作；另一个方面，也较大提高了我们学校的知名度和影响力。国家重点实验室的设立，体现了交大结构强度与振动在全国的领先水平。

回忆唐照千先生

我跟唐先生虽是同事，但在某种意义上他是我的导师。在科研道路上，

学校当时照顾唐照千先生，希望他回上海，被他拒绝了。他希望留在这里，希望留在西安交大继续奉献。

唐先生引我入门，给了我很好的指导，1961年从工程力学研究班回来后，我刚刚起步做科研，就是跟他一起做的。改革开放后，唐先生去了明尼苏达大学，第二年再到威斯康星大学。我能有幸出国到威斯康星访学科研，是唐先生帮我联系的，出国的费用也是他帮我承担的。

沈亚鹏教授（右三）参加唐照千先生塑像落成仪式

唐先生人品很好，不论理论还是实验动手方面，业务能力都很强，国内同行的很多老前辈，像杜庆华、钱令希等对他都很器重。唐先生比较内向，平时说话不多，但对人很真诚。他的胸怀非常宽广，包括他蒙冤在监狱里待了四年零八个月，业内很多老先生都知道他受了很大委屈，但是他在别人面前从来没有任何表露。唐先生1980年出国深造的时候，很多人猜测他出去后就不会回来了，就他的种种遭遇和自身的学术水平，他完全没有必要再回来，但他还是回来了。学校当时照顾他，允许他回上海，但是他拒绝了，他希望留在这里，希望在西安交大继续奉献。

金志浩

传承西迁精神　迎接新时代

人物小传

金志浩（1937— ），江苏省常州市人。1955年进入交通大学，1956年随校西迁，1958年毕业于西安交通大学反应堆材料金属学与金属物理专业并留校任教。1981—1983年在日本东北大学材料强度研究所访学。历任西安交通大学材料科学系主任、材料学院院长、国务院学位委员会学科评议组成员、全国材料工程专业教学指导委员会副主任、金属材料及热处理专业教学指导委员会主任、国家自然科学基金委无机材料学科组评审委员。先后承担国家自然科学基金、科技部重点科技攻关、国家"九五"重点科技攻关、"863计划"、国防科工委军工项目等20余项科研项目，发表论文300余篇，获得多项发明专利授权及省部级奖项。

建设大西北　奉献青春为家国

> 为了响应祖国的号召，到祖国最需要的地方去，大家仍然义无反顾地投身于大西北建设中。

我在 1955 年考进大学就已经知道交通大学要西迁了。当时得知学校搬迁至西安的消息，第一个念头是"那好啊，先到上海待一年，以后再去古都西安玩一玩，感觉比一直待在上海有意思"。当时正好是第二个"五年计划"（1958—1962 年为发展国民经济的第二个"五年计划"）期间，国家计划在西部地区大力发展国防军工产业。但是，当时的西北地区由于地域原因，极其缺少优秀的工科大学。为了响应祖国的号召，到祖国最需要的地方去，大家义无反顾地投身于大西北建设中。

我们在彭康校长的带领下，纷纷响应建设大西北的号召搬迁至西安。但来了以后才感到条件是真的艰苦，尤其与当时的上海相比，那时西安的条件还是差得很多的。物资十分缺乏，甚至连牙膏、牙刷之类的日用品和工作用的小螺钉、灯泡都需要从上海带来。那时的西安远不如上海繁华，到处都是大片的农田，学校的教学楼也只有三栋。那时学校大门是用竹子编制而成的，用于教学的中心楼虽然已经建成，但是中心楼后面几乎都是坟地。校园里有个大坑，上面铺了竹子，每次下雨的时候，"竹桥"在雨水的拍打下总会噼啪作响。想想当时的条件，确实是艰苦。但是，那时候像我们这种家庭，父母都靠手工劳动，上中学可能勉强，能上大学是想都不敢想的。当时的学杂费统一都由

金志浩老教授寄语青年学子

国家来出钱，整个大学期间家里一分钱都不用拿，每月还会有三块钱的生活费。能上大学，就很感激党和国家的培养了，可以说没有中国共产党，就没有我们的现在。当时我们就是党指向哪里就奔向哪里，没有一点儿顾虑，所以，那个年代的人都是说来就来了。而且上大学又不是去玩，把你分配到西安也好，上海也好，来了就应该艰苦奋斗，应该奋发图强。大部分人都认为"党的需要就是我的志愿"，虽然每天吃得少一点儿，大家仍然发扬艰苦朴素精神。党培养的你，再困难也要坚持下去。

追忆恩师周惠久院士

虽然我现在已经退休许久了，但我仍保持着以前的作息时间。每天五点半起床，然后去操场锻炼，回家吃早饭，之后就来办公室搞科研了，中午午休一会儿，下午照旧，晚上看一会儿电视很早就休息了。我喜欢每天来办公室可能也和当时的艰苦条件有些关系吧。从小我们家条件就比较艰苦，住的地方也小，留校了以后，我和妻子住的房子大概只有15平方米，一张床就占据了大部分的空间。一是我已经习惯了这样的条件；二是受老师的影响，我觉得自己还能做得动，而且也闲不下来，总想做点什么，感觉人不能停下来，停下来就什么都坏了。交大可以说是开办材料加工相关专业最早的大学之一，1952年就已经有与机械加工相关的专业。我现在研究的新材料是陶瓷，说到这里，不得不提的就是我的老师周惠久院士。

西迁以后，西安交通大学成立了金属材料及强度研究室。当时周惠久院士仍然坚持科研不松懈。在进行军工项目研究的过程中，他发现许多零件并不是在大能量冲击下发生断裂的，而是在小能量条件下失效，所以他对当时苏联提出的以"一次冲击"能量评价材料韧性的标准有所质疑，就开始仿照小能量冲

> 交大能迁到西安来，站稳脚跟，建设成如今的"双一流"，这和"胸怀大局、无私奉献、弘扬传统、艰苦创业"的西迁精神有很大关系。

> 不能只将西迁精神作为标签贴在身上，而要切切实实增强情感认同与价值认同，贯彻到点点滴滴的生活与工作中，争做西迁精神新传人。
>
> ——金志浩

击的条件进行实验。他发现在小能量冲击条件下，材料的使用寿命主要取决于材料的强度，而在一次大冲击能量下，材料的寿命才与材料的断裂韧性相关。在验证了这个之后，周惠久院士又提出通过降低回火温度来发挥材料强度潜力的思路。这一想法的实践大幅度提高了许多机械零部件的使用寿命，为我国机械工业节省了大量的资金成本，在当时的全国机械行业刮起了一股"小能量多冲"风。1965年北京举办的高等学校科研成果展览会上，这个研究成果被称为当时的"五朵金花"之一，成为当时与北京大学、清华大学等同类项目齐名的科研成果。在周惠久院士的科研过程中，我总结出一定要结合条件，从失效分析出发找出零件失效的主要原因，之后再结合强度理论及制备工艺进行进一步的探究。这对我今后的科研和工作起到了很大的帮助作用。

新时代　再出发

　　我认为西迁精神内涵丰富，包含着为祖国奉献、爱国爱校、勤奋踏实等一系列精神实质。西迁精神其实就是"爱国、求真、勤奋、朴素"，延安精神、井冈山精神的核心也是这样，都是特殊时期需要我们所发扬的一种精神。在那个刚能吃饱饭的年代，其实大家都苦，也不只是西安苦。交通大学能迁到西安来，站稳脚跟，建设成如今的"双一流"，这和"胸怀大局、无私奉献、弘扬传统、艰苦创业"的西迁精神有很大关系。

　　现在谈起西迁精神，更多的只是由老教授来讲。谈老一辈西迁人扎根的故事固然重要，但同时西迁精神还应具有继承性与传承性。对双一流建设做贡献的如机械、能动、电气、材料、航天、管理等领域重点学科的学科带头人来说，特别是在西迁老教授的带动下培养起来的一些人，由他们来谈怎样切身地传承与践行西迁精神，更能落地，更有说服力。比如能源与动力工程学院的林宗虎、陶文铨、何雅玲、郭烈锦院士，机械学院的卢秉恒院士，电气学院的丘爱慈院士，材料学院的孙军、单志伟等人，他们从成立研究团队到将国家重点实验室建设好，正是传承西迁精神的生动体现。另外，谈到西迁精神，除了搞教学、搞科研的人才以外，在西迁精神的感召下还培养了许多其他类型的人才，有领导、企业家、学者，他们也很值得尊重，他们都将青春挥洒在西部，在西北地区扎根，他们也是西迁精神在当代的延续与传承。

现在，交大又要开始新的向西征程，就是西部创新港的建设。西迁精神在新时代应该被赋予新的内涵，年轻一代交大人要用实际行动去践行西迁精神，不能只将西迁精神作为标签贴在身上，而要切切实实增强情感认同与价值认同，贯彻到点点滴滴的生活与工作中，争做西迁精神新传人，做出交大人应有的贡献，为母校建设和国家的繁荣富强贡献力量。

爱国、求真、勤奋、朴素。

参考文献

[1] 宫辉，史瑞琼，杨澜涛. 双甲子弦歌：西安交通大学校史故事[M]. 西安：西安交通大学出版社，2017.

[2] 王宗光. 老交大名师[M]. 上海：上海交通大学出版社，2008.

[3] 成进. 耄耋回望青春[M]. 西安：西安交通大学出版社，2016.

[4] 西安交通大学校史与大学文化研究中心. 交通大学西迁亲历者口述史[M]. 西安：西安交通大学出版社，2016.

[5] 贾箭鸣，史瑞琼. 兴国强国120年：我们的交大老师[M]. 西安：西安交通大学出版社，2016.

[6] 竹前. 交大之树长青[M]. 西安：西安交通大学出版社，2007.

[7] 管筱璞. 向西，为何成为他们的前行方向：西安交通大学"西迁精神"探秘之一[J]. 中国组织人事报，2018（3）.

[8] 周立强. 从黄浦江边到兴庆湖畔[M] 西安：西安交通大学出版社，2016.

[9] 黄席椿. 上海交通大学人物志[M]. 上海：交通大学出版社，1996.

[10] 祝玉琴. 交通大学西迁回忆录[M]. 西安：西安交通大学出版社，2011.

[11] 校史故事365. 杨延篪：用行动为祖国赢得荣誉的学者[OL]. 交大新闻网. 2016-1-4.

[12] 陕西省教育厅. 双剪理论岂足豪 师者风范在淡泊：记西安交大俞茂宏教授[OL].2015-12-24,http://www.snedu.gov.cn/app/henbianhaolaoshi/2015/12/24/90.html.

[13] 于晋. 影响：名人100深度访谈[M]. 北京：中国文史出版社，2010.

［14］李方诗.中国人物年鉴1992［M］.北京：华艺出版社，1992.

［15］扈永顺，龙涛.孙九林院士：科研拓荒人［OL］.http://paper.sciencenet.cn/htmlnews/2016/9/356501.shtm，2016-09-18.

［16］中国江苏网.孙九林：从盐城走出的院士［OL］.http://jsnews2.jschina.com.cn/system/2012/05/24/013406584.shtml.2012-5-24.

［17］陶文铨.陶文铨院士：西迁大树一片常青叶［N］.中国科学报，2014-9-26.

［18］潘季.交大西迁：一段激情燃烧的岁月［J］.西部发展论坛，2017(3)：68-72.

［19］姜泓.丘大谋回忆西迁［OL］.http://epaper.xiancn.com/newxarb/html/2018-01/13/content_311985.htm?div=-1.

［20］金志浩.西迁精神就是爱国求真勤奋朴素［N］.西安日报，2018-1-19.